Qualifizierung zum Projektleiter

DV-Projektmanagement im Wandel

Qualifizierung zum Projektleiter

DV-Projektmanagement im Wandel

Dr. Bruno Grupp

Die Deutsche Bibliothek – CIP-Einheitsaufnahme

Grupp, Bruno:

Qualifizierung zum Projektleiter : Projektmanagement im
Wandel / Bruno Grupp. – München : Computerwoche-Verl.,
1995
  (CW-Praxis)
  ISBN 3-930377-34-9

Computerwoche Verlag GmbH,
Rheinstraße 28, 80803 München,
Telefon: 089/3 60 86-0, Fax: 089/3 60 86-358,
CompuServe 100451, 2010
Alleiniger Gesellschafter der Computerwoche Verlag GmbH, München, ist die IDG
Communications Verlag AG, München, die eine 100prozentige Tochter der IDG Inc.,
Boston, USA, ist.

Titelgestaltung: Computerwoche Verlag GmbH, Werbeabteilung
Druck und Verarbeitung: Schoder Druck, Gutenbergstr. 12, 86368 Gersthofen

© 1995 by Computerwoche Verlag GmbH, München
Alle Rechte vorbehalten. Ohne ausdrückliche Genehmigung des Verlages ist es auch nicht
gestattet, das Buch oder Teile daraus auf fotomechanischem Wege (Fotokopie, Mikrokopie)
zu vervielfältigen oder unter Verwendung elektronischer Systeme zu verarbeiten, zu
vervielfältigen oder zu verbreiten.

ISBN 3-930377-34-9

Inhaltsverzeichnis

VORWORT **16**

EINLEITUNG: PROBLEMSCENARIO 2000 EINES DV-PROJEKTS **19**

LERNABSCHNITT 1: ERFOLGSKOMPONENTEN DES MODERNEN DV-PROJEKTMANAGEMENTS **23**

Lernmodul 1.1: DV-Projekte und Projektarten **23**

    1. Was ist ein DV-Projekt? **24**
    2. Besonderheiten von DV-Projekten **25**
    3. Projektarten in der Informationstechnik **26**

Lernmodul 1.2: Schwerpunkte eines effizienten DV-Projektmanagements **28**

    1. Bestandteile eines DV-Projektmanagements **28**
    2. Neue Anforderungen an das DV-Projektmanagement **30**

Lernmodul 1.3: Säulen des personellen DV-Projektmanagements **31**

    1. Träger des personellen Projektmanagements **32**
    2. Formen der Zusammenarbeit in einem DV-Projektmanagement **33**

Lernmodul 1.4: DV-Lenkungsausschuß – Weichenstellung für Projektentscheidungen **37**

Lernmodul 1.5: Projektausschuß der Benutzer **39**

    1. Benutzerfachausschuß für ein DV-Projekt **40**

INHALTSVERZEICHNIS

    2. Verstärkung des Projektteams durch
       Anwenderspezialisten **42**

Lernmodul 1.6: Arbeitsteam – Kernstück des personellen Projektmanagements **42**
    1. Interdisziplinäre Projektteams **42**
    2. Organisationsform des Teams **43**
    3. Vertikal und horizontal aufgebaute Projektteams **43**

Lernmodul 1.7: Funktionelles Projektmanagement: Vorgehensstrategien und Controlling-Werkzeuge **44**
    1. Phasenkonzept zur systematischen Projektstrukturierung **44**
    2. Methoden und Tools der Projektarbeit **45**
    3. Projektinitialisierung – ein wichtiger Meilenstein **46**
    4. Projektcontrolling – Kerntätigkeit des Projektleiters **47**
    5. Projektdokumentation – eine bittere Notwendigkeit **47**

Lernmodul 1.8: DV-Projekthandbuch als aktuelles Nachschlagewerk **48**

LERNABSCHNITT 2: PROJEKTLEITER – ERFOLGSMERKMALE UND SKILLS **51**

Lernmodul 2.1: Herkunft und Unterstellung des Projektleiters **51**
    1. Projektleiter aus dem DV- und Fachbereich **52**
    2. Disziplinarische und fachliche Unterstellung eines Projektleiters **54**

Lernmodul 2.2: Führungs- und Fachaufgaben eines Projektleiters **54**

Lernmodul 2.3: Befugnisrahmen des Projektleiters **56**

Lernmodul 2.4: Qualifikationsanforderungen an einen Projektleiter **57**

Lernmodul 2.5: Führungsverhalten und -techniken des Projektleiters **59**
    1. Empfehlung des kooperativen Führungsstils **59**
    2. Gezielter Einsatz von Führungstechniken **61**

Lernmodul 2.6: Motivation – Schlüssel für eine erfolgreiche Projektleitung **62**
    1. Wichtige Grundlagen der Mitarbeitermotivation **62**
    2. Motivationsfaktoren für den DV-Projektleiter **64**
    3. Motivation als Daueraufgabe eines Projektleiters **66**
    4. Arbeitsbeispiel: Erarbeitung von Motivationsfaktoren in einem Projekt **67**

Lernmodul 2.7: Konfliktmanagement zur gesicherten Projektabwicklung **69**
    1. Typische Konfliktherde und -ursachen **70**
    2. Konfliktverhütung und -bewältigung durch den Projektleiter **71**
    3. Praktische Ratschläge zur Konfliktverhütung im Projekt **72**

Lernmodul 2.8: Sicherung einer ausreichenden Benutzerakzeptanz **72**
    1. Symptome einer mangelnden Benutzerakzeptanz **73**
    2. Ursachen einer unzulänglichen Benutzerakzeptanz **74**
    3. Strategien zur Erhöhung der Benutzerakzeptanz **77**

INHALTSVERZEICHNIS

LERNABSCHNITT 3: INTERNE UND EXTERNE PROJEKTMITARBEITER 80

Lernmodul 3.1: Aufgabenkatalog und Befugnisse eines Projektmitarbeiters **81**

Lernmodul 3.2: Mitarbeiter aus der Organisation und Datenverarbeitung **82**

Lernmodul 3.3: Mitarbeiter aus dem Anwendungsbereich **84**

Lernmodul 3.4: Einsatz firmenfremder Fachkräfte **85**
    1. Mitwirkung eines DV-Beraters im Projekt **86**
    2. Mitarbeiter von Softwarefirmen **87**

LERNABSCHNITT 4: SPIELREGELN UND TECHNIKEN DER TEAMARBEIT 90

Lernmodul 4.1: Ratschläge zur Teamzusammensetzung und -größe **91**
    1. Fachkompetente Projektmitarbeiter mit Teamfähigkeit **91**
    2. Die optimale Teamgröße **92**

Lernmodul 4.2: Spielregeln und Arbeitstechniken der Teamarbeit **95**
    1. Die wichtigsten Spielregeln der Teamarbeit **95**
    2. Vorgehens- und Arbeitstechniken im Team **96**
    3. Gruppenkonflikte im Projektteam **98**

LERNABSCHNITT 5: KOMMUNIKATIONS- UND MODERATIONSTECHNIKEN 100

Lernmodul 5.1: Abwicklung einer Arbeitssitzung **100**
    1. Sitzungsvorbereitung und -durchführung **101**
    2. Tips zur Sitzungsabwicklung **103**

Lernmodul 5.2: Der Projektleiter als Sitzungsmoderator **104**
    1. Die wichtigsten Moderationsgrundsätze
       auf einen Blick **104**
    2. Fragetechniken zur Verbesserung der
       Gesprächs- und Sitzungsabwicklung **108**
    3. Sitzungsteilnehmer richtig behandeln **109**
    4. Schwachstellen bei Arbeitssitzungen – und wie
       man sie vermeidet **115**

Lernmodul 5.3: Wirkungsvolle Präsentation **116**
    1. Abwicklungsschritte einer Präsentation **117**
    2. Wichtige Präsentationsregeln **119**
    3. Checkliste für den Referenten **120**
    4. Verwendung optischer Hilfsmittel
       und aktiver Arbeitstechniken **122**
    5. Aktive Arbeits- und Entscheidungsmethoden **123**
    6. Praktisches Beispiel einer Präsentation **123**

Lernmodul 5.4: Berichts- und Protokolltechniken **126**
    1. Grundsätze zur Berichtserstellung und -gestaltung **127**
    2. Praxishinweise zur Protokollerstellung **129**

LERNABSCHNITT 6: PHASENKONZEPT UND PROTOTYPING ZUR PROJEKTABLAUF-STRUKTURIERUNG . **132**

Lernmodul 6.1: Phasenkonzept bei Individualentwicklung **133**
    1. Grundsätze der Phasenunterteilung
       eines DV-Projekts **133**
    2. Standard-Phasenkonzept bei
       Individualprogrammierung **138**

Lernmodul 6.2: Phasenmodelle bei Prototyping **142**
    1. Grundprinzipien der Prototyping-
       Vorgehensweise **143**
    2. Geändertes Phasenkonzept beim systematischen
       Prototyping **144**
    3. Technische Voraussetzungen für den Einsatz
       eines Prototyping-Systems **146**

**Lernmodul 6.3: Vorgehenskonzept zur Beschaffung
von Standardsoftware** **147**

LERNABSCHNITT 7: ARBEITSMETHODEN UND SOFTWARETOOLS DER PROJEKTARBEIT ... 151

**Lernmodul 7.1: Methodenschwerpunkte der
Istaufnahme und Problemanalyse** **152**
    1. Grundsätze einer effizienten Ist-Analyse **153**
    2. Ablaufschritte einer Ist-Zustandserhebung
       und -Analyse **154**

**Lernmodul 7.2: Methodenschwerpunkte
der Individualentwicklung** **158**
    1. Entwurfsstrategien der fachlichen
       Sollkonzeption **158**
    2. Spezifikationswerkzeuge der fachlichen
       Sollkonzeption **161**
    3. Werkzeuge zur Programmentwicklung **168**

**Lernmodul 7.3: Professionelle Methoden
zur Softwarebeschaffung** **170**
    1. Fachliche Anforderungen an Standardsoftware **171**
    2. Systemtechnische Auswahlkriterien
       für Standardsoftware **172**

3. Das DV-Pflichtenheft – Kernbestandteil einer
   Softwarebeschaffung **174**
4. Ablaufschritte einer Softwareevaluation **176**
5. Organisationsgestaltung und Softwareanpassung **181**

LERNABSCHNITT 8: PROJEKT- UND SYSTEMDOKUMENTATION **184**

Lernmodul 8.1: Komponenten einer Projektdokumentation **186**
1. Projektablaufdokumentation **187**
2. Technische Dokumentation **188**

Lernmodul 8.2: Dokumentationsanforderungen bei Standardsoftware **191**

Lernmodul 8.3: Grundsätze und Verantwortungsträger der DV-Dokumentation **193**

Lernmodul 8.4: Werkzeuge der Projektdokumentation **195**
1. Ordnungsnummer für Entwicklungsunterlagen **196**
2. Ordnungsnummer für die Produktdokumentation **199**
3. Arbeitsformulare für die Dokumentation **200**
4. Registratur der Projektunterlagen **201**

Lernmodul 8.5: Dokumentationssoftware für DV-Projekte **201**
1. Arten der Dokumentationssoftware **202**
2. Einsatzschwerpunkte von Dokumentationssoftware **205**
3. Überblick über bekannte Entwicklungs- und Dokumentationspakete **207**

Inhaltsverzeichnis

LERNABSCHNITT 9: STRATEGIEN DER PROJEKTINITIALISIERUNG **209**

Lernmodul 9.1: Strategische Informationsplanung – Rahmen für die konkreten Einzelprojekte **210**
1. Bedeutung und Vorteile einer strategischen Gesamtkonzeption **212**
2. Richtige Organisation einer DV-Langfristplanung **213**
3. Vorgehensschritte bei einer DV-Langfristplanung **214**
4. Realisierungsstrategie und Ergebnisdarstellung **218**

Lernmodul 9.2: Projektauslösung aufgrund eines aktuellen Anlasses **218**
1. Prüfung und Abwicklung von DV-Kleinarbeiten **219**
2. Voruntersuchung – Einstiegsphase in ein Projekt **223**
3. Projektantrag und Projektauftrag **226**

LERNABSCHNITT 10: PROJEKTPLANUNG UND SOFTWAREKALKULATION **230**

Lernmodul 10.1: Planungsmethoden und -hilfsmittel **232**
1. Planungsmethoden **232**
2. Zeitpunkte der Projektplanung **233**
3. Überblick über die Planungsschritte **235**
4. Einsatz anwendungsorientierter Planungsmethoden **238**
5. Verantwortlichkeit für die DV-Projektplanung **238**

Lernmodul 10.2: Aktivitätsplanung – Einstieg in die Projektplanung **239**
1. Die Methode der Aufgabenstrukturierung (Aktivitätsplanung) **240**

2. Mitlaufendes Planungsbeispiel „Kundenauftragsabwicklung" – Themenstellung und Aktivitätsplanung **242**

Lernmodul 10.3: Zeitaufwandsschätzung – Kernstück der Planungsaktivitäten **247**

1. Lehrbuchverfahren zur Zeitaufwandsschätzung in DV-Projekten **248**
2. Grundsätze und Praxisregeln zur Zeitaufwandsschätzung **251**
3. Einfachverfahren der Zeitschätzung für DV-Praktiker: Function-Analysis-Methodik **254**
4. Mitlaufendes Fallbeispiel „Kundenauftragsabwicklung" – Zeitaufwandsplanung **265**
5. Zeitaufwandsschätzung nach der Function-Point-Methodik **270**
6. Mitlaufendes Fallbeispiel „Kundenauftragsabwicklung" – Zeitaufwandsplanung nach dem Function-Point-Verfahren **275**

Lernmodul 10.4: Ressourcenplanungen **280**

1. Planung der aktiven Projektmitarbeiter **281**
2. Ausbildungsplanung **282**

Lernmodul 10.5: Terminplanung eines Projekts **283**

1. Balkendiagramm **284**
2. Mitlaufendes Fallbeispiel „Kundenauftragsabwicklung" – Erstellung eines Balkendiagramms **286**
3. Terminplanung mit Netzplänen **288**
4. Mitlaufendes Fallbeispiel „Kundenauftragsabwicklung" – Erstellung eines Netzplans **295**
5. Hinweise zur Zeitschätzung und Netzplanerstellung bei komplexer Standardsoftware **297**

Inhaltsverzeichnis

Lernmodul 10.6: Projektkostenplanung (Projektbudget) **302**
    1. Aufbau und Inhalt eines Projektbudgets **302**
    2. Mitlaufendes Fallbeispiel „Kundenauftrags-
       abwicklung" – Erstellung eines Projektbudgets **304**

**Lernmodul 10.7: Wirtschaftlichkeitsrechnung
in einem DV-Projekt** **306**
    1. Verfahren zur Wirtschaftlichkeitsrechnung **307**
    2. Amortisationsrechnung **311**
    3. Nutzenermittlung für ein DV-Projekt **312**
    4. Mitlaufendes Fallbeispiel „Kundenauftrags-
       abwicklung" – Wirtschaftlichkeitsrechnung **318**

Lernmodul 10.8: Risikoanalyse bei DV-Projekten **320**

**Lernmodul 10.9: Projektfreigabe und Change-
Management** **323**
    1. Schrittweise Projektfreigabe **323**
    2. Planrevision und Planungsänderungen **324**

LERNABSCHNITT 11: PROJEKTCONTROLLING UND BERICHTSWESEN **327**

Lernmodul 11.1: Einfachverfahren des Projektcontrolling **329**
    1. Tabellarisches Projektüberwachungssystem **330**
    2. Fortschreibung des Terminplans **332**
    3. Arbeitsblatt eines Teammitarbeiters **333**
    4. Mitlaufendes Fallbeispiel „Kundenauftrags-
       abwicklung" – Projektüberwachung **334**

**Lernmodul 11.2: Projektcontrolling für umfangreiche
DV-Vorhaben** **337**

1. Periodischer Tätigkeitsbericht jedes
Projektmitarbeiters **338**
2. Projektfortschrittsbericht **338**
3. Projektkostenkontrolle und -verrechnung **340**
4. Periodischer Projektbericht **342**

Lernmodul 11.3: Projektmanagement-Software **343**
1. Funktionen und Leistungsmerkmale eines
Programmpakets für die Projektverwaltung **344**
2. Projektmanagement-Software **346**
3. Einsatz von Einfachpaketen zur Terminplanung **351**

Lernmodul 11.4: Projektreviews **352**
1. Review des Projektstatus **353**
2. Review zur Qualitätssicherung **354**

AKTUELLE ERGÄNZUNGSLITERATUR 361

VERZEICHNIS DER ABBILDUNGEN UND TABELLEN 367

LITERATURVERZEICHNIS 373

Vorwort

Die revolutionären Ideen des Business Project Reengineering zur Optimierung der Geschäftsprozesse und der verstärkte **Einsatz** hochkomplexer **integrierter Standardanwendungssoftware** auf anspruchsvollen Client-Server-Plattformen haben die **Anforderungen an das DV-Projektmanagement** sprunghaft erhöht. Mit veralteten Projekttechniken und dem viel zitierten „gesunden Menschenverstand" kann ein Projektleiter in den 90er Jahren keine anspruchsvollen Informatikprojekte erfolgreich managen!

*Auf das erhöhte Anspruchsniveau ist dieser neu **entwickelte Projektleiterreport** ausgerichtet. In dem praxisorientierten Arbeitshandbuch finden gestandene Projektmanager und hilfesuchende Einsteiger in 52 übersichtlichen Lernmodulen das griffbereite Insiderwissen eines erfahrenen Projektberaters und Ausbildungsfachmanns.*

Das kompakte und leicht verständliche Fachbuch enthält alle **Arbeits-, Planungs-, Steuerungs- und Dokumentationstechniken,** die ein Projektleiter beherrschen muß, damit ihm auch schwierige Projekte nicht aus dem Ruder laufen. Bei den DV-Projekten dieses Jahrzehnts handelt es sich häufig um die Ablösung von Altsoftware, die schrittweise Einführung einer integrierten Standardsoftware und den Aufbau eines übergeordneten Informationssystems.

Einen Schwerpunkt des Ausbildungspakets bilden die **Erfolgskomponenten des personellen Projektmanagements.** Im Mittelpunkt stehen

- die Effizienzkriterien und unverzichtbaren Skills des Projektleiters,
- die Anforderungen an sein Führungsverhalten und seine Motivationsfähigkeit,
- die spannungsfreie Zusammenarbeit zwischen Fach- und DV-Bereich und
- die Sicherung einer ausreichenden Benutzerakzeptanz.

Vorwort

Immer bedeutungsvoller sind für einen Projektleiter **Kenntnisse effizienter Kommunikations- und Motivationstechniken,** des Konfliktmanagements und der Spielregeln der Teamarbeit und Gruppendynamik.

Im **Mittelpunkt des funktionellen Projektmanagements** stehen die Arbeitsmethoden und Softwaretools der Projektinitialisierung, der systematischen Projektstrukturierung und des Prototyping, der **Softwarekalkulation und des Projektcontrolling.** Wichtig für den Projektleiter sind heute auch gediegene Kenntnisse des Risikomanagements und einer ausreichenden Qualitätssicherung der Softwareprodukte.

Alle Methoden und Techniken werden in dem Praxiswerk durch Arbeitsbeispiele erläutert. Das gilt besonders für das auch heute noch **schwierige Kapitel der Terminplanung und Softwarekalkulation.**

> *Das neue Standardwerk des modernen Software-Projektmanagements enthält das komprimierte Ergebnis von mehr als 50 Projektleiterlehrgängen, die der Verfasser in den vergangenen Jahren an Managementakademien und in Unternehmen durchgeführt hat.*

Mit diesem modernen Trainingspaket des DV-Projektmanagements können Führungskräfte und Projektmitarbeiter aus dem Informatik- und Fachbereich bequem und preisgünstig ihren **Führerschein als DV-Projektleiter** erwerben.

Bruno Grupp

Einleitung
Problemscenario 2000 eines DV-Projekts

Die Projektlandschaft des Informatikbereichs stellt nur selten eine heile Welt dar. Wo Projektarbeit geleistet wird, fehlt selten die vielzitierte Karikatur über die „sechs Vorgehensschritte" eines Projektablaufs, die in der Alltagspraxis bei verunglückten Projekten tatsächlich immer wieder anzutreffen sind (Quelle: G 5):

Phase 1: Begeisterung
Phase 2: Verwirrung
Phase 3: Ernüchterung
Phase 4: Suche des Schuldigen
Phase 5: Bestrafung des Unschuldigen
Phase 6: Auszeichnung des Nichtbeteiligten

Die meisten Projekte sind mit Risiken und Problemen verschiedener Art behaftet:

- Zielsetzungs- und Abgrenzungsrisiken
- Personelle Risiken verschiedener Art
- Planungs- und Überwachungsrisiken
- Software- und Hardwarerisiken
- Risiken der Benutzerakzeptanz

und vieles andere

Die Risikohöhe nimmt mit der Größe und Komplexität des geplanten Anwendungssystems und der Schnittstellenanzahl zu Nachbarsystemen überproportional zu!

> *Ein Projektleiter muß über typische Projektrisiken Bescheid wissen. Er sollte sich mit den spezifischen Risikofaktoren seines Softwareprojekts auseinandersetzen und sie in ihrem Ausmaß beurteilen können!*

Problemscenario 2000 eines DV-Projekts

Seit Jahren gestalten wir den Einstieg in die von uns durchgeführten Projektleiterlehrgänge mit der gemeinsamen Erstellung eines Problemscenarios in Softwareprojekten. So lautet die Fragestellung an die Workshop-Teilnehmer:

„Mit welchen personellen und sachlichen Risiken in DV-Projekten hatten Sie bisher in Ihrem Unternehmen zu kämpfen? Von welchen Risiken haben Sie in anderen Softwareprojekten gehört?"

Nach der Sichtung der in Kleingruppen erarbeiteten Problemkärtchen werden sie an einer Pinwand in zwei Gruppen unterteilt:

– Personelle Projektprobleme
– Sachliche und methodische Projektprobleme

Die Aufzählung der am häufigsten genannten Risikostrecken soll dem Projektleiter helfen, auf sie in den Projektgremien hinzuweisen oder bestimmte Risiken durch gezielte Aktivitäten auszuschalten.

Überraschend hoch ist die Zahl der personellen Projektrisiken. Sie reichen von Problemen beim Entscheidungsgremium über das Projektteam bis hin zu den Anwendern:

> *Personelle Risiken in Softwareprojekten*
> – *Mangelhafte Unterstützung des Projekts durch die Geschäftsleitung*
> – *Fehlendes Entscheidungsgremium*
> – *Unzureichende Freistellung des Projektleiters*
> – *Spannungen und Konflikte im Projektteam*
> – *Fehlende Benutzerakzeptanz*
> – *Mangelhafte Information der Fachabteilung*
> – *Unzureichende Fachkompetenz der Teammitglieder*
> – *Doppelbelastung der Teammitglieder*
> – *Unklare Aufgabenstellung der Teammitglieder*
> – *Kompetenzgerangel zwischen Projektleiter und Anwender-Führungskräften*

Problemscenario 2000 eines DV-Projekts

- *Kommunikationsprobleme zwischen Team und Anwendern*
- *Abteilungsdenken „mit Scheuklappen"*
- *Demotivation der Anwender aufgrund früherer Projektfehlschläge*
- *Unzureichende Vertretung der Anwender im Projektteam*

Bei den personellen Risikofaktoren eines DV-Projekts finden sich KO-Kriterien, die ein ganzes Projekt zum Scheitern bringen können!

Die sachlichen und methodischen Projektmängel, die von den Lehrgangsteilnehmern genannt wurden, kann man fast als einen Standardkatalog bezeichnen, der auf die meisten DV-Projekte zutrifft. Anbei ein Auszug häufig genannter Probleme und Risiken:

Sachliche und methodische Risiken in Softwareprojekten
- *Fehlende und unklare Zielsetzungen des Projekts*
- *Unzureichende Methodikkenntnisse bei der Softwarekalkulation*
- *Utopische Nutzenerwartungen*
- *Unrealistisch kurze Terminvorgaben für die Projektfertigstellung*
- *Mangelhafter Überblick über den Projektstand und -fortschritt*
- *Fehlende Termin- und Kostenüberwachung*
- *Oberflächliche und mangelhafte Entwicklungs- und Produktdokumentation*
- *Ständige ungeplante Funktionserweiterungen des vorgesehenen Systems*
- *Zu mächtige Standardsoftware, die nicht beherrscht wird*
- *Nicht fertiggestelltes Standardpaket*
- *Schnittstellenprobleme*
- *Fehlende Entwicklungsmethoden bei Individualentwicklung*
- *Ungeklärte Projektabgrenzung*
- *Anpassungsprobleme bei Standardsoftware*
- *Probleme durch unterschiedliche Softwareprodukte verschiedener Lieferanten*

Problemscenario 2000 eines DV-Projekts

- *Projekterschwernis durch DV-Altlasten*
- *Probleme durch Produktbindung bei Hardware*

Auch die sachlichen Projektprobleme sind teilweise so gravierend, daß sie den Projekterfolg in Frage stellen können. Das gilt zum Beispiel für „fehlende Zielsetzungen". Dagegen behindern methodische Schwachstellen zwar den Projektfortschritt. Sie bringen ein Projekt jedoch selten ganz zu Fall.

Mit Hilfe einer effizienten und flexiblen DV-Projektorganisation muß es dem Projektleiter gelingen, einen Großteil der skizzierten Projektprobleme zu umschiffen oder auszuschalten!

Von einem professionellen Projektleiter wird erwartet, daß er durch ein aktives Problemmanagement den Risikoumfang eines Projekts einschätzen und minimieren kann. Allerdings ist dies nur in Zusammenarbeit mit den anderen Projektinstanzen und auf der Grundlage einer guten funktionellen Projektorganisation möglich.

Lernabschnitt 1
Erfolgskomponenten des modernen DV-Projektmanagements

Alle klassischen Regelungen, die zur Planung, Abwicklung und Abrechnung eines DV-Projekts benötigt werden, sind seit Jahren in vielen einschlägigen Fach- und Lehrbüchern unter dem Sammelbegriff „DV-Projektmanagement" festgehalten. Der Leser findet dort sämtliche institutionellen und funktionellen Bestandteile, die auch heute noch zur Projektdurchführung benötigt werden.

Ständigen Änderungen unterliegt allerdings die Projektumgebung, in der DV-Projekte durchgeführt werden müssen. Neue Organisationsstrategien, die Bewältigung von Altlasten der Datenverarbeitung, der Trend von der Individualentwicklung zur Standardsoftware oder die Auswirkungen flexibler Client-Server-Plattformen auf die Projekte der Informatik haben bisher kaum Eingang in die Projektliteratur gefunden. Mit diesen Besonderheiten muß sich der Projektleiter heute auseinandersetzen, wenn er erfolgreiche Projektarbeit leisten will.

In diesem Lernkapitel finden Sie einen Überblick über die Grundbestandteile des Projektmanagements und Hinweise auf neue Gesichtspunkte und Strategien der Projektabwicklung.

LERNMODUL 1.1 DV-PROJEKTE UND PROJEKTARTEN

Nicht jede Tätigkeit im Organisations- und Informatikbereich ist ein Projekt. Für einfache organisatorische und programmtechnische Arbeiten ist das aufwendige Planungs- und Überwachungskorsett eines Projekts nicht gerechtfertigt!

LERNABSCHNITT 1

1. Was ist ein DV-Projekt?

Meist findet man die schon klassische allgemeine Definition eines Projekts als Einleitung im ersten Abschnitt eines Projekthandbuchs. Es handelt sich um eine Entwicklungstätigkeit (heute auch Beschaffungs- und Anpassungstätigkeit),

- die klar definiert und abgegrenzt ist,
- die einmalig ist und sich in dieser Form nicht mehr wiederholt,
- die lösbar sein muß,
- die sich zeitlich abgrenzen läßt (Anfangs- und Endtermin),
- deren Kosten sich berechnen oder abschätzen lassen,
- die sich aufgrund ihrer Komplexität nicht durch bereits vorhandene Betriebsinstanzen lösen läßt.

Stolpersteine, die sich bereits aus der Definition und Abgrenzung eines Projekts ergeben, können folgende Punkte darstellen:

- **Projektdefinition, Zielsetzungen und Abgrenzung:** Häufig ist ein Projekt am Anfang in Zielsetzungen und Umfang nur unzureichend definiert. In einer Voruntersuchung (auch Machbarkeitsanalyse genannt) muß der künftige Projektleiter zusammen mit dem Kunden beziehungsweise Anwender die Zielsetzungen so konkretisieren, daß daraus eine erste Grobplanung und Softwarekalkulation abgeleitet werden kann.

- **Komplexität und Schwierigkeitsgrad:** Geplante Anwendungssysteme können einen so mächtigen Funktionsumfang haben, daß sie in einem einzigen Projekt nicht „beherrschbar" sind. Sie müssen deshalb vor dem Beginn der Projekttätigkeit in handhabbare und möglichst selbständig realisierbare Teilprojekte zerlegt werden.

- **Festlegung von Projektanfang und -ende:** Jedes Projekt muß einen klaren Starttermin aufweisen. Es muß eine lösbare Aufgabenstellung vorliegen. Bereits vor dem Projektstartschuß sollte sich der Projektplaner einen Überblick verschafft haben, der nach Abschluß der Projektaufgaben einen Endtermin erkennen läßt!

- **Problem der Kleinprojekte:** Vielen DV-Vorhaben wird oft eine Projektnummer verpaßt, obwohl ihre Dauer auf wenige Tage beschränkt ist. Solche „Kleinprojekte" ergeben sich bei geplanten Systemänderungen oder -erweiterungen. Sie werden von einem einzigen Mitarbeiter ohne ein spezifiziertes Vorgehenskonzept abgewickelt. Solche Kleinvorhaben sollten von echten Projekten sauber abgegrenzt werden. Es ist nicht sinnvoll, hierfür das umfangreiche Überwachungsinstrumentarium eines üblichen Projekts einzusetzen!

Achten Sie als Projektleiter darauf, daß Ihre Projektmitarbeiter keine überhöhten Zeitverbräuche für nebenbei durchgeführte Kleinarbeiten in ihre Projektabrechnung einfließen lassen!

Es kann zweckmäßig sein, Kleinarbeiten zusammenzufassen und nur zu bestimmten Zeiten durchzuführen, um den Ablauf der echten Projekte nicht zu stören.

2. Besonderheiten von DV-Projekten

Gegenüber Projekten im Forschungs- oder Baubereich weisen DV-Projekte einige bemerkenswerte Besonderheiten auf, die ein Projektleiter kennen muß (vgl. G 5, S. 9):

- Typische DV-Projekte haben eine Kalenderdauer von sechs bis zwölf Monaten und werden im Schnitt von zwei Fulltime-Mitarbeitern und zwei bis drei zeitweiligen Mitarbeitern abgewickelt.

- Wenn sich die Abwicklung eines DV-Projekts über eine längere Zeit hinzieht, besteht die Gefahr eines zwischenzeitlichen Hardware- oder Softwarewechsels. Beispiel: Ein Unternehmen hat mit der Installation der R/2-Software der Firma SAP begonnen. Inzwischen bietet SAP die neuere Software R/3 an. Ein Übergang ist außerordentlich arbeitsaufwendig.

- Verläßt ein wesentlicher Projektmitarbeiter das laufende DV-Projekt, kann dies zu einem beträchtlichen Mehraufwand und einem zeitlichen Rückschlag führen.

Vorteilhaft bei einem DV-Projekt sind die gleichartigen Ablaufschritte im Rahmen eines Vorgehensmodells. Sie erlauben eine standardisierte Vorgehensweise. Ein Netzplan lohnt sich im Gegensatz zu technischen Projekten nur bei einer großen Anzahl von Aktivitäten und Abhängigkeiten.

3. Projektarten in der Informationstechnik

DV-Anwendungsprojekte können heute in Abhängigkeit von ihren Zielsetzungen einen völlig unterschiedlichen Inhalt haben! Das kann sich auswirken auf

- die erforderlichen Vorgehensschritte der Projektabwicklung
- die benötigten Arbeitsmethoden und Softwaretools
- das notwendige Wissen der Projektmitarbeiter.

Besonders bei der softwaretechnischen Überarbeitung von Programmen im Rahmen einer Restrukturierung ist im Projektteam ein erhebliches Systemwissen nötig! Folgende Projektarten stehen heute im Mittelpunkt der Projektarbeit:

- **Erstumstellung auf der Grundlage einer Individualentwicklung**
  Noch vor wenigen Jahren war dies der Standardinhalt eines DV-Projekts. Heute geht die Bedeutung dieser Projektart stark zurück. Nur noch knapp die Hälfte aller Projekte fällt darunter. Meist handelt es sich dabei um Systemänderungen und -erweiterungen oder um eine Anwendungsentwicklung auf der Grundlage einer 4-GL-Sprache. Eine Individualentwicklung erlaubt die Ausrichtung der Abläufe und Verfahren auf die Wünsche der Anwender, ist aber zeitaufwendig und risikobehaftet.

- **Einführung von Standard-Anwendungsprogrammen**
  Diese Projektart erlebt gegenwärtig einen Boom. Die Anwenderfirmen bevorzugen integrierte Anwendungspakete, die sie schrittweise bei Bedarf übernehmen können, ohne daß Schnittstellenprobleme entstehen. Neuere Softwarepakete sind weitgehend auf einer offenen Systembasis aufgebaut. Bekannte Softwarepakete sind zum Beispiel R/3 der Firma SAP, TRITON der Firma Space/Baan oder MADRAS der Firma sib.

Ein zusätzlicher Schwierigkeitsgrad ergibt sich bei der Ablösung von Altsoftware durch neue Standardsoftware. Überwiegend handelt es sich um ehemalige Insellösungen, die von einem integrierten Softwarepaket abgelöst werden.

Durch den Übergang auf eine neue Datenbank, eine oft aufwendige Datenkonversion und die Lösung von Schnittstellenproblemen zu Software in Nachbarbereichen kann die Ablösung von Altsoftware einen beachtlichen Schwierigkeitsgrad erreichen. Er darf von einem Projektleiter nicht unterschätzt werden!

Vorteilhaft in einem solchen Projekt sind die bereits vorliegenden Anwendererfahrungen mit den Altpaketen. Sie sollten unbedingt in das Projekt eingebracht werden.

- **Restrukturierung von Software**
  Restrukturierungs- und Reengineeringvorhaben sind eine neue Spielart von DV-Projekten. Bei einem Restrukturierungsprojekt wird nur eine Überarbeitung vorhandener Programme vorgenommen. Die Systemfunktionen bleiben in der alten bisherigen Form bestehen. Eine solche Programmüberarbeitung kann vorteilhaft sein, wenn auf diese Weise eine ehemalige Individualentwicklung oder Altbestände an Standardsoftware für die kommenden Jahre beibehalten werden können. Hintergrund der Überarbeitung ist häufig eine neue Datenbank, die Programmanpassung an eine offene Systemwelt oder der Einsatz einer dezentralen Client-Server-Plattform.

- **Business Reengineering**
  Die höchsten fachlichen und systemtechnischen Anforderungen an DV-Projekte stellt das in neuerer Zeit oft genannte Business Reengineering dar. Im Mittelpunkt steht die fachliche Analyse der vorhandenen Prozeßketten und die Erarbeitung kundenorientierter Geschäftsprozesse, die sich auf die betrieblichen Erfolgsfaktoren konzentrieren. Möglicherweise soll ein zusätzlicher Einsatz von Workflow-Abläufen mit optischer Speicherung von Dokumenten erfolgen. Ein Business Reengineering kann zusammen mit einer Programmrestrukturierung oder dem Einsatz neuer Standardsoftware erfolgen.

LERNABSCHNITT 1

LERNMODUL 1.2 SCHWERPUNKTE EINES EFFIZIENTEN DV-PROJEKTMANAGEMENTS

Ein Projektleiter muß wie ein Fußball-Schiedsrichter alle wesentlichen Grundsätze, Regeln und Techniken eines DV-Projektmanagements kennenlernen, bevor er zum ersten Mal Projektverantwortung übernimmt! Vier Möglichkeiten gibt es, sich diese Spielregeln anzueignen:

- durch Training on the Job in vorhergehenden Projekten (soweit sie professionell abgewickelt wurden)
- durch das gründliche Studium eines unternehmenseigenen Methodenhandbuchs der DV-Projektorganisation
- durch das Durcharbeiten überbetrieblicher Qualifizierungsliteratur, zum Beispiel dieses Fachbuchs
- durch den erfolgreichen Besuch eines Ausbildungslehrgangs zum DV-Projektleiter

Am zweckmäßigsten ist eine Kombination der vier Ausbildungsmöglichkeiten. Eigene Erfahrungen als Projektmitarbeiter kann auch ein optimales Lehrbuch oder Seminar nicht ersetzen!

1. Bestandteile eines DV-Projektmanagements

Was zu einem professionellen DV-Projektmanagement gehört, ist seit Jahren bekannt und in der Projektliteratur festgehalten. Für einige Techniken bestehen sogar DIN-Normen, zum Beispiel für die Netzplantechnik und verschiedene Formen von Darstellungstechniken, die in Projekten benutzt werden (Flußdiagramme, Datenflußpläne, Entscheidungstabellen).

Ein Projektmanagement besteht aus
- personellen (institutionellen) Regelungen und
- funktionellen Regelungen, zum Beispiel zur Projektstrukturierung und zum Projektcontrolling

LERNABSCHNITT 1

Diese Regelungen sollen dazu beitragen, daß ein DV-Projekt von der Auslösung bis zur erfolgreichen Systemeinführung risiko- und reibungsarm abgewickelt werden kann. Abbildung 1.01 enthält einen gegliederten Schlagwortkatalog der Anforderungen an ein klassisches DV-Projektmanagement, wie es für jedes Projekt gelten sollte.

Der Projektleiter stellt ein wesentliches Teilstück des personellen Projektmanagements dar. Bei seiner Arbeit greift er auf die Instrumente des funktionellen Projektmanagements zurück.

Schwerpunkte des DV-Projektmanagements

Kerngebiete eines DV-Projektmanagements

Personelles Projektmanagement
Entscheidungsausschuß (Lenkungs- und Kontrollgremium)
Arbeitsteam (Projektteam)
– Projektleiter
– Projektmitarbeiter aus dem ORG-/DV-Bereich
– Projektmitarbeiter aus dem Fachbereich
– Sonstige Projektmitarbeiter
Benutzerausschuß der Fachabteilung
Projektkoordination

Funktionelles Projektmanagement
Projektstrukturierung
Projektauslösung
Projektplanung und Softwarekalkulation
Projektsteuerung und -berichtswesen (Projektcontrolling)
Projektdokumentation
Entwicklungs-, Auswahl- und Implementierungstechniken
Entwicklungs- und Auswahltools
Kommunikations- und Moderationstechniken
Softwarewartung

Abbildung 1.01

LERNABSCHNITT 1

Die folgenden Lernkapitel enthalten Ausführungen über alle Bestandteile des DV-Projektmanagements mit wesentlichen Verfahren, Techniken, Checklisten, Formularen und Toolhinweisen.

Im Literaturteil finden Sie Hinweise auf Spezialaspekte des DV-Projektmanagements.

2. Neue Anforderungen an das DV-Projektmanagement

Die Anforderungen an DV-Projekte sind in der ersten Hälfte der 90er Jahre nochmals kräftig hochgeschnellt. DV-Projekte stehen heute unter einem wesentlich stärkeren Erfolgsdruck als in den vergangenen Jahrzehnten. Neben den klassischen Gesichtspunkten einer Projektorganisation werden an das Projektmanagement neue strategische Anforderungen gestellt:

- Die Anwender von DV-Systemen sind inzwischen mündig geworden. Sie beanspruchen im Projekt aufgrund ihrer eigenen DV-Kenntnisse und -Erfahrungen volles Mitspracherecht. In einer Reihe von Unternehmen werden die DV-Spezialisten nur noch als Service-Partner akzeptiert, der das erforderliche DV-Spezialwissen in das Projekt einbringt.

- Neue strategische Schwerpunkte auf der Software- und Hardwareseite erhöhen das Niveau und den Schwierigkeitsgrad eines Projekts. Zu nennen sind hierbei die Ideen
  - des Lean Management in der Organisation,
  - des verstärkten Prozeßdenkens und der Konzentration auf die kundenorientierten Kernprozesse des Unternehmens,
  - der offenen Systeme, der Dezentralisierung und der flexiblen Client-Server-Plattformen.

- Weit überwiegend greifen Unternehmen, Behörden und Versorgungsbetriebe auf integrierte Standardsoftware zurück, welche ihre branchenbezogenen Kernzonen und die Planungs- und Abrechnungsbereiche abdecken soll. Der Einsatz der hochentwickelten komplexen Software führt zu gravierenden Veränderungen der traditionellen Projektabwicklungsschritte.

Die bereichsübergreifenden integrierten Softwarepakete zwingen den Projektleiter und seine Mitarbeiter beim Customizing zu einer anspruchsvollen integrierten Denkweise, die alle Geschäftsabläufe des Unternehmens umfaßt.

Zusätzlich zur Anpassung und Einführung der operativen Systemmodule muß das Projektteam in der neueren Zeit eine intensive Bedarfsanalyse durchführen, um ein umfassendes Informationssystem aufbauen zu können, das auch den zukünftigen Ansprüchen gewachsen ist.

- Neue Softwaresysteme können heute nur noch selten „auf der grünen Wiese", das heißt auf der Basis einer vorherigen manuellen Organisation angesiedelt werden. Meist muß das Projektteam geeignete Schnittstellen zu vorhandenen Systemen schaffen – eine zusätzliche Projektaufgabe, die häufig einen hohen Schwierigkeitsgrad hat!

- Aufgrund des stärkeren Wettbewerbsdrucks und der oft schwierigeren wirtschaftlichen Lage legt die Unternehmensleitung heute strengere Erfolgsmaßstäbe an ein Softwareprojekt als in der vergangenen „Sturm- und Drang-Periode" der Datenverarbeitung.

LERNMODUL 1.3   SÄULEN DES PERSONELLEN DV-PROJEKTMANAGEMENTS

Eine wirkungsvolle Organisation des personellen oder institutionellen Projektmanagements ist ein entscheidender Erfolgsfaktor jedes Informatikprojekts. Das vertrauensvolle Zusammenspiel von Entscheidungsträgern, Projektteam und Anwendern ist eine unverzichtbare Basis für die Projektarbeit!

Der Projektleiter ist ein wichtiger Eckpfeiler des Projektmanagements. Neben einem engagierten Projektleiter und einem kompetenten Projektteam müssen aber auch entscheidungsbefugte Führungskräfte und die Know-how-Träger der Anwenderseite ausreichend in das Projektmanagement eingebunden sein.

Lernabschnitt 1

In diesem Lernmodul stellen wir die Zielsetzungen und das Zusammenspiel eines effizienten Projektmanagements für Organisations- und Informatikprojekte dar.

1. Träger des personellen Projektmanagements

Für das Gelingen eines DV-Projekts ist ein ausreichendes personelles Engagement von Unternehmensleitung, Fachbereich und Organisation/Datenverarbeitung unerläßlich. Zu einem ausgeglichenen personellen Projektmanagement gehören die Mitarbeitergruppen, die in einem DV-Projekt

- als Entscheidungsträger,
- als aktive Mitarbeiter und
- als kompetente Berater

tätig werden. Jedes effiziente Projektmanagement ist auf drei Säulen aufgebaut:

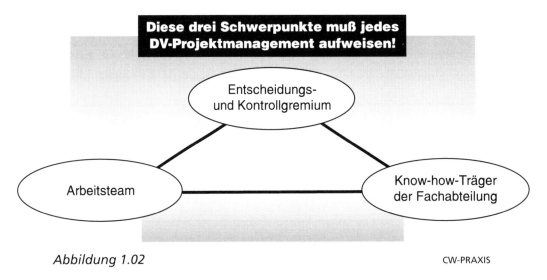

Abbildung 1.02

Das **Entscheidungsgremium** kann ausschließlich aus der Unternehmensleitung bestehen. In Mittel- und Großunternehmen ist häufig ein Entscheidungsgremium aus Anwendern der oberen Führungshierarchie, dem Controlling-Leiter und dem Chef der Organisation und Datenverarbeitung anzutreffen.

In den **Projektarbeitsgruppen** werden unter der Führung eines Projektleiters die Projektarbeiten von den Teammitgliedern der Organisation und Datenverarbeitung und der Benutzerseite abgewickelt. Bei Bedarf können weitere Mitarbeiter im Projektteam tätig werden: DV-Berater, Softwarespezialisten oder interne Revisoren.

Der Fachbereich stellt wichtige Anwenderführungskräfte und Sachbearbeiter als Know-How-Spezialisten zeitweilig für das Projekt ab. Sie können als **projektbezogener Beratungsausschuß** organisiert sein oder in einem erweiterten Projektteam zeitweilig mitwirken.

Gelegentlich stehen auch **DV-Spezialisten** – zum Beispiel ein Datenbankadministrator oder ein Netzspezialist – dem Projektteam als Berater und zeitweilige Mitarbeiter zur Verfügung.

2. Formen der Zusammenarbeit in einem DV-Projektmanagement

Abhängig von der Unternehmensgröße und dem Organisationsaufbau sind alternative Formen des Zusammenspiels in einem personellen DV-Projektmanagement anzutreffen. Wichtig ist in jedem Fall, daß die Projektarbeitsgruppe in ausreichendem Maß auf den Erfahrungsschatz der Fachabteilung zurückgreifen kann. Daneben muß der Projektleiter fest mit der Entscheidungs- und Kontrollstelle eines Projekts verankert sein.

Alternative 1: Die Standardform der personellen Zusammenarbeit im DV-Projektmanagement hat folgendes Aussehen.

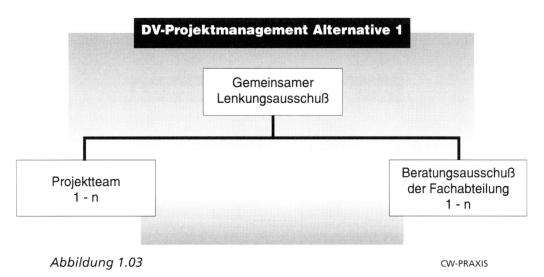

Abbildung 1.03

Es hat sich gezeigt, daß die Aktivierung eines Beratungsausschusses und seine Einbeziehung in die Projektarbeit manchmal schwerfällt.

Alternative 2: Anstelle eines Beratungsausschusses arbeiten Führungskräfte und Spezialisten des Anwenderbereichs zeitweise neben dem Kernteam in einem erweiterten Projektteam mit.

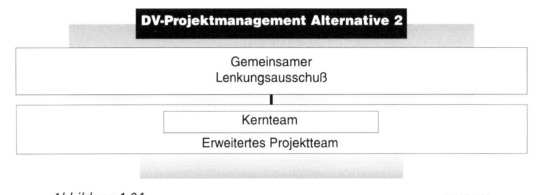

Abbildung 1.04

Diese Form der Zusammenarbeit zwischen Projektgruppe und Fachabteilung ist häufig anzutreffen. Sie ist flexibler als Alternative 1.

Alternative 3: Bei dezentraler Unternehmensorganisation kann ein Projektausschuß dem Projektarbeitsteam gegenüberstehen, der Entscheidungs- und Beratungsbefugnisse hat. Der Fachabteilungsleiter ist normalerweise der Vorsitzende dieses Projektausschusses. Zur Verstärkung kann er auch eine DV-Führungskraft in den Projektausschuß übernehmen.

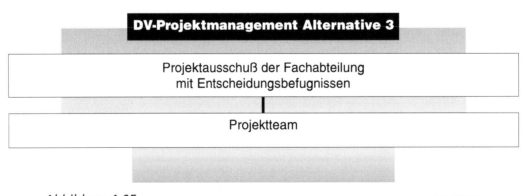

Abbildung 1.05

Diese Form der Zusammenarbeit ist vorteilhaft, wenn der Projektausschuß ausreichenden Sachverstand zur Steuerung des Projektteams besitzt. Der Projektausschuß hat ein erhebliches Eigeninteresse an dem Projekt. Die Projektwege zwischen Projektausschuß und Projektteam sind kurz. Zur Kompetenzverstärkung wirkt im Projektausschuß oft auch eine DV-Führungskraft mit. Der ORG-/DV-Bereich muß bei einer dezentralen Projektsteuerung allgemeinverbindliche Grundsätze zum Hardware- und Softwareeinsatz vorgeben!

Alternative 4: Bei der Auswahl, Anpassung und Einführung umfangreicher integrierter Standardanwendungspakete – zum Beispiel der Software R/3 der Firma SAP – ist eine zweistufige Teamorganisation typisch. Dem Lenkungsausschuß für das gesamte Projekt steht eine Gesamtprojektleitung gegenüber. Sie nimmt zugleich auch die Koordination der Teilprojekte wahr. Die einzelnen Softwaremodule, – zum Beispiel die Kalkulation oder der Einkauf – werden in getrennten Teilprojekten bearbeitet. Für jedes Teilprojekt wird ein Fachteam zusammengestellt. Die Leiter der Fachteams sind auch in der Gesamtprojektgruppe als Mitglieder tätig.

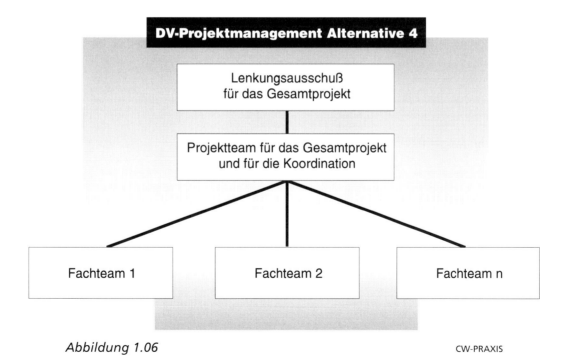

Abbildung 1.06

Der Gesamtprojektleiter ist entsprechend der großen Bedeutung eines solchen Softwarepakets meist eine hochgestellte Führungskraft oder der DV-Leiter. In dem Gesamtprojektteam wirken neben den Projektleitern für die Fachteams (aus Datenverarbeitung oder Fachbereich) meist auch Führungskräfte der Datenverarbeitung und der Projektverantwortliche des Softwarelieferanten mit.

In Abhängigkeit von der zeitlichen Einführungsstrategie des integrierten Softwarepakets sind die Projektteilteams parallel oder hintereinander tätig.

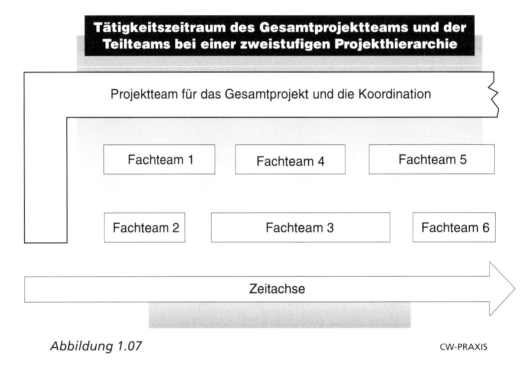

Abbildung 1.07

Die Erfahrungen der letzten Jahre haben gezeigt, daß ein Unternehmen großen Wert darauf legen muß, daß die Fachbereiche ausreichend stark im Lenkungsausschuß, in der Gesamtprojektgruppe und in den verschiedenen Fachteams vertreten sind. Auf keinen Fall dürfen die Linienstellen die Verantwortung auf die Leitung der betrieblichen Datenverarbeitung oder gar die externe Softwarefirma abwälzen!

LERNMODUL 1.4 DV-LENKUNGSAUSSCHUSS – WEICHENSTELLUNG FÜR PROJEKTENTSCHEIDUNGEN

Als wichtiges Entscheidungs-, Koordinations- und Kontrollgremium hat sich ein DV-Lenkungsausschuß auf Unternehmensebene erwiesen. Spannungen in den „unteren Etagen" eines Unternehmens lassen sich leichter vermeiden, wenn darüber ein fachkundiges Entscheidungs- und Kontrollgremium vorhanden ist, das alle Projektaktivitäten koordiniert.

Natürlich könnte sich die Geschäftsleitung selbst um alle Organisations- und DV-Fragen kümmern. Doch wäre das für sie sehr zeitaufwendig. Außerdem sollte sich die Spitze eines Unternehmens in erster Linie um die primären Bereiche, also den Vertrieb, die Produktion und das Finanz- und Rechnungswesen kümmern.

Zusammensetzung des DV-Lenkungsausschusses

Es hat sich als zweckmäßig erwiesen, wenn die wesentlichen Entscheidungen und übergeordneten Kontrollen aller relevanten Organisations- und DV-Aktivitäten von einem Gremium wahrgenommen werden, das aus hochrangigen Führungskräften besteht. In einem Industrieunternehmen könnte dieser Ausschuß beispielsweise die folgende Zusammensetzung aufweisen (siehe Abbildung 1.08).

Abbildung 1.08

LERNABSCHNITT 1

Ein solches Leitungsgremium kann unterschiedliche Namen haben:
- Lenkungsausschuß
- DV-Kommission
- Organisations- und DV-Ausschuß
- Steering Committee

und ähnliche

Das Gremium besteht aus den oberen Führungskräften der wesentlichen Unternehmensbereiche. Ein Mitglied sollte im Rang eines Geschäftsführers sein, da in dem Lenkungsausschuß Entscheidungen von erheblicher Tragweite gefällt werden. Neben den Anwenderbereichen sind auch der Unternehmenscontroller und gelegentlich der Leiter der Revisionsabteilung Mitglieder des DV-Ausschusses. Schließlich nimmt der DV-Leiter an diesen Sitzungen teil. Ob er stimmberechtigt ist, hängt von seinem Status ab. Hat er bereits die Stufenleiter eines Informationsmanagers erklommen, dürfte er neben den Anwendern ein gleichberechtigtes Mitglied sein. Üblicherweise hat der DV-Leiter die Sitzungen vorzubereiten. Er muß über aktuelle Probleme Bericht erstatten, Präsentationen durchführen und ist der Protokollführer.

Im Normalfall trifft sich ein DV-Lenkungsausschuß in einem Zeitraum von einem bis drei Monaten. Die Häufigkeit der Sitzungen hängt vom jeweiligen Entscheidungsbedarf in Projekten ab. Darüber hinaus werden von diesem Ausschuß das jährliche DV-Budget und wesentliche Hardwareveränderungen genehmigt.

Aufgaben eines DV-Lenkungsausschusses

Zu den Hauptaufgaben dieses Leitungsgremiums gehören Aufgaben außerhalb einer Projektabwicklung:

- Genehmigung der DV-Langfristplanung
- Genehmigung der Hardwareplanung
- Genehmigung des jährlichen DV-Budgets
- Entscheidung über die personelle Kapazität der DV-Abteilung
- Entscheidung über Fragen der Zentralisierung oder Dezentralisierung der DV

Aufgaben im Rahmen einer Projektabwicklung sind
- Freigabe von Projekten

- Genehmigung des Projektbudgets
- Entscheidung über die Projektfortsetzung an wesentlichen Phasenenden
- Entscheidung über den Einsatz von Fremdkräften (Berater, Programmierer)
- Schlichtung bei Konflikten zwischen Anwenderabteilung und Projektteam

Durch einen aktiven und kompetenten DV-Lenkungsausschuß kann es gelingen, dem Fachimperialismus und einem engstirnigen Denken in abgegrenzten „Königreichen" entgegenzuwirken. Der DV-Lenkungsausschuß muß dafür sorgen, daß die begrenzte Personalkapazität der Systementwickler dort zum Einsatz kommt, wo sich – bezogen auf das gesamte Unternehmen – der größte Rationalisierungsnutzen ergibt.

Bedeutung des DV-Lenkungsausschusses

Durch die überwiegende Anwenderbeteiligung kann der Lenkungsausschuß ein Garant dafür sein, daß die Belange der Fachbereiche gegenüber der Datenverarbeitung genügend vertreten werden. Natürlich setzt dies voraus, daß die im Ausschuß tätigen Bereichsleiter ein ausreichendes und aktuelles DV-Grundwissen haben und über die Informatiktrends Bescheid wissen.

LERNMODUL 1.5 PROJEKTAUSSCHUSS DER BENUTZER

Zu den Kernaufgaben des Projektleiters zählt es, eine ausreichende Benutzerakzeptanz und -motivierung zu gewährleisten. Zu diesem Zweck ist es unabdingbar, die Führungskräfte und Know-how-Träger auf der Sachbearbeiterebene in bestmöglicher Form in das Projekt zu integrieren! Das kann auf drei Ebenen geschehen:

- Die Benutzer sollen möglichst stark in die Entscheidungsprozesse des Projekts einbezogen werden.
- Sie sollen den Projektleiter und die Teammitglieder fachlich beraten.
- Sie sollen aktiv im Projektteam mitwirken.

Zur Benutzeraktivierung stehen alternativ oder kombiniert mehrere Möglichkeiten zur Verfügung:

LERNABSCHNITT 1

– Dem Projektteam steht ein Projektausschuß der Fachabteilung gegenüber. Seine Mitglieder sind die direkten Ansprechpartner für das Projektteam. Dieser Fachausschuß nimmt neben der fachlichen Teamberatung auch Abstimmungen für erarbeitete Lösungen bei einer Individualentwicklung oder von Softwareanpassungen bei der Einführung eines Fremdpakets vor. Er wird deswegen gelegentlich auch Abstimmkreis genannt.

– Wichtige Know-how-Träger der Fachabteilung wirken in der Form eines erweiterten Arbeitsteams zeitweilig im Projekt mit. Sie können einzeln oder – für wichtige Beratungen und Entscheidungen – gemeinsam an Arbeitsbesprechungen teilnehmen.

– Als ständige Verbindung zwischen Fachressort und Projektgruppe arbeitet im Kernteam ein DV-Fachkoordinator fulltime oder parttime mit. Er nimmt nach Abschluß des Projekts auch die fachliche Systembetreuung im Anwenderbereich vor.

1. Benutzerfachausschuß für ein DV-Projekt

Ein Ausschuß aus Benutzerführungskräften sollte als Gegenstück zum operativ tätigen Projektteam gebildet werden,

- wenn kein zentrales Entscheidungs- und Kontrollgremium für Projekte vorhanden ist,
- oder wenn ein zentraler DV-Lenkungsausschuß nur für KO-Entscheidungen auf der Projektebene zuständig ist und sich nicht um Alltagsprobleme und -konflikte kümmern kann.

Zusammensetzung des Benutzerausschusses

Einem Projektausschuß der Fachabteilung gehören drei bis sieben Mitglieder an. Der Ausschuß wird zusammen mit dem Projektteam festgelegt. Seine Mitglieder führen weiterhin ihre Linienarbeiten durch. Doch stehen sie bei Bedarf einzeln oder gemeinsam dem Projektteam als Ansprechpartner zur Verfügung. Die Folgeabbildung zeigt das Zusammenspiel zwischen DV-Projektgruppe und Projektausschuß.

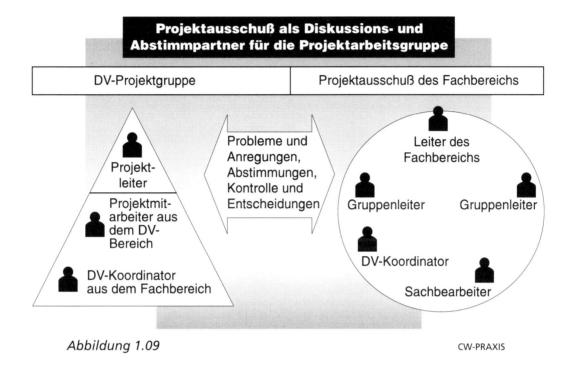

Abbildung 1.09 CW-PRAXIS

Der DV-Koordinator des Fachbereichs ist ein Kernmitglied des Projektteams. Er gehört aber auch dem Projektausschuß seines Fachbereichs an und stellt damit ein wesentliches Verbindungsglied zwischen Projektteam und Anwenderbereich dar.

Da in Projekten oft auch erhebliche DV-technische Entscheidungen getroffen werden, trifft man immer wieder an, daß in dem Projektausschuß der Fachabteilung neben dem Fachabteilungsleiter auch eine DV-Führungskraft als Mitglied vertreten ist.

Aufgabenpalette eines Projektausschusses
Zu den Hauptaufgaben des Projektausschusses der Fachabteilung zählen die gezielte Beratung des Projektteams, Stellungnahmen zu Lösungsentwürfen und Alternativen, Abstimmgespräche und Aussprachen über Sonder- und Problemfälle.

In welchem Umfang ein Projektausschuß der Fachabteilung auch Entscheidungsbefugnisse hat, hängt davon ab, wie stark sich der für das gesamte Unternehmen tätige DV-Lenkungsausschuß um die Belange eines einzelnen Projekts kümmern kann und will.

Lernabschnitt 1

2. Verstärkung des Projektteams durch Anwenderspezialisten

Ein Beratungsausschuß der Fachabteilung ist nicht überall anzutreffen. Häufiger ist die Konstellation, daß Führungskräfte und ausgewählte Sachbearbeiter bei Bedarf das Projektteam verstärken. Man spricht in diesem Fall von einem „erweiterten Projektteam".

Wenn für ein Projekt ein Entscheidungsträger (zentraler Lenkungsausschuß oder Fachabteilungsleiter) vorhanden ist, stellt ein für Problemlösungs- und Abstimmaufgaben erweitertes Projektteam eine ausreichende Möglichkeit dar, um wichtige Know-How-Träger der Fachabteilung in die Projektarbeit zu integrieren.

Beide Möglichkeiten – ein Beratungsausschuß und ein erweitertes Team – können sich auch überlappen.

Lernmodul 1.6 Arbeitsteam – Kernstück des personellen Projektmanagements

Umfangreiche und schwierige Arbeitskomplexe, wie sie bei einer Projektabwicklung zu bewältigen sind, lassen sich nur als Teamarbeit durchführen. Einzelmatadore wären bei einem mittleren und größeren Projekt vom Wissen und Zeitaufwand her überfordert.

1. Interdisziplinäre Projektteams

Um die verschiedenartigen Kenntnis- und Erfahrungsanforderungen in optimaler Form zu nutzen, werden in den Projekten der Informationstechnik Arbeitsteams gebildet. In ihnen arbeiten
- Systemspezialisten aus dem ORG-/DV-Bereich
- Führungskräfte und Sachbearbeiter der betroffenen Anwenderabteilung
- bei Bedarf weitere interne und externe Spezialisten (zum Beispiel Revisoren, Berater, Softwareprofis u.a.)

gemeinsam zusammen. Man spricht von einem „interdisziplinären" Team.

Für den Teamaufbau ist die Organisationsform des Matrix-Projektmanagements typisch. Hierbei werden die Teammitglieder als Fulltime- und Parttime-Mitarbeiter aus den betroffenen Linien- und Stabsstellen für eine begrenzte Zeitdauer zur Erfüllung der Projektaufgabe in Teamform zusammengezogen.

2. Organisationsform des Teams

Am stärksten verbreitet und am zweckmäßigsten ist für Implementierungsprojekte das Projektteam. Unter der Leitung eines Projektverantwortlichen arbeiten in einer festen Organisationsform und nach klar definierten Teamspielregeln Entwickler und Anwender entsprechend den Festlegungen des Projektplans zusammen. Vorteile dieser straffen Organisationsform: Auch weniger beliebte Arbeiten können vom Projektleiter den Projektmitarbeitern zugewiesen werden. Wegen des enormen Zeitdrucks in Projekten ist dies manchmal unumgänglich!

In der Praxis heute nur noch wenig anzutreffen ist zur DV-Projektabwicklung eine Teamworkorganisation ohne einen übergeordneten Projektleiter. Hier organisiert sich die Gruppe selbst. Eine Berechtigung hat diese Arbeitsform bei der Erarbeitung von Langfristkonzepten und Arbeitsmodellen, wo es auf eine höchstmögliche Kreativität ankommt und die Teammitglieder über gute Kenntnisse der Gruppendynamik verfügen.

Am lockersten ist die Zusammenstellung eines Arbeitsteams nach den Spielregeln eines Ausschusses. Sie ist in kleinen Unternehmen anzutreffen, die über wenig Projekterfahrung verfügen. Ein Problem kann sich ergeben, die Ausschußmitglieder auch in schwierigen Projektsituationen zusammenzuhalten!

3. Vertikal und horizontal aufgebaute Projektteams

Projektteams können während der Projektabwicklung stets die gleiche Zusammensetzung aufweisen. Man nennt sie in diesem Fall vertikal aufgebaute Teams. Diese sind heute überwiegend anzutreffen. Bei vertikal strukturierten Teams ergeben sich keine Schnittstellenprobleme zwischen den Arbeitsphasen, weil dieselben Mitarbeiter alle anfallenden Arbeiten durchführen. Organisationsprogrammierer sind die typische Arbeitskategorie von DV-Mitarbeitern in einem vertikal aufgebauten Projekt.

Lernabschnitt 1

Wenn die Teammitglieder während der Projektabwicklung wechseln, spricht man von horizontal aufgebauten Teams. Beispielsweise kann die fachliche Sollkonzeption in den Händen eines Organisationsteams liegen. Es übergibt seine Arbeitsergebnisse an ein Programmierteam, das seine Ergebnisse wiederum an das Organisationsteam abliefert. Bei einer solchen Teamgestaltung können sich – wie die Vergangenheit oft gezeigt hat – Schnittstellenprobleme bei der Arbeitsübergabe ergeben.

Lernmodul 1.7 Funktionelles Projektmanagement: Vorgehensstrategien und Controlling-Werkzeuge

Hinter dem pauschalen Fachausdruck „Funktionelles Projektmanagement" verbergen sich alle Projektaktivitäten, die zur

- Projektabgrenzung und -strukturierung,
- Projektauslösung,
- Projektplanung und -steuerung,
- systematischen Projektabwicklung und
- mitlaufenden Projektdokumentation

nötig sind. Abbildung 1.10 zeigt die Tätigkeitsblöcke des funktionellen Projektmanagements in ihrer zeitlichen Ablauffolge.

Ein übersichtliches Phasenschema des Projektablaufs ist der Aufhänger für die Projektplanung und Softwarekalkulation, die der Projektleiter zusammen mit seinem Team vornimmt. Die sachliche und zeitliche Projektstrukturierung ist die Richtschnur für die Projektabwicklung und die Controllingtätigkeiten bis zur abschließenden Projektabrechnung.

1. Phasenkonzept zur systematischen Projektstrukturierung

Zu den wichtigsten Werkzeugen der Projektdurchführung gehört eine methodische Vorgehensweise. Man nennt diese schrittweise Abwicklung nach logisch aufeinander folgenden Arbeitsschritten ein DV-Phasenkonzept. Standardisierte Vorgehensmodelle gibt es für Projekte der

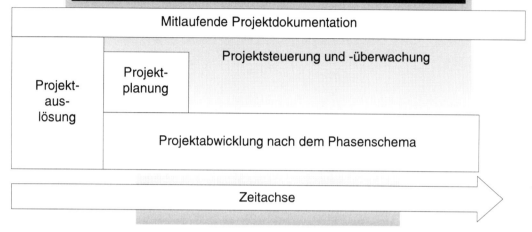

Abbildung 1.10 CW-PRAXIS

- Individualentwicklung
- und der Softwarebeschaffung.

Phasenkonzepte sind vorteilhaft, weil das Projektteam beim Rückgriff auf eine solche „Checkliste" keine wesentlichen Punkte vergißt oder sie zu spät in die Überlegungen einbezieht.

Auch der Einsatz von Prototyping-Software, die bei einer Systementwicklung das Feedback gegenüber den Anwendern verbessern soll, ist im Rahmen eines leicht abgeänderten Phasenmodells möglich.

Die Anwendung eines einheitlichen Vorgehensmodells bringt Vorteile bei der Planung, Abwicklung, Überwachung und Dokumentation von Softwareprojekten.

2. Methoden und Tools der Projektarbeit

Neben dem Phasenkonzept als Orientierungshilfe für die Folgeschritte der Projektabwicklung muß ein Projektleiter über das Methodenrepertoire der
- Analyse- und Systementwicklung,

- Systemevaluation und
- Systemimplementierung

Bescheid wissen. Er sollte in der Lage sein, die für das DV-Projekt zweckmäßige Vorgehensstrategie einer funktions-, ablauf- oder dateiorientierten Entwicklung festzulegen.

Unumgänglich ist für einen Projektleiter heute die Kenntnis moderner Organisationsprinzipien, zum Beispiel der Lean Organisation, der Geschäftsprozeßoptimierung, einer ereignisorientierten Steuerung der Vorgangsbearbeitung und der Client-Server-Technik.

Zur Unterstützung der Methodenarbeit gibt es heute CASE-Tools, welche nach einer Lernphase der Mitarbeiter die Entwicklungs- und Dokumentationsarbeiten entlasten können. Zusätzlich sollte sich ein Projektleiter auch über den Einsatz moderner Entwicklungs- und Arbeitsinstrumente orientieren, zum Beispiel über Workflow-Werkzeuge, Groupware, optische Dokumentenspeicherung oder einen Multimedia-Einsatz.

3. Projektinitialisierung – ein wichtiger Meilenstein

Zum funktionellen Projektmanagement gehören klar definierte Schritte der Projektauslösung und ein offizieller Projektauftrag, der alle Entscheidungsinformationen über das geplante Vorhaben enthalten muß. Ein Projektleiter sollte sich hüten, nach dem Motto „Probieren wir mal ..." in eine Projektfalle hineinzustolpern!

Der Anstoß zur Auslösung eines Projekts kann aus zwei Richtungen heraus erfolgen:

- aus einer DV-Gesamtkonzeption, die schrittweise in Einzelprojekten realisiert wird,
- aus einem aktuellen Anlaß heraus, zum Beispiel einem Projektantrag des Fachbereichs oder aufgrund einer gesetzlichen Änderung.

Bei der Projektauslösung muß über den Mitarbeitereinsatz, das erforderliche Projektbudget, wichtige Meilensteintermine und die angestrebten Nutzenkategorien Klarheit bestehen! Eine Klärung dieser Punkte ist bei Bedarf vor der Projektfreigabe im Rahmen einer Voruntersuchung (Machbarkeitsanalyse) vorzunehmen.

4. Projektcontrolling – Kerntätigkeit des Projektleiters

In einem Methodenhandbuch der DV-Projektorganisation sollten klare Regelungen über die Planung und Überwachung eines Projekts enthalten sein, damit für die DV-Projekte ein einheitliches und systematisches Projektcontrolling gewährleistet ist.

Bei der Projektplanung werden vom Projektverantwortlichen
- der erforderliche Zeitaufwand für die Projektschritte geschätzt,
- die Projektmitarbeiter festgelegt,
- die Zwischen- und Endtermine errechnet
- und Kosten- und Nutzenüberlegungen angestellt.

Mit Hilfe anwenderverständlicher und transparenter Planungsverfahren sollte ein Projektleiter jedem fachkundigen Projektmitarbeiter den Einblick in das Zustandekommen der Planungsergebnisse ermöglichen!

Im Gegensatz zur Projektplanung sind die manuellen oder DV-unterstützten Verfahren der Projektüberwachung für jeden Projektmitarbeiter leicht verständlich. Der Arbeitsaufwand kann besonders beim Einsatz von Projektmanagement-Software einen erheblichen Umfang annehmen. Periodische Status- und Fortschrittsreviews ergänzen die Schritte der Projektüberwachung. Sie erlauben außerdem eine mitlaufende und motivierende Qualitätskontrolle.

5. Projektdokumentation – eine bittere Notwendigkeit

Ohne eine einwandfreie und ordnungsmäßige Dokumentation ist die Lebensfähigkeit eines DV-Anwendungssystems in Frage gestellt! Die Dokumentation gehört zu den Kerntätigkeiten der funktionellen Projektorganisation und ist unumgänglich.

Ein Projekthandbuch muß klare Vorgaben über Form und Umfang der Projektdokumentation enthalten. Für die Entwicklungs- und Produktdokumentation müssen zwei Grundsätze Anwendung finden:
- Paralleldokumentation zusammen mit den Schritten der Systementwicklung oder -anpassung. Eine Nachdokumentation ist aufwendig und wird häufig vergessen!

Lernabschnitt 1

- Maschinelle Dokumentationsunterstützung – wo immer sie möglich und sinnvoll ist.

Der Projektleiter ist dafür verantwortlich, daß jeder Projektmitarbeiter seine Tätigkeiten ausreichend nach vorgegebenen Methoden dokumentiert!

Lernmodul 1.8 DV-Projekthandbuch als aktuelles Nachschlagewerk

Die Zusammenarbeit in einem DV-Projekt fällt allen Beteiligten leichter, wenn alle Verfahren und Spielregeln der personellen und funktionellen Projektorganisation in einem DV-Projekthandbuch enthalten sind.

> *Ein DV-Projekthandbuch darf kein unleserlicher Schmöker sein. Es sollte für alle Mitarbeiter verständlich sein, die es als Arbeitsgrundlage benutzen. Für den Aufbau und die Pflege ist der Leiter der Organisation und Datenverarbeitung zuständig.*

Aufbau und Pflege eines DV-Projekthandbuchs sind eine geringe Investition! Eine solche Zusammenstellung kann durch ein kleines Arbeitsteam in wenigen Arbeitssitzungen erfolgen. Als Richtschnur kann dieses Fachbuch dienen. Begriffe und Methoden müssen jedoch unternehmensspezifisch festgelegt werden!

Jeder Mitarbeiter, der aktiv in ein Projekt eingebunden wird, sollte vor dem Einstieg in die Projektarbeit vom Projektleiter in geeigneter Weise auf der Grundlage des Projekthandbuchs geschult und eingewiesen werden.

Anbei ein **Überblick über wesentliche Teilstücke eines DV-Projekthandbuchs:**

- Gremien der personellen DV-Projektorganisation im Unternehmen
- Zusammenarbeit zwischen Fachabteilungen und ORG-/DV-Stelle
- Projektstrukturierung bei Individualentwicklung und Einsatz von Standardsoftware

LERNABSCHNITT 1

- Projektabwicklung mit Projektauslösung, Projektplanung und -steuerung
- Eine Dokumentationsrichtlinie mit ihren Bestandteilen System-, Programm- und Benutzerdokumentation
- Abwicklung der Systemwartung
- Spezielle Teilbücher über Methoden und Werkzeuge der Softwareentwicklung beziehungsweise -beschaffung

Ein Projekthandbuch muß besonders solche Richtlinien und Anweisungen enthalten, die ein Projektleiter und seine Mitarbeiter bei ihrer täglichen Arbeit immer wieder benötigen. Dazu gehören:

- diverse Formblätter für die Projektauslösung, Projektplanung und -überwachung, für Wirtschaftlichkeitsberechnungen und eine Projektabrechnung

- Checklisten für Kosten- und Nutzenkriterien, eine Sitzungsvorbereitung und -abwicklung, für die verschiedenen Dokumentationsarten, für Projekttätigkeiten bei der Softwareentwicklung und -beschaffung und ähnliches

- im Unternehmen übliche Darstellungs- und Beschreibungstechniken

- ein komplettes Planungsbeispiel

- ein aussagekräftiges Beispiel einer Projektakte, die ein Projektleiter als „Projektdrehbuch" nach der Projektplanung anlegen und ständig aktualisieren sollte

- ein Überblick über das Projektberichtswesen

Da ein Methodenhandbuch der Projektorganisation schrittweise nach Bedarf aufgebaut wird und ständigen Änderungen unterliegt, sollte es als Loses-Blatt-Werk in einem Hebelordner geführt werden. Es kann auch in eine maschinelle Ablage übernommen werden, was den zentralen Änderungsdienst erleichtert. Die Verantwortlichkeit des Änderungsdienstes liegt beim Leiter der Organisation und Datenverarbeitung. In der Praxis haben aktuelle DV-Projekthandbücher, die den Projektleiter bei seiner Arbeit unterstützen, bisher Seltenheitswert. Dieser Mangel zwingt einen Projektleiter, bei seiner Aus- und Fortbildung überwiegend auf außerbetriebliche Lehrgänge und Fachliteratur zurückzugreifen. Eine einheitliche Projektabwicklung kann in einem solchen Fall nicht erwartet werden.

Summary

DV-Projekte werden nach denselben Grundsätzen wie technische Projekte abgewickelt. Sie weisen allerdings häufig einige Besonderheiten auf: DV-Projekte sind oft sehr klein und anfällig gegenüber einem Mitarbeiter-, Hardware- oder Softwarewechsel während der Projektlaufzeit.

Inhalt eines DV-Projekts kann eine Individualentwicklung, die Einführung von Standardsoftware oder die Überarbeitung vorhandener Anwendungssysteme in einem Reengineering-Vorhaben sein.

Für die Projektabwicklung muß der Projektleiter die Regeln des personellen und funktionellen Projektmanagements kennen.

Das personelle Projektmanagement umfaßt das Entscheidungsgremium für ein Projekt, das Projektteam mit den internen und externen Projektmitarbeitern und die künftigen Anwender. Für eine zweckmäßige Zusammenarbeit des personellen Projektmanagements gibt es unterschiedliche Formen.

Zu den funktionellen Regelungen eines Projekts gehören die Aktivitäten der Projektauslösung, der Projektstrukturierung, das Projektcontrolling und die Projektdokumentation.

Die für ein Unternehmen obligatorischen Festlegungen der Projektorganisation, die für alle Projektinstanzen verbindlich sind, sollten in einem Projekthandbuch festgehalten sein, das immer wieder aktualisiert werden muß.

Lernabschnitt 2
Projektleiter – Erfolgsmerkmale und Skills

In der DV-Projektarbeit steht der Projektleiter im Brennpunkt. Von der Wahl des richtigen Projektverantwortlichen hängt der Erfolg des ganzen Vorhabens ab. Ein Projektleiter muß ausreichende Führungsqualitäten besitzen und sein Projekt fachlich und menschlich fest im Griff haben! Das ist nur möglich, wenn er sich nicht nur am Rand um diese Aufgaben kümmern kann, sondern genügend Zeit für diese anspruchsvolle Tätigkeit hat.

Sie erfahren in diesem Lernabschnitt,
- welche Führungs- und Fachaufgaben ein Projektleiter übernehmen muß,
- welche Befugnisskala ihm hierfür zur Verfügung steht,
- warum Motivation und Projektmarketing einen hohen Stellenwert haben
- und weshalb Kenntnisse über das Thema Konfliktmanagement nicht fehlen dürfen.

Selbstverständlich muß sich ein Projektleiter durch geeignete Ausbildungsmaßnahmen und durch ein zweckmäßiges Training on the Job ausreichend für diese neue Aufgaben qualifizieren.

LERNMODUL 2.1 HERKUNFT UND UNTERSTELLUNG DES PROJEKTLEITERS

Ein fähiger Projektleiter fällt nicht vom Himmel. Nichts kann in einem Lenkungsausschuß schwieriger sein, als einen kompetenten Projektleiter zu finden, der die erforderlichen Fach- und Führungsaufgaben beherrscht und für diese Tätigkeit eine gehörige Portion an Motivation und Engagement mitbringt!

1. Projektleiter aus dem DV- und Fachbereich

Leiter eines DV-Projekts können Mitarbeiter aus folgenden Bereichen werden:
- Spezialisten aus dem Sektor der Organisation und Datenverarbeitung oder
- Führungskräfte oder qualifizierte Sachbearbeiter aus der betroffenen Anwenderabteilung, zum Beispiel ein methodisch ausgebildeter DV-Fachkoordinator.

Die weit überwiegende Zahl der Projektverantwortlichen stammt bisher aus dem Bereich der Datenverarbeitung eines Unternehmens. Hier sind die professionellen Projektleiter anzutreffen. Vorteile eines Projektverantwortlichen aus dem Informatikressort:

- Kenntnisse der Arbeitsmethodik und der Softwarewerkzeuge zur Projektführung
- Projekterfahrungen durch die ständige Mitarbeit in Projekten
- Kenntnisse der Programmiertechnik und der Hardwarelandschaft des Unternehmens

Nachteilig können sich Verständigungsschwierigkeiten mit dem Anwenderbereich und eine sich dadurch ergebende mangelhafte Benutzerakzeptanz auswirken.

In manchen Unternehmen stellt die Abteilung Betriebsorganisation auch für Informatikprojekte den Projektleiter. Vorteilhaft kann die Ausrichtung auf die der Datenverarbeitung übergeordnete Aufbau- und Ablauforganisation sein, worauf heute bei der ausgeprägten prozeßorientierten Denkweise Wert gelegt wird. Allerdings sind bisweilen Klagen der Anwender über die theoretische Grundeinstellung von Projektleitern aus dem Organisationsbereich zu hören.

Projektleiter aus dem **Anwenderbereich** sind in neuerer Zeit besonders bei dezentraler Datenverarbeitung häufiger anzutreffen. Mehrere Gründe sprechen dafür:

- Besseres Durchsetzungsvermögen der Machtpromotoren aus dem Fachressort
- Detaillierte Anwendungs- und Problemkenntnisse
- Unzureichende Akzeptanz bei der Führung eines Projekts durch DV-Spezialisten

Problematisch können bei einer Projektleitung durch eine Anwendungsführungskraft methodische Schwächen, unzureichende Toolkenntnisse und mangelnde Projekterfahrung sein. Hinzu kommt der oft chronische Zeitmangel solcher Kräfte.

Übernimmt eine Anwenderführungskraft die Leitung eines Informatikprojekts, sollte ihr möglichst ein DV-Profi oder ein externer DV-Berater als „Coach" zur Seite stehen.

Kleinere und unproblematische Projekte werden vom DV-Koordinator des Fachbereichs oder einem DV-Mitarbeiter durchgezogen. Für gelegentliche Arbeitsbesprechungen greifen sie auf interne Mitarbeiter oder Spezialisten einer Softwarefirma zurück.

In einigen Bereichen der öffentlichen Verwaltung ist anzutreffen, daß ein Projekt von zwei gleichberechtigten Projektleitern geführt wird, von denen einer aus dem Bereich des Bedarfsverursachers (Fachressort), der andere vom Bedarfsdecker (Organisation und Datenverarbeitung) gestellt wird. Bei einer klar festgelegten Vorgehensmethodik und Kompetenzaufteilung führt dies zu keinen Schwierigkeiten, wie sich bei vielen Projekten gezeigt hat.

Beim Einsatz integrierter Standardsoftware stellt die Softwarefirma einen eigenen Projektleiter. Er übernimmt eine Brückenfunktion zwischen dem internen Projektleiter des Anwenderunternehmens und seiner Softwarefirma. Arbeitsschwerpunkte dieses Fremdmitarbeiters sind
- die richtige Interpretation des Softwareinhalts,
- die zweckmäßige Integration der Softwaremodule
- und die Weitergabe von Erfahrungen bei der Softwareanpassung an das Anwenderunternehmen.

Aufgrund seiner profunden Kenntnisse und Erfahrungen reißt der fremde Projektleiter möglicherweise das gesamte Projekt an sich und degradiert die unternehmenseigenen Projektmitglieder zu Zuträgern. Eine solche Entwicklung ist für ein Projekt schädlich.

> *Die Gesamtverantwortung für das Projekt obliegt immer dem unternehmenseigenen Projektleiter! Er muß sich einen ausreichenden Überblick über das Projekt erarbeiten. Er darf nicht vom Fremdprojektleiter der Softwarefirma so stark abhängig werden, daß ihm selbst das Projekt aus den Fingern gleitet!*

Durch ausreichende Informations- und Schulungsaktivitäten über Inhalt und Zusammenhänge des Softwarepakets ist dafür Sorge zu tragen, daß der Softwarelieferant ein ausreichendes System-Know-how an den unternehmenseigenen Projektleiter und seine Mitarbeiter überträgt.

2. Disziplinarische und fachliche Unterstellung eines Projektleiters

Jeder Projektleiter muß sich am Beginn seiner Tätigkeit Klarheit darüber verschaffen, wem er während seiner Projektleitertätigkeit unterstellt ist.

Wenig Probleme bereitet die disziplinarische Unterstellung. Sie ergibt sich aufgrund der Herkunft des Projektleiters aus den Bereichen der Organisation, Datenverarbeitung oder der Fachabteilung.

Bedeutsamer und nicht immer eindeutig festzulegen ist die fachliche Unterstellung und Betreuung des Projektleiters. Unklarheiten können sich zum Beispiel ergeben, wenn ein DV-Koordinator der Fachabteilung die Leitung kleinerer Projekte übernimmt, bei denen kein übergeordnetes Leitungs- und Beratungsgremium festgelegt ist. Sein Fachbereichsleiter ist häufig nicht in der Lage, eine ausreichende fachliche Überwachung und Betreuung vorzunehmen. Sie wäre eher durch den DV-Leiter oder einen kompetenten DV-Systementwickler gewährleistet.

LERNMODUL 2.2 FÜHRUNGS- UND FACHAUFGABEN EINES PROJEKTLEITERS

Bei einem Projektleiter sind Führungs- und Fachaufgaben zu unterscheiden. Die Führungsaufgaben – also die Planung und Überwachung, die Projektkoordination,

Informations- und Motivationsaufgaben – müssen an erster Stelle stehen. Sie stellen die Qualitätsmerkmale eines fähigen Projektleiters dar.

Der Projektleiter betreut das Projektteam und hält Kontakt zu den beteiligten Fachbereichen und benachbarten Projekten. Er plant und überwacht das ihm übertragene Projekt nach Aufwand, Termin, Kosten und Qualität.

> *Hilfsmittel seiner Führungstätigkeit sind für den Projektleiter ein ausgeprägtes kooperatives Führungsverhalten und der Einsatz geeigneter Führungs- und Motivationstechniken.*

Im Rahmen seiner fachlichen und methodischen Aufgaben muß der Projektleiter für die Mitglieder seiner Projektgruppe die Rolle des Vordenkers und Prozeßmoderators übernehmen. Im einzelnen ist er für folgende Punkte verantwortlich:

- die Information der Projektmitarbeiter, damit diese die ihnen übertragenen Aufgaben im Projekt in qualifizierter Form durchführen können,
- den Einsatz wirkungsvoller Arbeits-, Entscheidungs- und Problemlösungstechniken,
- die Erstellung der im Projekthandbuch vorgeschriebenen Dokumentation,
- die Abstimmung der Arbeitsergebnisse mit seinen Vorgesetzten und den beteiligten Fachressorts.

Um im fachlichen Projektbereich erfolgreich tätig zu werden, muß sich ein DV-Projektleiter einen ausreichenden Überblick über den Ist-Zustand und die geplante Soll-Konzeption verschaffen.

> *Zur Erarbeitung eines intensiven Durchblicks durch das Istsystem und die geplante Soll-Konzeption sollte der Projektleiter sich genügend Zeit für die Mitarbeit in diesen Projektphasen nehmen. Andernfalls kann er seine Führungsfunktionen im Projekt nicht ausreichend wahrnehmen!*

Besonders gründlich muß sich der Projektleiter in die künftigen Kernprozesse und in das geplante logische Datenmodell einarbeiten. Daneben muß er die Zusammen-

LERNABSCHNITT 2

hänge und die Verbindungen zu den Nachbarsystemen durchschauen. Erleichtert wird dieser Durchblick mit Hilfe von Integrationsschaubildern, die der Projektleiter anfertigt. Sie dienen auch der Verständigung mit den Projektmitarbeitern.

LERNMODUL 2.3   BEFUGNISRAHMEN DES PROJEKTLEITERS

Ein Vorgesetzter im Linienbereich eines Unternehmens verfügt über zwei Arten von Anweisungsbefugnissen gegenüber seinen Mitarbeitern:

- eine disziplinarische Anweisungsbefugnis, welche die personelle Betreuung und Überwachung der Mitarbeiter umfaßt,
- eine fachliche Anweisungsbefugnis, die sich auf Anordnungen innerhalb des Tätigkeitsgebiets eines Mitarbeiters erstreckt.

Ein Projektleiter kann
- im Ausnahmefall die gesamte Befugnisskala der disziplinarischen und der fachlichen Anweisungsbefugnisse besitzen (absolutes Projektmanagement),
- nur über fachliche Anweisungsbefugnisse verfügen (Matrix-Projektmanagement)
- oder überhaupt keine Anweisungsbefugnisse gegenüber Projektmitarbeitern haben.

Weit überwiegend ist im Bereich der DV-Projekte das Matrix-Projektmanagement des Projektleiters gegenüber den ihm unterstellten Mitarbeitern anzutreffen. Das liegt hauptsächlich daran, daß sich DV-Projekte im Durchschnitt nur über einige Monate oder ein Jahr erstrecken. Der Disziplinarvorgesetzte der Projektmitarbeiter würde dadurch möglicherweise immer wieder wechseln. Andere Projektmitarbeiter, die nur zeitweilig in einem Projekt mitwirken, hätten sogar mehrere Disziplinarvorgesetzte.

Eine disziplinarische Weisungsbefugnis ist in neuerer Zeit gelegentlich in DV-Projekten anzutreffen, wenn ein Projektleiter mit denselben Mitarbeitern aus dem DV-Bereich über Jahre hinweg in Folgeprojekten zusammenarbeitet. Die disziplinarischen Befugnisse erstrecken sich hierbei nicht auf die wechselnden Mitarbeiter der Fachabteilungen.

Einfaches Beispiel einer Matrixorganisation im Projektbereich

Teammitarbeiter \ Herkunft	Abteilung Datenverarbeitung	Fachabteilung 1	Fachabteilung 2
Projektleiter (fulltime)	X		
Programmierer (fulltime)	X		
DV-Koordinator (fulltime)		X	
Sachbearbeiter (parttime)		X	
Gruppenleiter (parttime)			X

Abbildung 2.01 — CW-PRAXIS

Stammt der Projektleiter aus dem Fachbereich und ist er zugleich für die Linienarbeiten der Vorgesetzte der Projektmitarbeiter, decken sich auch hier die disziplinarischen und fachlichen Anweisungsbefugnisse gegenüber den Mitarbeitern aus seinem Bereich.

Die ausschließlich fachliche Unterstellung der Projektmitarbeiter schränkt den Befugnisrahmen eines Projektleiters erheblich ein. Sie zwingt ihn zu einem kooperativen Führungsstil und einer ständigen Mitarbeitermotivation, um die Projektmitarbeiter „bei der Stange zu halten".

LERNMODUL 2.4 QUALIFIKATIONSANFORDERUNGEN AN EINEN PROJEKTLEITER

Ein DV-Projekt durch alle Höhen und Tiefen bis zur erforderlichen Einführung eines Anwendungssystems hindurchzuführen, erfordert persönliche Eigenschaften, die nicht von jedem DV-Mitarbeiter erwartet werden können. Beispielsweise sollte ein Projektleiter in überdurchschnittlichem Maß folgende Eigenschaften besitzen:

- Durchsetzungsvermögen
- Streßstabilität
- Teamgeist
- Entscheidungsfähigkeit
- Beharrlichkeit

Hinzu sollten eine gute mündliche und schriftliche Ausdrucksfähigkeit kommen, Verhandlungsgeschick, Initiative und Kostenbewußtsein.

Unterschiedliche Auffassungen bestehen darüber, in welchem Umfang ein Projektleiter Kreativität aufweisen muß. Gewiß ist Kreativität für einen Projektleiter nicht schädlich; doch setzt sich immer stärker die Auffassung durch, daß sie bei ihm persönlich nicht unbedingt an erster Stelle stehen muß. Außerdem ist es gleichgültig, ob es sich um originäre Kreativität handelt oder um eine abgeleitete Form aufgrund umfangreicher Erfahrungen oder Literaturkenntnisse. Es muß dem Projektleiter allerdings gelingen, durch ein zweckmäßiges Führungsverhalten im Projektteam ein Höchstmaß an Kreativität zu erzeugen.

Als außerordentlich wichtig wird bei den Eigenschaften eines Projektleiters der erforderliche Teamgeist hervorgehoben. Er muß die Fähigkeit besitzen, mit den ihm unterstellten Mitarbeitern umzugehen. Er hat es hierbei schwerer als ein disziplinarischer Vorgesetzter, da ihm nicht dessen Instrumentarium der Belohnungs- und Bestrafungsmöglichkeiten zur Verfügung steht. Gerade deshalb muß soviel Wert auf Motivation und Information des Mitarbeiters und ein gutes Verhältnis zu den unterstellten Mitarbeitern gelegt werden. Eine harmonische Zusammenarbeit gelingt natürlich umso besser, je mehr die Führungskräfte des Fachbereichs den Projektleiter auch in schwierigen Situationen vorbehaltlos unterstützen und ihm nicht einen Fallstrick nach dem andern legen!

Die menschlichen Eigenschaften muß ein Projektleiter durch umfangreiche fachliche Erfahrungen ergänzen. Ohne Erfahrungen aus früheren Projekten – und selbst wenn es sich um Fehlschläge gehandelt hat – ist ein Projektleiter unmöglich in der Lage,

- den Arbeitsumfang für Problemlösungen im Planungsstadium zu schätzen,
- brauchbare Zeitschätzungen durchzuführen,

- die Leistungsfähigkeit und Leistungswilligkeit von Mitarbeitern abzuschätzen,
- die Abhängigkeit einzelner Teilarbeiten voneinander zu erkennen und
- realistische Termine festzulegen.

Bei der Projektleiterausbildung dürfen Führungsaspekte und die positive Zusammenarbeit mit Kunden und Anwendern nicht zu kurz kommen. Hier besteht bei Organisatoren und Entwicklern ein Ausbildungs- und Erfahrungsdefizit!

Ein erfolgreicher Projektleiter sollte im Projektteam und bei Arbeitsbesprechungen als Moderator auftreten und dadurch die Mitarbeiterakzeptanz erhöhen. Die Moderationstechnik läßt sich erlernen! Hierfür gibt es spezielle Lehrgänge und ein ausreichendes Literaturangebot!

Immer mehr in den Vordergrund drängt sich die Notwendigkeit einer gediegenen Organisationsausbildung. Heute wird erwartet, daß für einen Projektleiter die Ausdrücke Lean Organisation, Prozeßanalyse und -orientierung, Groupware- und Workflow-Lösungen nicht nur Schlagworte sind, sondern Organisationsmethoden und -instrumente für die Projektarbeit.

LERNMODUL 2.5 FÜHRUNGSVERHALTEN UND -TECHNIKEN DES PROJEKTLEITERS

Für den Projekterfolg ist die Auswahl eines geeigneten Führungsstils und der gezielte Einsatz effizienter Führungstechniken von ausschlaggebender Bedeutung. Heute gilt die Anwendung des kooperativen Führungsstils als optimale Form des Führungsverhaltens in einem DV-Projekt. Sie ist eng mit den Führungstechniken der Aufgabendelegation und der Mitarbeitermotivation verbunden.

1. Empfehlung des kooperativen Führungsstils

Von den denkbaren Möglichkeiten des Führungsverhaltens:

- autoritär,
- patriarchalisch,
- kooperativ,
- demokratisch,
- bürokratisch,

kann für den Projektleiter nur der kooperative Führungsstil in Frage kommen. Ein autoritäres Führungsverhalten wäre für jede Projektabwicklung Gift! Anweisungen und ein Befehlston würden sehr schnell die beiden Grundpfeiler jeder produktiven Projektarbeit zerstören: die Motivation der Projektmitarbeiter und ihre höchstmögliche Kreativität. Die Zielmatrix in Abbildung 2.02 zeigt, wie sich durch ein kooperatives Führungsverhalten Leistung und Klima auf einen Nenner bringen lassen.

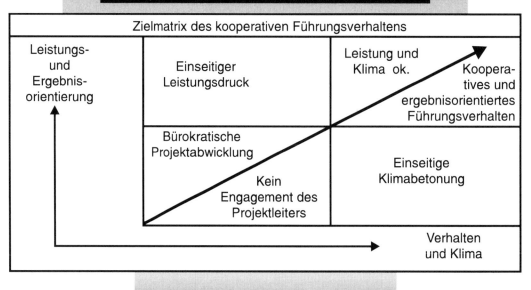

Abbildung 2.02 CW-PRAXIS

Für den Einsatz des kooperativen Führungsverhaltens gelten folgende Grundsätze:

- Der Mitarbeiter soll mitdenken und mitentscheiden. Er ist vollwertiger Partner des Projektleiters; Entscheidungen werden nach Möglichkeit nach ausreichender Argumentation und Überzeugung gemeinsam gefällt.

- Der Projektleiter sollte überzeugt sein, daß auf längere Frist die höchstmögliche Leistung nur durch eine gemeinsame Anstrengung der Projektgruppe erreichbar ist.
- Der Projektleiter sieht sich seinen Mitarbeitern gegenüber hauptsächlich als Koordinator und Moderator.
- An die Stelle persönlicher Anweisungen treten sachliche Informationen.
- Bei Meinungsverschiedenheiten entscheidet der Projektleiter erst nach ausreichender Argumentation mit seinen Mitarbeitern. Er hat eine von der Mitarbeiterauffassung abweichende Entscheidung sachlich zu begründen.
- Motivation ist ein wesentliches Hilfsmittel des kooperativ eingestellten Projektleiters: Die Mitarbeiter sollten in ihrer Arbeit auch gleichzeitig ihre persönlichen Ziele realisieren.

Ein Abweichen von den Grundsätzen des kooperativen Führungsverhaltens ist nur erlaubt, sofern aufgrund der Erwartungen noch nicht kooperativ geschulter Mitarbeiter oder in Krisensituationen sich das Projektziel anderweitig nicht mehr erreichen läßt (Anwendung des sogenannten situativen Führungsstils).

Als wesentliche Eigenschaften zur Unterstützung des Führungsstils werden vom Projektleiter Kontaktfähigkeit, Begeisterungsfähigkeit und Durchsetzungsvermögen erwartet.

2. Gezielter Einsatz von Führungstechniken

Eine Ergänzung des kooperativen Führungsverhaltens kann der Projektleiter durch den Einsatz moderner Führungstechniken erreichen. An erster Stelle stehen

- die Führung durch die Vorgabe klarer Zielsetzungen an die Projektmitarbeiter,
- die Führung durch eine möglichst weitgehende Aufgabendelegation und Erziehung der Projektmitarbeiter zu eigenverantwortlicher Arbeit,
- die Führung durch eine vollständige Information, durch eine ausreichende Argumentation und die Motivation der Projektmitarbeiter.

LERNABSCHNITT 2

Der Projektleiter muß diese zunächst theoretisch und allgemein klingenden Techniken bei der Projektplanung, -durchführung und -überwachung in die Praxis umsetzen!

LERNMODUL 2.6 MOTIVATION – SCHLÜSSEL FÜR EINE ERFOLGREICHE PROJEKTLEITUNG

Motivation heißt das Zauberwort in der modernen Projektarbeit. Es wird erwartet, daß der Projektleiter seinen geringen Befugnisumfang durch die Motivation seines Teams und der Anwender ausgleicht. Motivation zieht sich wie ein roter Faden durch die Projektarbeit:

- Die Motivationskette muß bei der Geschäftsleitung beginnen, welche den Projektleiter für seine Aufgabe ausreichend motiviert.
- Vom Projektleiter wird die Motivation des Projektteams erwartet.
- Projektleiter und die Mitglieder des Projektteams sollen die Anwender so stark motivieren, daß eine ausreichende Benutzerakzeptanz gesichert ist.

Das Hineintragen der Projektmotivation in die Fachabteilung stellt das schwierigste Teilstück der Motivationskette dar! Hier sind besonders die Führungskräfte der Fachabteilung und die Anwendermitarbeiter im Projekt gefordert!

1. Wichtige Grundlagen der Mitarbeitermotivation

Das Verhalten eines Projektmitarbeiters und der Grad seiner Anstrengungen beruht auf Beweggründen (Motiven), durch die seine persönlichen Bedürfnisse am besten befriedigt werden und die ihm ausreichende Erfolgserlebnisse bringen. Auf diesem einfachen und allgemeingültigen Grundsatz baut die Motivationstechnik auf. Motivation ist das Schlüsselwort zur erfolgreichen Führung der Projektmitarbeiter!

Mit einer geeigneten Motivation kann der Projektleiter die persönlichen Vorstellungen seiner Projektmitarbeiter mit den sachlichen Projektzielen in Einklang bringen. Dafür gilt folgende Formel:

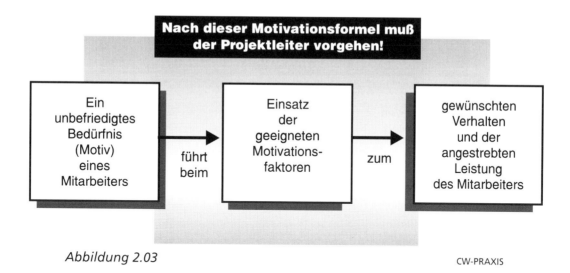

Abbildung 2.03　　　　　　　　　　　　　　　　　　　　CW-PRAXIS

Es zählt zu den **Kernaufgaben des Projektleiters**, seine Mitarbeiter so zu motivieren, daß sie sich mit dem Projektziel und seinen Teilaufgaben identifizieren. Zu diesem Zweck muß der Projektleiter den Projektmitgliedern das mit dem Projekt verfolgte Gesamtziel und die Bedeutung der Teilaufgaben für das Gesamtprojekt immer wieder nahebringen!

Um richtig motivieren zu können, muß der Projektleiter wissen,
- was wirksame Motivationsfaktoren sind,
- wie man eine Motivation anpackt
- und auf welche Motivationskriterien ein Projektmitarbeiter positiv oder negativ reagiert.

Eine wirkungsvolle Motivation ist nur möglich, wenn der Projektleiter seine Mitarbeiter ausreichend kennt. Außerdem muß er jeweils zum richtigen Zeitpunkt motivieren.

In der Motivationsliteratur stößt man auf eine Bedürfnispyramide (Abbildung 2.04) zur Darstellung typischer Motive und zum Nachweis, wie die Motivkategorien aufeinander aufbauen.

Wenn ein Mitarbeiter durch eine Projekttätigkeit seinen Arbeitsplatz sichern kann, stellt dies ein Grundbedürfnis dar, das er an erster Stelle befriedigen möchte. Erst

LERNABSCHNITT 2

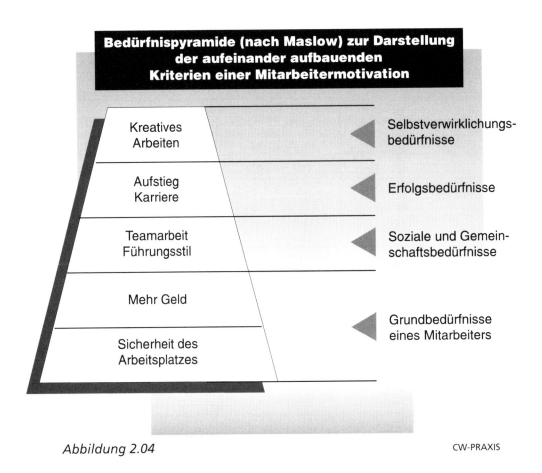

Abbildung 2.04

anschließend kommt das Bedürfnis nach mehr Geld. Ein nächster Schritt könnte in der Befriedigung sozialer Gemeinschaftsbedürfnisse bestehen: „Projektarbeit ist interessant. Da ist ständig etwas los...". Eine weitere Stufe darüber liegen für Projektmitarbeiter die Wünsche nach Aufstieg und Karriere, nach kreativer Tätigkeit und schließlich nach Selbstverwirklichung.

2. Motivationsfaktoren für den DV-Projektleiter

Es gibt keine pauschal anwendbaren Motivationskriterien, die bei jedem Mitarbeiter eine positive Leistungsbeeinflussung erzeugen. Vielmehr ist die Motivation gezielt auf jeden Mitarbeitertyp auszurichten! Mitarbeiter mit wissenschaftlichen Ambitionen müssen anders angesprochen werden als Karrierestreber, Freizeitkünstler oder ausgesprochene Geldhaie. Junge Mitarbeiter reagieren auf bestimmte Motivationskriterien anders als ihre älteren Kollegen. Die folgende Palette von **Motivationsfaktoren** stellt ein Extrakt zahlreicher Brainstormingübungen über dieses Thema dar:

Typische Motivationsfaktoren im DV-Projekt

1. Art und Bedeutung einer gestellten Aufgabe
2. Möglichkeit des selbständigen Arbeitens und der Übernahme von Verantwortung
3. Karriereförderung, Aufstiegsmöglichkeiten, Kontakt mit einflußreichen Persönlichkeiten
4. Horizonterweiterung, Kennenlernen neuer Gebiete, außergewöhnliche Informationen
5. Einflußnahme, Statusverbesserung, Machtzuwachs, Ansehen
6. Geld, Prämien, hohe Auslösungen, bezahlte Überstunden
7. Ideenanerkennung; öffentliche Belobigung
8. Reisen, angenehmes Arbeitsklima, mehr Urlaub, ansprechende Mitarbeiter
9. Erfolgserlebnis, persönliche Befriedigung
10. Kennenlernen eines neuen Führungsstils

Quelle: G 9, S. 171

Abbildung 2.05

Als besonders erfolgreiche Motivationsfaktoren gegenüber Anwendermitarbeitern in DV-Projekten haben sich die folgenden Motivationskriterien erwiesen, die wir in absteigender Rangfolge nennen:

1) Erfolgserlebnis; Anerkennung für geleistete Arbeit
2) Anspruchsvolle, interessante Aufgabenstellung und selbständige Arbeitsabwicklung
3) Horizonterweiterung und Weiterbildungsmöglichkeiten
4) Sicherheit der Position, Aufstiegsmöglichkeiten, Gehaltsentwicklung
5) Kollegiale Atmosphäre in der Arbeitsgruppe, kooperativer Führungsstil und angenehme Arbeitsbedingungen

Der Projektleiter muß zur Motivation eines Mitarbeiters diesen so gut kennen, daß er weiß, welche Motivationskriterien den Mitarbeiter ansprechen. Ein introvertierter Mitarbeiter wird keineswegs freudig reagieren, wenn er die Aufgabe erhält, ein Arbeitsergebnis vor den Führungskräften eines Bereichs zu präsentieren. Der Karrierestreber hat dagegen schon lange auf diese Gelegenheit gewartet!

Motivation ist nicht in allen Fällen als Anreizmittel zu gebrauchen. Erkennt ein Projektleiter, daß bereits ein ausreichend starker Leistungsantrieb vorhanden ist, dagegen die Kenntnisse und Erfahrungen des Mitarbeiters zu wünschen übrig lassen, ist eine weitere Leistungssteigerung nur durch eine intensivere Ausbildung zu erreichen.

3. Motivation als Daueraufgabe eines Projektleiters

Um ein zielstrebiges und ausdauerndes positives Verhalten der Projektmitarbeiter zu erreichen, muß der Projektleiter die Mitarbeitermotivation als Daueraufgabe ansehen!

Als Voraussetzung für eine erfolgreiche Motivation seiner Teammitarbeiter muß der Projektleiter selbst an den Projekterfolg glauben. Nur dann kann er überzeugend auf seine Mitarbeiter Einfluß nehmen!

Die Lösung von Motivationsproblemen (mangelnde Leistung, geringe Initiative, häufiges Fehlverhalten) setzt voraus, daß der Projektleiter eine Vorbildwirkung ausübt.

Der Projektleiter muß hierzu folgende Grundeinstellung mitbringen:

- den Teammitarbeiter ernst nehmen, ihm aktiv zuhören
- ihn unterstützen, wenn dieser nicht mehr weiter weiß
- seine guten Leistungen anerkennen
- konstruktive Kritik üben
- Zusammenhänge aufzeigen, die das Verständnis für bestimmte Arbeitsabläufe fördern

Der Projektleiter muß wissen, daß es bei der Projektarbeit verschiedene Situationen gibt, die sich beim Teammitarbeiter motivationshemmend auswirken, zum Beispiel:

- Überforderung oder Unterforderung des Mitarbeiters (qualitativ und quantitativ)
- mangelnde Erfolgserlebnisse bei der Projektarbeit

- Monotonie bei der Arbeitsabwicklung
- unzureichende Information über Projektzusammenhänge, Ziele, Probleme und so weiter

Motivationsfördernd wirkt eine periodische Durchsprache des Projektstands und -fortschritts. Bei einer solchen Besprechung sollten alle Projektmitarbeiter anwesend sein. Als Projektleiter müssen Sie bei einer solchen Besprechung darauf achten, daß eine ausreichende Darstellung der Zusammenhänge und Schnittstellen erfolgt.

Bei guter Vorbereitung, der Verwendung übersichtlicher Flipcharts und einer systematischen Durchsprache der Einzelpunkte ist für eine Statusbesprechung nur ein mäßiger Zeitaufwand nötig! Spezialprobleme, die nicht alle Teammitglieder betreffen, sollten bei einer solchen Besprechung ausgeklammert und im kleineren Kreis besprochen werden.

Wenn sich bei einer solchen Statusbesprechung ergibt, daß ein Teammitarbeiter Probleme hat oder mit der Projektarbeit in Rückstand geraten ist, sollte eine zusätzliche Unterstützung vereinbart werden. Jedes Teammitglied sollte sich auf die Solidarität seiner Teamkollegen verlassen können!

4. Arbeitsbeispiel: Erarbeitung von Motivationsfaktoren in einem Projekt

Eine ausreichende Motivation ist besonders dann nötig, wenn es in einem Projekt „kriselt". Das kann schnell passieren, wenn zum Beispiel die ersten Testergebnisse fertiggestellter Programme (oder die Details eines gekauften Softwarepakets) von den Erwartungen der Anwender stark abweichen.

Zur aktiven Erarbeitung von Motivationsfaktoren, wie ein solches Stimmungstief überwunden werden kann, führen die Teilnehmer in unseren Ausbildungslehrgängen für Projektleiter und -mitarbeiter ein Brainstorming durch. Seine Ergebnisse sind – auch wenn bestimmt nicht alle Vorschläge in die Praxis umgesetzt werden können – so interessant und praxisnah, daß wir sie den Lesern dieses Fachbuchs nicht vorenthalten möchten. (Quelle: G 9, S. 172 – 174).

Lernabschnitt 2

Dem Brainstorming liegt folgende Projektsituation zugrunde: Das DV-Projekt „Aufbau einer dialogorientierten Vertriebsabwicklung" befindet sich am Ende der Phase Programmierung. Gegenwärtig werden die Systemtests durchgeführt. Trotz sorgfältiger Projektplanung und -abwicklung befindet sich das Projekt gegenwärtig in einer Pechsträhne. Die Anwender sind mit den ersten Ergebnissen der Kettentests, die von ihnen beurteilt werden müssen, unzufrieden. Sie haben sich noch nicht an die neue Denkweise der künftigen Auftragsabwicklung gewöhnt und sind über die vorgelegten Ergebnisse enttäuscht. Sie fordern bereits, daß das Projekt mangels Erfolgsaussichten sofort abgebrochen werden soll.

Der Projektleiter bespricht sich mit den Mitgliedern des Projektteams und zwei DV-Mitarbeitern angrenzender Projekte und sucht nach Möglichkeiten, um die Stimmung in der Fachabteilung zu heben und sie bis zum glücklichen Abschluß des Projekts wieder aktiv in die Projektarbeit einzubeziehen. Das Team beschließt die Durchführung eines Brainstorming, um Ideen zur Verbesserung des gegenwärtigen Zustands zu sammeln. Die besten unter ihnen sollten anschließend in einem kurzfristigen Aktionsplan realisiert werden.

In den 20 Minuten des Brainstorming werden 32 Ideen geäußert. Anbei eine Übersicht über die Vorschläge und die anschließend vorgenommene Bewertung:

1. Zielsetzungen vor Augen halten
2. Verständigungskommission
3. Führung durch das Rechenzentrum
4. Besuch bei erfolgreichen anderen Firmen
5. Detaillierter Einführungsplan
6. Gemeinsamer Funktionstest samt Auswertungen
7. Zuerst nur Teillösungen einführen
8. Gemeinsame Schwachstellenanalyse
9. Größeres Verständnis für die Angst der Fachabteilung zeigen
10. Gemeinsame Konferenz mit Fachabteilung
11. Abendessen mit der Geschäftsleitung veranlassen
12. Bisherige Arbeit loben
13. Auf bisher überwundene Schwierigkeiten hinweisen

LERNABSCHNITT 2

14 Sonderunterstützung durch andere Projektmitarbeiter
15 Motivationsfete
16 Spruchbänder mit Durchhalteparolen aufhängen
17 Pause machen, um Abstand zu gewinnen
18 Rosa Brillen verteilen
19 Auf Blamage für Fachabteilung bei Projektabbruch hinweisen
20 „Jetzt erst recht"-Plakette
21 Sonderurlaub versprechen
22 Erfolgsprämie versprechen
23 Lobenswerte Erwähnung in der Firmenzeitung
24 Vorteile der neuen Lösung nochmals herausarbeiten
25 Meckerlisten auflegen
26 Gemeinsamer Bierabend mit Chefs mit allgemeiner Meckererlaubnis
27 Täglich morgens ein Glas Sekt
28 Auf Konkurrenzunfähigkeit bei Projektabbruch hinweisen
29 Neue Zusammenstellung der Teams
30 Auf gelöste Probleme in anderen Projekten hinweisen
31 Wöchentliche Manöverkritik mit Fortschrittsfeststellung
32 Mit Entlassungen bei Projektabbruch drohen

Bei der anschließenden Bewertung durch die Teilnehmer erhielten die Ideen

- Besuch bei erfolgreichen anderen Firmen
- Wöchentliche Manöverkritik mit Fortschrittsfeststellung
- Zuerst nur Teillösungen einführen

die meisten Punkte. Mit den Vorgesetzten wurde die Durchführung dieser Punkte veranlaßt.

LERNMODUL 2.7 KONFLIKTMANAGEMENT ZUR GESICHERTEN PROJEKTABWICKLUNG

Je größer der Innovationsanteil eines Projekts ist, umso stärker ist seine Anfälligkeit gegenüber Konflikten und Streitigkeiten! Konflikte sind Spannungen in den Beziehungen von Mitarbeitern und Mitarbeitergruppen. Sie können entstehen, wenn Mitarbeiter oder ganze Cliquen rücksichtslos nur ihre eigenen Ziele und Bedürfnisse sehen und unter allen Umständen durchsetzen wollen. Sie nehmen dabei eine Gegnerschaft zu anderen Mitarbeitern und Gruppen bewußt in Kauf (teilweise Anlehnung dieses Abschnitts an K 1).

> *Anhaltende Konflikte sind für eine Projektabwicklung schädlich und störend. Durch die Widerstände der Betroffenen und die damit verbundene Frustration, Resignation und Demotivation wird der Projektfortschritt gebremst und das ganze Projekt eventuell zum Scheitern gebracht!*

Konflikte und Widerstände ergeben sich bei Projekten im Bereich der Organisation und Informationstechnik besonders dann, wenn bei den Anwendern strukturelle und soziale Änderungen befürchtet werden, wenn also zum Beispiel bisherige Privilegien und „alte Rechte" bedroht sind. Rein technische Veränderungen führen nach den bisherigen Erfahrungen seltener zu Konfliktsituationen.

1. Typische Konfliktherde und -ursachen

Konflikte können in DV-Projekten auftreten zwischen
- Projektleiter und -mitarbeitern
- zwischen den Teammitarbeitern
- zwischen Projektteam und Anwendern
- zwischen Anwendern und DV-Spezialisten

Typische Konfliktursachen sind in erster Linie
- unterschiedliche Ziele, die von den Konfliktpartnern verfolgt werden
- ein ungleicher Informations- und Kenntnisstand zum Beispiel zwischen DV-Profis und Anwendern
- Meinungsverschiedenheiten über Vorgehensstrategien und Arbeitsmethoden
- negative menschliche Beziehungen (Antipathien, Rivalitäts- und Machtkämpfe)

Häufige Konfliktauslöser sind Meinungsverschiedenheiten über terminliche Prioritätten, besonders wenn sie mit einem starken Termindruck verbunden sind. Konflikte können sich außerdem leicht ergeben, wenn zwischen der Organisation/Datenverarbeitung und den Anwendern stark gegensätzliche Vorstellungen über den Projektnutzen bestehen.

Konflikte innerhalb des Projektteams sind umso wahrscheinlicher,
- je schwächer die Stellung des Projektleiters gegenüber den Projektmitarbeitern ist,
- je unterschiedlicher die fachlichen Kenntnisse und Erfahrungen der Teammitglieder sind,
- je unklarer die Rollen, Funktionen und Kompetenzen der Projektbeteiligten definiert sind und
- je weniger die Projektziele von den Beteiligten verstanden und akzeptiert werden.

Konflikte zwischen Projektteam und Anwenderabteilungen sind häufig anzutreffen,
- wenn das Projekt den Anwendern von der Geschäftsleitung und der DV-Seite aufgedrängt worden ist,
- wenn Kenntnisstand und Informationen der Anwender gering sind,
- wenn die Anwender von den Projektzielsetzungen nicht überzeugt sind und Unklarheiten über die Projektauswirkungen bestehen.

2. Konfliktverhütung und -bewältigung durch den Projektleiter

Ein Projektleiter muß eine „Antenne" für mögliche Konflikte haben! Er darf schwelende Konflikte nicht einfach übergehen. Er muß spüren, wo in seiner Projektlandschaft Konflikte drohen und möglichst vorbeugend tätig werden. Bei ausgebrochenen Konflikten muß er den Ursachen nachgehen und nach Lösungen suchen, damit es nicht zu schädlichen Dauerkonflikten kommt. Schließlich muß ein Projektleiter mitwirken, daß ein offener Kampf der Konfliktgegner vermieden wird und ein Konflikt auf friedliche Art beendet wird.

Als Strategien zur Konfliktlösung bevorzugen Projektleiter meist „sanfte Lösungen". Sie versuchen, Konflikte durch Gegenüberstellungen und Aussprachen der Konfliktpartner zu beenden. Häufig drängen sie die Konfliktpartner auf Kompromisse zur Konfliktbeilegung.

3. Praktische Ratschläge zur Konfliktverhütung im Projekt

Der Widerstand gegen ein Projekt und damit das Konfliktpotential ist geringer, wenn die beteiligten Partner das Gefühl haben, daß es sich um ihr eigenes Projekt handelt, mit dem sie sich weitgehend identifizieren. Widerstände und Konflikte treten seltener auf, wenn das Projekt die volle Unterstützung der Unternehmensleitung hat und dies auch immer wieder zum Ausdruck gebracht wird.

> *Informieren Sie zum Zweck der Konfliktverhütung die künftigen Anwender frühzeitig und umfassend über geplante Organisationsänderungen. Fassen Sie als Projektleiter keine „einsamen Entschlüsse", sondern beteiligen Sie die Anwenderseite in angemessener Form an Projektentscheidungen!*

Eine Verringerung des Konfliktpotentials kann durch den Einsatz von Fachbereichskoordinatoren in Projekten erreicht werden. Zur Mobilisierung von Führungskräften und Meinungsmachern der Fachabteilung sollten diese in zweckmäßiger Form in das Projekt eingebunden werden, um ihr Know-how zu nutzen und Projektwiderständen gegenzusteuern.

LERNMODUL 2.8 SICHERUNG EINER AUSREICHENDEN BENUTZERAKZEPTANZ

Eine produktive Zusammenarbeit zwischen Projektteam und Anwenderbereich ist für den Projekterfolg entscheidend. Ein Projektleiter, dem der Brückenschlag zum Abnehmer eines Softwareprodukts nicht gelingt, steht auf verlorenem Posten!

> *Projektleiter aus dem DV-Ressort haben sich in der Vergangenheit gegenüber den Anwenderbereichen oft als automatisierungsbessessene DV-Technokraten aufgespielt. Zwangsläufig kam es zu Zusam-*

menstößen und einer Frontenbildung gegenüber den von Arbeitsplatz- und Big-Brother-Ängsten geplagten Fachabteilungen.

Als Folge dieser sich ergebenden Spannungen wehren sich die Anwender durch eine ablehnende Haltung gegenüber dem Projekt bis hin zum Einsatz von Guerillataktiken – einer negativen Benutzerakzeptanz.

1. Symptome einer mangelnden Benutzerakzeptanz

Für einen Projektleiter gehören heute Akzeptanzprobleme der Abnehmer zu den hauptsächlichen Hemmnissen und Bremsklötzen einer zügigen Projektabwicklung. Oft machen sich – nach einem Strohfeuer der anfänglichen Begeisterung – die Projektwiderstände der Anwender erst bemerkbar, wenn das Projektteam bereits mitten in der Arbeit steckt. Sie können zu einer regelrechten Blockadehaltung auswachsen, wenn der Projektleiter und seine Teammitglieder eine zunehmende Verschlechterung der Benutzerakzeptanz übersehen und zu spät gegensteuern.

Woran erkennt ein Projektleiter die schwindende Benutzerakzeptanz? Oft sind es am Anfang Einzelsymptome, die zu denken geben sollten. Anbei einige typische Beispiele:

(1) Trotz einer rechtzeitigen Gesprächseinladung zu einer Projektsitzung sagt der maßgebliche Sachbearbeiter kurzfristig ab: „Wichtiger Kundenauftrag".

(2) Der Projektleiter übersendet dem Fachabteilungsleiter einen Anwendungsentwurf samt einem Hinweis auf seine Bedeutung. Bei der Besprechung stellt er fest: Der Abteilungsleiter hat den Entwurf überhaupt nicht angeschaut!

(3) Ein Gruppenleiter soll an einer Softwaredemonstration teilnehmen: Trotz Zusage schickt er nur einen inkompetenten Stellvertreter, der keine Beurteilung abgeben kann.

(4) Ein Programmierer benötigt Testbeispiele. Erst nach mehrmaligem Anmahnen bekommt er ein paar dürftige und unzulängliche Hinweise zugesandt.

(5) Ein Fachabteilungsmitarbeiter wird krank. Der Abteilungsleiter zieht ohne Rückfrage beim Projektleiter seinen DV-Koordinator aus dem Projekt ab. Die Projektarbeit kommt auf unbestimmte Zeit zum Erliegen.

(6) Anwenderführungskräfte stellen mitten in einer Sitzung plötzlich den Zweck des Projekts in Frage. Selbstverständliche Lösungspunkte, die längst abgehandelt waren, werden von neuem als offene Probleme auf den Tisch gelegt.

(7) Bei Sitzungen mit Anwendern hören die Projektmitglieder immer wieder: Man habe ein ungutes Gefühl.... Natürlich müsse die DV-Seite auch die Verantwortung für das Gelingen des Projekts übernehmen. Die Fachabteilung distanziert sich: „Die Geschäftsleitung wünscht..."

(8) Seltene Ausnahmefälle werden ständig hochgespielt und in den Mittelpunkt gestellt.

(9) Man sieht im Fachbereich nur die auf die Mitarbeiter zukommende Mehrarbeit. Nutzenpositionen werden in Frage gestellt: Man müsse abwarten, ob überhaupt ein Nutzen eintrete ...

(10) Die Fachabteilung drängt auf eine 1:1-Lösung. Die bisherige Organisation habe sich bewährt und dürfe auf keinen Fall in Frage gestellt werden.

Spätestens wenn die Einzelhinweise sich zu einem Mosaikbild des Benutzerrückzugs und einer offensichtlichen Obstruktionspolitik verdichten, muß der Projetleiter hellhörig werden!

2. Ursachen einer unzulänglichen Benutzerakzeptanz

Was sind die Ursachen, warum Benutzer in einem Projekt nicht entsprechend dem Wunsch der Geschäftsleitung und des Projektleiters „mitziehen", sondern sich frustriert zeigen oder sogar den Projektfortschritt torpedieren?

Fast immer zeigt sich, daß der Projektleiter zu wenig Zeit und Anstrengungen in ein ausreichendes Projektmarketing gesteckt hat! Die Anwenderabteilung wurde unzulänglich auf das Projekt vorbereitet und für die Projektziele motiviert.

Häufig stehen folgende Ursachen einer unzureichenden Benutzerakzeptanz im Vordergrund und werden bei einer nachträglichen Manöverkritik festgestellt:

- Die Fachabteilung wurde zu spät oder überhaupt nicht über das Projekt informiert.
- Die aktiven Projektmitarbeiter der Fachabteilung wurden nicht ausreichend über den State of Art der heutigen DV-Möglichkeiten informiert und ausgebildet.
- Vorgehensstrategie und DV-orientierte Arbeitstechniken sind für die betroffenen Mitarbeiter unverständlich.

Vielleicht hat der Projektleiter versäumt, vorhandene Benutzerängste ernst zu nehmen und sie – möglichst in Übereinstimmung mit dem Betriebs- oder Personalrat – abzubauen.

DV-Ängste nicht unterschätzen!
Ängste von Benutzern dürfen nicht unter den Tisch gekehrt werden! Der Projektleiter muß ihnen nachspüren und Maßnahmen zu ihrem Abbau ergreifen (siehe Abbildung 2.06)!

Erfahrungen mit integrierten Großsystemen – zum Beispiel dem System R/2 der Firma SAP – haben gezeigt, daß der Abbau schwelender Mitarbeiterängste durch das Projektteam schwierig und langwierig sein kann. Das gilt besonders dann, wenn die Entscheidung für das Softwarepaket ohne Mitwirkung der Anwender durch eine übergeordnete Stelle – zum Beispiel eine weit entfernte Konzernspitze – gefällt wurde. Die Motivation von Anwenderabteilungen durch das Projektteam dürfte auch dann schwierig werden, wenn es das erklärte Ziel einer Unternehmensleitung ist, durch den Einsatz integrierter Standardsoftware und ein umfangreiches Business Reengineering aller Prozesse die bisherige Organisation total umzukrempeln und Mitarbeiter abzubauen.

LERNABSCHNITT 2

Typische DV-Ängste von Anwendern

Typische Angstkriterien	Möglichkeiten zur Abschwächung oder Ausschaltung
Mitarbeiter befürchtet, daß er den Einstieg in das neue System nicht schafft (Alter, Vorbildung, Kenntnisse)	● Betriebsbesichtigungen bei erfolgreichen Anwendern ● Information über die Arbeitsweise des Systems ● Schrittweise Ausbildung
Mitarbeiter befürchtet den hohen Komplexitätsgrad des integrierten neuen Systems. Er durchschaut es nicht.	● Erklärung in einem vereinfachten Modell ● Praxisbeispiele
Ängste von Sachbearbeitern, daß bisheriges Wissen und Erfahrungen nicht mehr gefragt sind.	● Planung und Durchführung einer rechtzeitigen Umqualifizierung
Mitarbeiter mißtraut dem Unternehmen. Er fürchtet eine Erhöhung der Anforderungen, mehr Streß und eine verstärkte Kontrolle und Überwachung.	● Information und Schulung ● Mitwirkung von Anwendermitarbeitern bei der Systemanpassung und -einführung
Ängste, daß alles schwerfälliger, bürokratischer und aufwendiger wird und die bisherige Flexibilität und Improvisationsmöglichkeiten wegfallen.	● Darstellung der Vorteile und Nachteile des Systems ● Besichtigung und Befragung anderer Anwender ● Schrittweise Einführung zum Abbau dieser Ängste
Ängste, daß nach der Installation des neuen Systems der eigene Arbeitsplatz „wegrationalisiert" wird.	● Klare Zukunftswege aufzeigen ● Absicherung in Zusammenarbeit mit dem Betriebsrat

Abbildung 2.06

3. Strategien zur Erhöhung der Benutzerakzeptanz

Patentrezepte zum Angstabbau und zur Akzeptanzverbesserung wird ein Projektleiter nirgendwo finden. Im Vordergrund müssen zur Erreichung einer ausreichenden Benutzerakzeptanz Maßnahmen folgender Art ergriffen werden:

- Die rechtzeitige und vollständige Information einer Anwenderabteilung durch den Projektleiter und den Leiter der Anwendungsabteilung muß im Vordergrund stehen. Den Führungskräften und Mitarbeitern der Fachabteilung müssen ehrlich und ohne Schönfärberei Antworten auf folgende Fragen erteilt werden:
  - Warum wird das neue System benötigt?
  - Welche Vorteile bietet es dem Unternehmen und der Abteilung?
  - Welche Arbeitsinhalte werden verändert und wie wirken sie sich auf die Mitarbeiter aus?

- Der Anwenderbereich muß institutionell im Lenkungsausschuß und durch aktive Mitarbeiter in der Projektgruppe vertreten sein.

- Der Projektleiter muß darauf achten, daß die Vorgehensstrategie der Entwicklung beziehungsweise der Softwareauswahl und -anpassung gemeinsam mit dem Benutzer festgelegt werden. Die DV-Mitarbeiter des Teams sollten außerdem nur benutzerverständliche Darstellungs- und Beschreibungstechniken im Projekt benutzen, wenn Anwendermitarbeiter im Team tätig sind.

Es hat sich bewährt, wenn während der Projektabwicklung auch die nicht im Projekt tätigen aktiven Mitarbeiter immer wieder in einer Informationsveranstaltung durch den Projektleiter und/oder den DV-Fachkoordinator über den Projektstand und die Umstellungsschritte unterrichtet werden.

LERNABSCHNITT 2

SUMMARY

Der Projektleiter steht im Mittelpunkt der Projektarbeit. Er muß in ausreichendem Maß Führungsqualitäten besitzen und das Projekt fachlich und menschlich im Griff haben.

Wegen der erforderlichen Projekterfahrungen und Methodikkenntnisse stammten bisher die meisten Projektleiter aus dem Bereich der Organisation und Datenverarbeitung. In neuerer Zeit sind besonders bei dezentraler Datenverarbeitung und aufgrund der zunehmenden DV-Reife der Fachabteilungen auch Projektleiter aus dem Anwenderbereich anzutreffen. Bei umfangreichen Vorhaben sollte ihnen ein DV-Profi oder ein externer Berater als „Coach" zur Seite stehen. Kleine und unproblematische Projekte können vom DV-Koordinator des Fachbereichs geleitet werden.

Hilfsmittel seiner Leitungstätigkeit sind für den Projektleiter ein ausgeprägtes kooperatives Führungsverhalten und der Einsatz spezieller Führungstechniken.

Motivation heißt das Zauberwort in der modernen Projektarbeit. Mit einer geeigneten Motivation kann der Projektleiter die persönlichen Vorstellungen seiner Mitarbeiter mit den sachlichen Projektzielen in Einklang bringen.

Der offizielle Befugnisrahmen eines Projektleiters aus dem ORG-/DV-Bereich beschränkt sich bei der üblichen Matrixorganisation auf die fachlichen Anweisungsbefugnisse gegenüber Projektmitarbeitern. Stammt der Projektleiter aus dem Führungsbereich der Fachabteilung, hat er gegenüber den Projektmitarbeitern aus seiner Abteilung auch disziplinarische Anweisungsbefugnisse.

Die Qualifikationsanforderungen an einen Projektleiter sind hoch. In überdurchschnittlichem Maß sollten die Eigenschaften des Durchsetzungsvermögens und der Teamfähigkeit vorliegen. Zu den menschlichen Eigenschaften müssen fachliche Projekterfahrungen hinzukommen.

Projekte sind aus verschiedenen Gründen konfliktanfällig. Da anhaltende Konflikte für eine Projektabwicklung schädlich und störend sind, muß der Projektleiter Konfliktsituationen erkennen und geeignete Maßnahmen der Konfliktverhütung und -bewältigung einsetzen.

Eine fehlende oder mangelnde Benutzerakzeptanz gehört heute zu den häufigsten Hemmnissen und Bremsklötzen einer effizienten Projektabwicklung. Ursachen hierfür sind oft Informationsdefizite und Ängste von Fachabteilungsmitarbeitern. Der Projektleiter muß geeignete Strategien entwickeln, um einen hohen Grad der Benutzerakzeptanz im Projekt zu erreichen.

Lernabschnitt 3
Interne und externe Projektmitarbeiter

Gut ausgebildete und engagierte Projektmitglieder sind das Kapital eines Projektleiters! Nur Minimalprojekte lassen sich ohne Projektmitarbeiter in einem „Ein-Mann-Team" abwickeln. Alle mittleren und größeren Projekte können nur mit einem interdisziplinären Team von Projektmitarbeitern realisiert werden.

Der Projektleiter muß sich vor einem Projektstart darum kümmern, daß er kompetente und motivierte Mitarbeiter für sein Projektteam erhält. Mit zweitrangigen Leuten, die anderweitig nicht zu gebrauchen sind, kann er kein Erfolgsteam zusammenstellen.

> *Der Projektleiter muß großen Wert darauf legen, daß die Fachabteilung ausreichend im Projektteam vertreten ist. Es wäre ideal, wenn die Hälfte der Projektmitarbeiter aus dem Anwenderbereich stammen würde!*

Als Fulltime- oder Parttime-Mitarbeiter können in einem Projektteam folgende Mitarbeitertypen tätig werden:

- DV-Organisatoren, Organisationsprogrammierer und Anwendungsprogrammierer
- Eventuell Systemspezialisten, Netzwerkprofis und Datenbankadministratoren
- Eventuell Büroorganisatoren, Innenrevisoren, Mathematiker und andere
- Mitarbeiter der Anwenderabteilung als DV-Fachkoordinatoren und -Spezialisten.

Zusätzlich können in einem Projekt externe DV-Berater und beim Einsatz von Standard-Anwendungssoftware Softwarespezialisten des Programmlieferanten mitarbeiten.

LERNABSCHNITT 3

In diesem Lernabschnitt erfahren Sie, worauf der Projektleiter bei der Auswahl der internen und externen Projektmitarbeiter achten muß, um ein effizientes Arbeitsteam zusammenzustellen.

LERNMODUL 3.1 AUFGABENKATALOG UND BEFUGNISSE EINES PROJEKTMITARBEITERS

DV-Projekte werden heute überwiegend nach den Grundsätzen des Matrix-Managements abgewickelt. Die Projektmitarbeiter unterstehen für die begrenzte Zeitdauer der Projektarbeit

- personell weiterhin dem disziplinarischen Vorgesetzten,
- fachlich in dem bei der Projektplanung festgelegten Umfang dem Projektleiter.

Projektmitarbeiter sind dem Projektleiter üblicherweise für eine bestimmte Frist zeitlich unterstellt, zum Beispiel zwei Tage je Woche. Es gehört zum Planungsgeschick des Projektleiters, die Mitarbeiter in dieser Zeitspanne produktiv einzusetzen.

Spezialisten eines Stabsbereichs, zum Beispiel ein Mathematiker aus der Operations-Research-Abteilung oder interner Revisor, erbringen für das Projekt eine bestimmte Leistung. Es bleibt ihnen selbst überlassen, wieviel Zeit sie zur Erbringung dieser Leistung benötigen. Sie müssen sich allerdings an die vereinbarten Fertigstellungstermine ihrer Leistung halten. Bei solchen Projektleistungen kann es sich bei einem Operations-Research-Spezialisten um ein mathematisches Modell oder bei einem Revisor um die Überprüfung der geplanten Kontrollstrukturen in dem vorgesehenen DV-Anwendungssystem handeln.

Aufgaben und Arbeitsmethodik

Bei der Durchführung ihrer Arbeiten müssen sich die Projektmitarbeiter an die vereinbarte Vorgehensweise und an vorgegebene Methoden und Hilfsmittel halten. Der Projektleiter muß neue Mitarbeiter in die Arbeitsmethoden einweisen, wenn diese nicht dem Projekthandbuch oder einer Schulungsunterlage entnommen werden können.

LERNABSCHNITT 3

Beim Kick-off-Meeting muß der Projektleiter auf einige wichtige Regeln der Zusammenarbeit hinweisen:

- Der Projektmitarbeiter muß auch solche Arbeiten durchführen, die nicht ausdrücklich am Anfang festgelegt waren.

- Bei der Arbeitsabwicklung muß er den Projektleiter rechtzeitig auf Ereignisse und Probleme hinweisen, die den Projektablauf negativ beeinflussen können.

- Mit der Arbeitsdurchführung ist vom Projektmitarbeiter die zugehörige Dokumentation zu erstellen.

- Wenn sich persönliche Angelegenheiten auf den Projektablauf auswirken (zum Beispiel eine Urlaubsplanung), muß sich der Projektmitarbeiter zuvor mit dem Projektleiter abstimmen.

In einem Projekt gibt es keine Mitarbeiter erster und zweiter Klasse! Deshalb hat jeder Projektmitarbeiter das Informationsrecht, die gesamte Dokumentation einzusehen, wenn er dies zur Aufgabendurchführung für nötig erachtet.

Nicht jeder Projektmitarbeiter erfüllt die hohen Anforderungen, die im DV-Projekt an ihn gestellt werden. Deshalb muß die Möglichkeit bestehen, daß ein Projektmitarbeiter auf eigenen Wunsch oder auf Drängen des Projektleiters von seinen Projektpflichten entbunden wird. Bei seinem Eintritt ins Projekt muß ein Mitarbeiter über diese Möglichkeit informiert werden.

LERNMODUL 3.2 MITARBEITER AUS DER ORGANISATION UND DATENVERARBEITUNG

Aus dem Bereich der Organisation und Datenverarbeitung werden in einem Projekt folgende Mitarbeitertypen tätig:
- DV-Organisatoren

- Organisationsprogrammierer
- Anwendungsprogrammierer
- DV-Spezialisten für Netzwerke, Bürokommunikation, Datenbanken usw.
- Büroorganisatoren

Am häufigsten vertreten ist heute der Organisationsprogrammierer. In vielen Fällen nimmt er auch die Stelle des Projektleiters ein. Er kann in allen Projektphasen tätig sein. Ausgebildete DV-Organisatoren sind nur in größeren Unternehmen anzutreffen. Immer wichtiger werden zum Aufbau von Netzen und Client-Server-Plattformen Netzwerkspezialisten und -administratoren.

Beim Einsatz eines integrierten Standardpakets muß der DV-Mitarbeiter in einem Projekt die Paketarchitektur kennenlernen, um eine ausreichende Softwarekompetenz zu erlangen. Programmodifikationen und Auswertungen müssen beim Einsatz von Fremdsoftware häufig mit einer SQL-Abfragesprache oder einer anbieterspeziellen Sprache (zum Beispiel ABAP der Firma SAP) vorgenommen werden.

Ein Projektleiter sollte im Projekt auf eine ausreichende Tiefe der Anforderungsanalyse und der fachlichen Soll-Konzeption drängen, um den DV-Mitarbeitern die Chance zu geben, in diesen Projekt-Einstiegsphasen eine ausreichende Fachkompetenz zu erwerben.

In manchen Fällen ergeben sich Probleme, DV-Spezialisten aufgrund ihres DV-Jargons und ihres ausgeprägten Elitebewußtseins in ein benutzerorientiertes Projektteam zu integrieren. Dies wird in neuester Zeit immer wieder beim Einsatz von CASE-Tools deutlich. Eine Anwendungsentwicklung spielt sich häufig am PC-Gerät ab, das ein DV-Spezialist für seine Arbeit benutzt. Die Anwender im Projekt fühlen sich bei dieser Art der toolgestützten Entwicklung von der echten Entwicklungsarbeit ausgeschlossen und zu Briefträgern zwischen Fachabteilung und DV-Mitarbeitern im Team degradiert. Solche Spannungen müssen vom Projektleiter rechtzeitig erkannt und durch geeignete Formen der Teamarbeit abgebaut werden!

Büroorganisatoren wirken in Projekten hauptsächlich bei der Ist-Analyse und in der Projektphase der Benutzerorganisation mit, um die Veränderungen der Aufbau- und

LERNABSCHNITT 3

Ablauforganisation zu planen und zu realisieren. Sie stehen allerdings nur in seltenen Fällen zur Verfügung! Das wirkt sich nachteilig aus, weil Organisationsprogrammierer oder DV-Fachkoordinatoren oft nicht die nötige Ausbildung, Erfahrung und Zeit für diese Tätigkeiten haben.

LERNMODUL 3.3 MITARBEITER AUS DEM ANWENDUNGSBEREICH

Mitarbeiter aus dem Fachbereich sind in unterschiedlicher Intensität in einem DV-Projekt integriert. Als hauptsächlicher Vertreter wirkt heute der DV-Fachkoordinator der Fachabteilung in den fachlichen Phasen der Projektabwicklung mit. Der DV-Koordinator hat im Normalfall eine organisatorische Grundschulung durchlaufen und kann aktiv bei folgenden Tätigkeitsarten mitarbeiten:

- bei der Anforderungsanalyse und Soll-Konzeption,
- bei der Erarbeitung der neuen Benutzerorganisation,
- bei der Systemanpassung eines Softwarefremdpakets,
- bei der Information, Schulung und Einweisung der Führungskräfte und Sachbearbeiter seiner Fachabteilung,
- bei der psychologischen Betreuung seiner Fachbereichsmitarbeiter während der Projektlaufzeit und in der anschließenden Produktivphase des Anwendungssystems.

DV-Fachkoordinatoren haben in größeren Unternehmen manchmal einen Fulltime-Job. Überwiegend müssen sie allerdings ihre Mitarbeit in Projekten und bei der Systembetreuung zusätzlich zu ihrer Sachbearbeitertätigkeit nebenamtlich wahrnehmen.

Der DV-Koordinator nimmt im Projekt eine Doppelstellung ein: Er ist einerseits normales Teammitglied, andererseits der Interessenvertreter seines Fachbereichs. Das kann in kritischen Situationen einiges Kopfzerbrechen bereiten!

Anstelle eines ausgebildeten DV-Koordinators der Fachabteilung oder neben ihm können weitere Fachspezialisten bei der Anforderungsanalyse, der Beurteilung der fachlichen Soll-Konzeption und speziellen Problemlösungen mitwirken. Ein Projektleiter sollte aus zwei Gründen auf die Mitarbeit von Spezialisten Wert legen:

- Im Projekt kann ihre hohe Fachkompetenz genutzt werden.
- Das Projekt steht auf einer breiteren Basis und hat mehr Rückhalt im Fachbereich.

In „reifen Fachabteilungen", in denen sich aufgrund früherer Projekte ein erhebliches Organisations- und DV-Wissen angesammelt hat, kann die fachliche Lösung für ein Projekt möglicherweise voll vom Fachbereich erarbeitet werden!

LERNMODUL 3.4 EINSATZ FIRMENFREMDER FACHKRÄFTE

Hauptsächlich in Mittel- und Kleinbetrieben wirken in einem DV-Projekt gelegentlich externe Spezialisten mit. Drei Kategorien von Fachkräften sind zu unterscheiden:

- Unabhängige Organisations-/DV-Berater mit fachlichem und DV-technischem Know-how und häufig mit zusätzlichen Branchenkenntnissen

- Spezialisten einer Softwarefirma zur Anpassung und Einführung einer Standardsoftware

- Hardware-Systemspezialisten zur Mithilfe bei einer LAN-Konzeption oder dem Layout für eine Client-Server-Plattform.

Fremdkräfte können aus zwei Gründen für eine erfolgreiche Projektabwicklung unentbehrlich sein:

– Die Kapazität der eigenen Mitarbeiter reicht zur Projektdurchführung nicht aus.

– Es fehlt das erforderliche Know-how zum Aufbau einer Hardware- oder Datenbanklösung oder zur Installation und Anpassung einer komplexen Softwarelösung.

Lernabschnitt 3

Wegen der finanziellen Auswirkungen auf das Projektbudget sollten Fremdmitarbeiter nur bei anspruchsvollen Schwerpunktarbeiten im Projekt mitwirken. Die Tageshonorare sind außerordentlich unterschiedlich: sie schwanken zwischen 800 DM und 3.500 DM!

1. Mitwirkung eines DV-Beraters im Projekt

DV-Unternehmensberater arbeiten aus unterschiedlichen Anlässen in Projekten mit:

- In vielen Fällen werden sie als „Anlasser" benutzt, bis ein Softwareprojekt auf die Beine gestellt ist.

- Manchmal benötigt ein Projektleiter einen ständigen „Coach", wofür sich ein erfahrener Berater anbietet.

DV-Berater übernehmen als unabhängige Fachleute bei der Planung, Auswahl und Einführung von Hardware und Software häufig folgende Aufgabengebiete:

- Festlegung der Vorgehensstrategie

- Durchführung einer Machbarkeitsanalyse (Voruntersuchung), ob der Einsatz eines Softwarepakets zweckmäßig und nutzbringend ist

- Mitwirkung bei der Hardware- und Softwareevaluation

- Mitarbeit bei Problemlösungen

Es ist vorteilhaft, wenn ein Berater spezielle Branchenkenntnisse aus dem Handel, dem Krankenhauswesen, dem Behördensektor oder aus einer industriellen Tätigkeit mitbringt, die er in Ihrem Unternehmen einsetzen kann.

Achten Sie bei einer Beraterauswahl darauf, daß der Berater nicht mit einer bestimmten Hardware- oder Softwarefirma „verheiratet" ist. Nur wenige Berater können sich aus finanziellen Gründen ihre Unabhängigkeit erhalten und sind für einen Anwender brauchbar!

Erfahrene Berater sind nicht leicht zu finden. Gelegentlich stößt ein Unternehmen auf sie aufgrund einer Fachveröffentlichung oder in einem öffentlichen Lehrgang, den der Berater durchführt.

2. Mitarbeiter von Softwarefirmen

Beim Einsatz umfangreicher Softwarepakete sind Mitarbeiter der Software-Lieferfirmen meist unentbehrlich. Sie werden zur firmenspezifischen Softwareanpassung und zur Erstschulung und Einweisung der Anwender benötigt. Der Umfang an erforderlicher Fremdkapazität ist außerordentlich unterschiedlich und hängt von der Komplexität und Dokumentation der Software ab.

Softwarespezialisten einer Anbieterfirma dürfen zur Wahrung einer objektiven Abwicklung im Projekt erst eingesetzt werden, wenn die Paketevaluation beendet und ein Softwarevertrag geschlossen worden ist. Lassen Sie sich zuvor auch nicht zu einer „kostenlosen Beratung" überreden!

Während eine Softwarefirma meist über geschulte Kräfte zur Softwareanpassung verfügt, besteht häufig ein gravierender Mangel an erfahrenen Organisationsprofis, welche den Kunden bei der Optimierung seiner Geschäftsprozesse beraten können.

Die Stärken fremder Softwarefachleute, die im Projekt genutzt werden sollten, liegen
- in ihren Erfahrungen bei der Anpassung des Softwarepakets und
- in der Kenntnis einer systematischen Vorgehensmethodik.

Diesen Stärken stehen mehrere Schwachpunkte gegenüber, die der Projektleiter berücksichtigen sollte:

- Der Softwaremitarbeiter kennt nicht die spezifischen Probleme der Anwenderfirma und kann deshalb keine optimalen Problemlösungen anbieten.
- Das Schwergewicht seiner Arbeit liegt auf rein DV-technischen Lösungen der Softwareanpassung.
- Häufig werden dem Anwender – besonders bei Festpreisaufträgen – Standardlösungen ohne Rücksicht auf die betrieblichen Sonderprobleme aufgedrängt.

Ein Projektleiter muß beim Einsatz von Fremdsoftwerkern auf der Hut sein, daß bei der Softwareanpassung und bei der Schulung und Einweisung der Anwendermitarbeiter ein ausreichender Know-how-Transfer erfolgt. Andernfalls ist zu befürchten, daß die Anwenderfirma ständig „am Tropf des Softwarelieferanten hängt".

SUMMARY

Kompetente und engagierte Projektmitarbeiter sind das wichtigste Kapital des Projektleiters. Der Projektverantwortliche muß sich vor dem Projektstart darum kümmern, daß er gut ausgebildete und motivierte Mitarbeiter für sein Projektteam erhält.

Als Fulltime- oder Parttime-Mitarbeiter wirken in einem Projektteam DV-Organisatoren und Programmierkräfte, System- und Datenbankspezialisten, Büroorganisatoren und geeignete Mitarbeiter der Anwenderabteilung mit. Nach den Grundsätzen des Matrix-Projektmanagements sind die Projektmitarbeiter dem Projekt fachlich für eine bestimmte Zeit oder spezifische Aufgaben zugeordnet.

Bei der Arbeitsdurchführung müssen sich die Projektmitarbeiter an die vorgegebenen Methoden und Tools halten. Beim Kick-off-Meeting sollte der Projektleiter neue Mitarbeiter mit den Regeln der Zusammenarbeit bekanntmachen.

Als Vertreter des DV-Sektors sind in Projekten heute häufig Anwendungsprogrammierer mit zusätzlichen Organisationskenntnissen anzutreffen. In vielen Fällen nimmt ein solcher Mitarbeiter auch die Stelle des Projektleiters wahr.

Mitarbeiter aus dem Fachbereich sind in unterschiedlicher Intensität in einem DV-Projekt integriert. Als Interessenvertreter seines Bereichs und Kernmitglied wirkt der DV-Fachkoordinator der Anwenderabteilung in den fachlichen Phasen der Projektabwicklung mit. Er betreut die DV-Anwendung auch nach Abschluß des Projekts. Neben dem Koordinator arbeiten weitere Fachspezialisten zeitweilig bei der Anforderungsanalyse und für spezielle Problemlösungen im Projekt mit.

Als externe Fachleute können in einem Projekt zeitweilig unabhängige DV-Berater mit speziellem fachlichem oder DV-technischem Know-how oder Mitarbeiter der Softwarefirma zur Anpassung und Einführung einer Standardsoftware mitwirken. Bei der Beraterauswahl muß der Projektleiter darauf achten, daß der Berater nicht mit einer bestimmten Softwarefirma „verheiratet" ist. Vertreter des Softwareunternehmens dürfen zur Wahrung einer objektiven Projektabwicklung erst eingesetzt werden, wenn die Paketevaluation beendet worden ist.

Lernabschnitt 4
Spielregeln und Techniken der Teamarbeit

DV-Projekte der mittleren und oberen Größenordnung werden heute in interdisziplinären Projektteams abgewickelt. Teamarbeit ist „in". Sie kann erhebliche Vorteile bringen. Voraussetzung ist allerdings, daß die Arbeitstechniken der Teamarbeit bekannt sind und die Spielregeln der Kommunikation im Team angewendet werden.

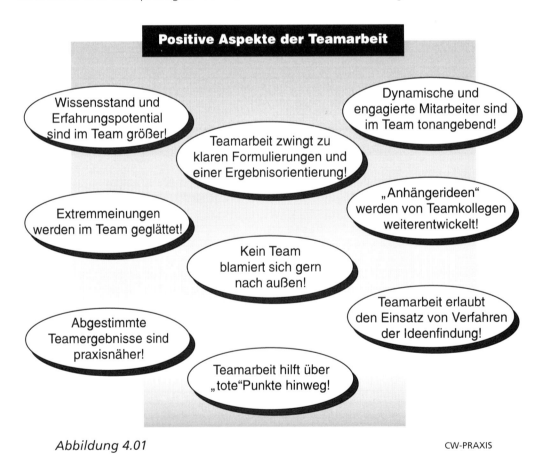

Abbildung 4.01

LERNABSCHNITT 4

Wie wichtig Regeln der Teamarbeit sind, weiß jeder, der einmal in einer Arbeitsgruppe bunt zusammengewürfelter Mitarbeiter tätig war und die ersten Sitzungen miterlebte. Eine solche Gruppe stellt noch kein Team dar! Es dauert meist eine erhebliche Weile, bis das anfängliche gegenseitige Mißtrauen und die Zurückhaltung der Teammitglieder in der „Schnupperphase" abgebaut sind, sich Grundsätze der Zusammenarbeit gebildet haben und diese Regeln von den einzelnen Teammitgliedern beachtet werden.

LERNMODUL 4.1 RATSCHLÄGE ZUR TEAMZUSAMMENSETZUNG UND -GRÖSSE

Maßgeblich für eine effiziente Teamarbeit ist die richtige Zusammensetzung der Projektgruppe und eine zweckmäßige Teamgröße, die ein produktives Arbeiten ermöglicht. Nur in Ausnahmefällen hat allerdings ein Projektleiter bei der Zusammenstellung seines Arbeitsteams ausreichende Auswahlchancen! Überwiegend sind die Möglichkeiten eines Unternehmens begrenzt, fachkundige und methodisch geschulte Mitarbeiter für die Projektarbeit abzustellen.

1. Fachkompetente Projektmitarbeiter mit Teamfähigkeit

Ein Projektleiter darf nicht davon ausgehen, daß Organisatoren, DV-Mitarbeiter und Anwender automatisch zu einem optimalen Team zusammenwachsen. Besonders DV-Spezialisten sind von ihrem Typ und ihrer Begabung her häufig introvertierte Problemlöser. Auch grundsätzliche Teamspielregeln werden von ihnen oft nicht eingehalten. Noch schwieriger kann für einen Projektleiter die Auswahl geeigneter Teammitglieder aus den Anwenderabteilungen sein. Sie haben im Gegensatz zu ihren professionellen Teamkollegen aus der Organisation und Datenverarbeitung oft noch keine Teamkenntnisse und -erfahrungen. Sie benötigen viel Einarbeitungszeit, bevor sie sich im Team wohlfühlen.

Ideale Teammitglieder sollten nach Auffassung eines Betriebspsychologen folgende Persönlichkeitsmerkmale aufweisen:

- *Ausreichende Fachkompetenz und Kenntnis der Anwendungsprobleme*
- *Von den Kollegen anerkannt werden als jemand, der „den Durchblick hat" und „den Mund aufmacht"*
- *Die Fähigkeit zum Gliedern und Strukturieren besitzen*
- *Engagement aufweisen*
- *Motivationsfähigkeit gegenüber Teamkollegen und Anwendern haben*
- *Standfestigkeit in seinen Auffassungen beweisen*
- *Physisch und psychisch belastbar sein*

Konformisten sind für eine Teamarbeit ebensowenig geeignet wie ständige Querdenker und profilierungssüchtige Typen.

2. Die optimale Teamgröße

Die erforderliche Teamgröße in einem DV-Projekt hängt vom Umfang der zu bewältigenden Aufgaben und der Anzahl der zur Verfügung stehenden Mitarbeiter ab. Es hat sich gezeigt, daß die Teameffizienz nicht proportional zum Teamumfang ansteigt.

Heute sind in typischen DV-Projektgruppen zwei bis drei ständige Teammitglieder tätig. Das Kernteam besteht meist aus einem Organisationsprogrammierer und dem DV-Koordinator der Fachabteilung. Bei Bedarf wird das Team um ein bis drei zeitweilige Teammitglieder verstärkt, die meist aus dem Fachbereich stammen. Bei Individualprogrammierung kann sich die Zahl der Teammitarbeiter durch den Einsatz von Anwendungsprogrammierern verstärken.

> *Ein voller Informationsaustausch ist nur bei einer Begrenzung der Mitarbeiterzahl auf die oben genannte Größenordnung möglich. Diese Beschränkung erlaubt es, daß ein Projektteam mit einem geringen Verwaltungsaufwand arbeitet und den direkten Kontakt zwischen den Teammitgliedern aufrecht erhalten kann.*

Bei steigender Teamgröße nimmt der Aufwand für die Informationsvermittlung überproportional zu. Der höchste Grad an Kreativität und Effizienz läßt sich in Arbeitsteams erreichen, die eine Größenordnung von drei bis fünf Mitarbeitern aufweisen. Auch zu klein geratene Arbeitsteams sind nachteilig, weil es ihnen an Kreativität, Gedankenvielfalt und Zeit mangelt. Typische Vor- und Nachteile unterschiedlicher Teamgrößen sind in Abbildung 4.02 aufgezählt.

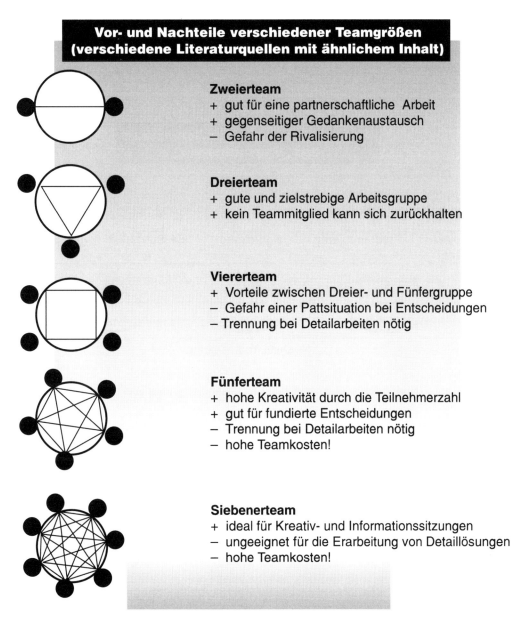

Abbildung 4.02

Lernabschnitt 4

Bei größeren Aufgabenkomplexen sollten für ein Projekt Teilteams gebildet werden. Ihr Zusammenspiel erfolgt über einen Schnittstellenkoordinator und durch gemeinsame Abstimmsitzungen.

Nicht alle Tätigkeiten eines Projekts lassen sich innerhalb von Arbeitsteams sinnvoll abwickeln. Neben Arbeiten, bei denen alle Teammitglieder anwesend sind, gibt es auch Tätigkeiten, die vorteilhaft in Kleingruppen oder in Einzelarbeit erledigt werden. Zwischen den Teamsitzungen müssen die Mitarbeiter „Hausaufgaben" erledigen (siehe Abbildung 4.03).

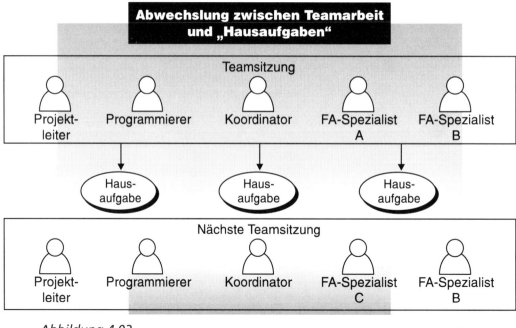

Abbildung 4.03

In Teamsitzungen werden hauptsächlich Strategien und Konzeptionszusammenhänge erarbeitet. Die Teilnehmer erhalten Vorgaben für Arbeiten und Problemstellungen, die bis zur nächsten Sitzung in Kleingruppen und von einzelnen Mitarbeitern bearbeitet werden sollen. Ihre Ergebnisse werden dann in der Folgesitzung durchgesprochen.

LERNABSCHNITT 4

LERNMODUL 4.2 SPIELREGELN UND ARBEITSTECHNIKEN DER TEAMARBEIT

Der Wirkungsgrad der Teamarbeit ist hauptsächlich davon abhängig, in welchem Umfang bereits ein gruppendynamischer Prozeß der Teambildung stattgefunden hat. Wir verstehen unter Gruppendynamik die kreative und möglichst reibungslose Kooperation der Teammitglieder. Sie läßt sich unter Einhaltung bestimmter Grundsätze und Spielregeln erreichen und führt zu einer höheren Effizienz der Gruppenarbeit.

1. Die wichtigsten Spielregeln der Teamarbeit

Ein reifes Team kennt und akzeptiert die in Abbildung 4.04 aufgezählten Spielregeln der Gruppenarbeit (teilweise Anlehnung an Siemens AG, Organisationsplanung).

Wichtige Regeln der Gruppenarbeit im Team

Spielregeln der Gruppenarbeit im Projektteam
- Jeder erkennt jeden als vollwertiges Gruppenmitglied an.
- Eine Diskussion im Team ist hierarchiefrei durchzuführen. Ein Status außerhalb des Teams darf sich während der Teamarbeit nicht auswirken, da er die Informationsoffenheit, die Kritikbereitschaft und die Kreativität der Teammitglieder beeinträchtigt.
- Jedes Teammitglied soll seine Meinung offen vertreten und darf sie nicht verschleiern.
- Zur Teamarbeit gehört die Kooperationsbereitschaft des einzelnen.
- Jeder Teammitarbeiter ist berechtigt, positive Kritik zu üben, muß jedoch auch sachliche Kritik von anderen entgegennehmen.
- Das Team repräsentiert sich nach außen als Gesamtheit.
- Kein Teammitglied darf die noch nicht gemeinsam abgestimmten Ergebnisse der Teamarbeit an Außenstehende weitergeben.
- Innerhalb des Teams muß ein vollständiger Informationsaustausch erfolgen. Kein Teammitglied darf Informationen zurückhalten.
- Durch die aktive Einbeziehung in den Meinungsbildungsprozeß findet eine starke Motivation jedes Teammitglieds statt.

Abbildung 4.04   CW-PRAXIS

Den Spielregeln hat sich auch der Projektleiter zu unterwerfen. Bei kooperativer Projektführung ergeben sich hierbei keine Gegensätze.

Es ist nicht zu erwarten, daß diese psychologischen Grundregeln von Anfang an akzeptiert werden. Es sind zunächst die psychologischen Barrieren zu überwinden, welche sich häufig durch folgende Punkte ergeben:

- In der Gruppe sind wesentliche Altersunterschiede, die zu unterschiedlichen Vorstellungen und eventuell sogar zu einem verschiedenartigen Arbeitsrhythmus führen.

- Die Gruppe besteht aus Mitarbeitern unterschiedlicher Hierarchiestufen, die außerhalb der Gruppenarbeit in autoritärer Form miteinander verkehren.

- In der Gruppe arbeiten Mitarbeiter aus überwiegend kooperativ und überwiegend autoritär (patriarchalisch) geführten Bereichen zusammen.

Die Überwindung der Gegensätze kostet Zeit. Es hat sich bewährt, wenn die Regeln auf einem Flipchart an die Wand gehängt werden. Verstößt ein Teammitglied gegen die Regeln, sollte es darauf hingewiesen werden.

2. Vorgehens- und Arbeitstechniken im Team

Der Wirkungsgrad der Teamarbeit hängt neben einer ausreichenden Gruppendynamik auch stark von einer systematischen, durchdachten Vorgehensweise und der Kenntnis und Anwendung ergebnisorientierter Arbeitstechniken ab. Wir haben diese Punkte in der anschließenden Checkliste (Abbildung 4.05) zusammengefaßt.

LERNABSCHNITT 4

Arbeitstechniken für eine erfolgreiche Teamarbeit

Checkliste der Arbeitstechniken für eine erfolgreiche Teamarbeit

Formelle Abwicklung
- Zielsetzungen für jede Teamsitzung; Protokollführung
- Straffe Gesprächsführung; wechselnde Moderatoren für die Tagesordnungspunkte
- Klare „Hausaufgaben" für die Teammitglieder zwischen den Sitzungen

Motivationsgesichtspunkte
- Pausenregelung (Pausen nach 1,5 Stunden); Vereinbarung über das Rauchen; Getränke; keine Störungen
- Förderung einer positiven Stimmung
- Ständiges ausreichendes Feedback gegenüber den Teammitgliedern
- Stets Lernbedarf feststellen und in zweckmäßiger Weise befriedigen

Kreativitäts- und Problemlösungstechniken
- Erstellung einer Problemlandschaft; Brainstorming zur Problemsammlung; Problemstrukturierung; weitere Kreativitätstechniken
- Pro- und Contra-Diskussion, um Problemsituation zu vertiefen
- Funktionelles Denken bei Ist-Erhebung und Soll-Entwicklung

Kommunikationstechniken
- Kick-off-Meeting
- Kenntnis moderner Darstellungstechniken (Matrizen, Entscheidungstabellen, Wer-Was-Informationsfluß-Diagramme, hierarchische Funktionsdarstellungen)
- Kenntnis moderner ergebnisorientierter Berichts- und Protokolltechniken; Präsentationstechniken
- Informationsmarkt zur Information interessierter Mitarbeiter außerhalb des Projekts
- Periodische Reviews (Projektstatus und -fortschritt)
- Anonyme Meinungsabfragen mit Klebepunkten
- Benutzung von Flipcharts und Pinwänden zur optischen Visualisierung

Abbildung 4.05 CW-PRAXIS

Besondere Bedeutung kommt systematischen Methoden zur Ideenfindung zu, beispielsweise den verschiedenen Arten des Brainstorming. Brainstorming stellt eine Sammlung aller Ideen einer Gruppe oder Person in einer gegebenen Zeit zu einem gegebenen Thema dar. Es ist ein Bestandteil eines allgemeinen Vorgehenskonzepts eines Problemlösungsprozesses mit seinen Abschnitten:

(1) Problemerkennung und -beschreibung
(2) Informationssammlung zum Problem
(3) Erarbeitung von Lösungsalternativen
(4) Beurteilung der unterschiedlichen Lösungen
(5) Auswahl der optimalen Lösung
(6) Realisierung der ausgewählten Lösung

Für die Gruppenarbeit im Rahmen eines Organisations- und DV-Projekts lassen sich diese Techniken bei der Lösung abgeschlossener Teilprobleme an vielen Stellen anwenden.

Es empfiehlt sich, daß ein Projektleiter die Spielregeln und Arbeitstechniken bei der ersten Teamsitzung („Kick-off-Meeting") vorträgt, falls sich neue Mitglieder im Team befinden.

3. Gruppenkonflikte im Projektteam

Auch bei Beachtung der Spielregeln der Gruppendynamik sind Konflikte in der Teamarbeit nicht vollständig zu vermeiden. Sie können sich aus sachlichen Meinungsverschiedenheiten oder aufgrund persönlicher Differenzen bilden. Typische Ursachen für Gruppenkonflikte ergeben sich durch eine zu starke Individualität von Gruppenmitgliedern, durch eine übertriebene Konformität und Klüngelbildung und durch eine aggressive und überspitzte kritische Einstellung von Gruppenmitarbeitern.

Häufige Ursache von Gruppenkonflikten ist ein unsystematisches Arbeiten der Gruppe. Man will möglichst schnell die Ziele erreichen, überspringt wichtige Phasen eines Problemlösungsprozesses und bewertet Vorschläge, bevor sie endgültig durchdiskutiert worden sind.Wegen der mangelnden Übersichtlichkeit können nicht alle Teammitglieder aktiv am Problemlösungsprozeß teilnehmen und fühlen sich übergangen.

Spannungen können sich auch zwischen den Teammitgliedern ergeben, wenn nicht bei allen die für eine Teamarbeit nützlichen Sondertechniken (Beispiel: Brainstormingtechniken, Phasenkonzept einer Problemlösung, systematische Evaluations- und Bewertungstechniken und die Dokumentation mit Hilfe grafischer Symboltechniken) bekannt sind. Bei mangelhafter Kenntnis und unzureichendem Verständnis werden solche Techniken immer wieder von reinen Praktikern als Spielereien abgelehnt.

Konflikte schaden der Teamarbeit, weil sie die erforderliche Zeit zur Lösung der Sachprobleme verkürzen und die Teamarbeit ineffizient wird. Allerdings dürfen sie nicht mit Meinungsverschiedenheiten sachlicher Art verwechselt werden. Die letzteren sind zwangsläufiger Bestandteil und eine wichtige Informationsquelle jeder Teamarbeit!

SUMMARY

Teamarbeit kann bei der Projektabwicklung erhebliche Vorteile bringen, wenn allen Mitgliedern die Techniken der Gruppendynamik bekannt sind und die Spielregeln der Kommunikation im Team angewendet werden.

Maßgeblich für eine effiziente Teamarbeit ist eine interdisziplinäre Zusammensetzung der Projektgruppe und eine zweckmäßige flexible Teamgröße, die ein produktives Arbeiten ermöglicht.

In typischen Kernteams sind zwei bis drei Teammitglieder tätig. Bei Bedarf wird das Team um ein bis drei zeitweilige Teammitglieder verstärkt. Bei dieser Teamgröße ist ohne hohen Verwaltungsaufwand ein voller Informationsaustausch möglich.

Der Wirkungsgrad der Teamarbeit hängt neben der Einhaltung der Teamspielregeln vom Einsatz einer systematischen Vorgehensweise nach einem erprobten Problemlösungsprozeß und ergebnisorientierten Arbeitstechniken ab.

Gruppenkonflikte lassen sich in der Teamarbeit nicht vermeiden und können verschiedene Ursachen haben. Konflikte und Spannungen schaden der Teamarbeit, weil sie die erforderliche Zeit zur Lösung der Sachprobleme verkürzen und die Teamarbeit ineffizient machen. Der Projektleiter muß deshalb Teamkonflikten nachgehen und sie durch geeignete Maßnahmen aus dem Weg räumen.

Lernabschnitt 5
Kommunikations- und Moderationstechniken

Wesentliche Projektentscheidungen werden häufig in Arbeitssitzungen mit den Entscheidungsträgern des Projekts und Anwenderführungskräften vorbereitet und gefällt. Viele weitere Verhandlungen dienen der Lösung von Projektproblemen, der Konzeptionsentwicklung und der Optimierung der künftigen Geschäftsprozesse. Von einem Projektleiter wird erwartet, daß er die Kommunikations-und Moderationstechniken zur Projektabwicklung kennt und anwendet.

Qualifikation und Erfahrungen eines Projektleiters zur effizienten und zeitsparenden Durchführung von Arbeitssitzungen entscheiden oft über seine Akzeptanz und seinen Projekterfolg!

Der Kommunikationsumfang ist bei einem Projektleiter außerordentlich hoch und nimmt etwa zwei Drittel seiner Arbeitszeit als Projektverantwortlicher ein!

Neben der mündlichen Kommunikation in Teambesprechungen und Sitzungen hat die schriftliche Kommunikation im Rahmen von Berichten unterschiedlicher Art eine erhebliche Bedeutung. Auch hierfür muß der Projektleiter wichtige Grundsätze und Regeln beherrschen.

LERNMODUL 5.1 ABWICKLUNG EINER ARBEITSSITZUNG

Arbeitsbesprechungen und Sitzungen im Projektteam und mit einem erweiterten Personenkreis gehören zum wesentlichen Aufgabenspektrum eines Projektleiters. In diesem Lernmodul erfahren Sie die wichtigsten Grundregeln der Sitzungsabwicklung.

1. Sitzungsvorbereitung und -durchführung

Projektsitzungen haben unterschiedliche Zielsetzungen. Es ist denkbar, daß sie zur ausschließlichen Meinungsbildung der Teilnehmer angesetzt sind. Doch können sie auch der Durchsprache und Lösung von Problemen dienen. Schließlich sollen sie oft die Entscheidungsvorbereitung oder eine Beschlußfassung unterstützen.

In ihrem Ablauf gleichen sich Arbeitsbesprechungen in den wesentlichen Punkten. Sie bestehen aus den drei Hauptteilen der
- Sitzungsvorbereitung,
- Sitzungsabwicklung und den
- Sitzungsauswertungen.

Der Projektleiter muß die Arbeitskomponenten einer Sitzung kennen und eine von ihm geleitete Besprechung danach ausrichten. Es ist besonders wichtig für ihn, keinen wesentlichen Punkt zu übersehen! Die Tabelle 5.01 enthält die Standardgliederung einer Sitzung.

Standardgliederung einer Projektsitzung

Stufenschema einer Sitzungsabwicklung

1. **Vorbereitungsschritte**
   1.1 Themenfestlegung / Tagesordnung
   1.2 Festlegung der angestrebten Ergebnisse
   1.3 Teilnehmerauswahl und -einladung
   1.4 Erstellung und Versand von Informationsunterlagen
   1.5 Technische Vorbereitungen (Raum, Sitzordnung, Geräte, Erfrischungen)
   1.6 Festlegung der Arbeitsmethodik und ggfs. Vorbereitung und Erstellung von Visualisierungshilfen
   1.7 Taktische Überlegungen / Argumentierungshilfen / Alternativen

2. **Sitzungsdurchführung**
   2.1 Begrüßung / Bekanntgabe der Tagesordnung / Zeiteinteilung
   2.2 Festlegung des Protokollführers
   2.3 Abwicklung der Tagesordnungspunkte
   2.4 Zusammenfassung des Ergebnisses und Festlegung der Durchführung der Ergebnisse

3. **Sitzungsauswertungen**
   3.1 Protokollerstellung
   3.2 Überwachung der Maßnahmendurchführung

Abbildung 5.01

Lernabschnitt 5

Ausschlaggebend für eine zügig abzuwickelnde Sitzung ist eine ausreichende Vorbereitung durch den für die Besprechung verantwortlichen Sitzungsleiter, dem Moderator. Er sollte in jedem Fall von den Zielsetzungen und Erwartungen ausgehen und von dort aus die Tagesordnungspunkte ableiten.

Sofern in einer Besprechung Entscheidungen zu fällen sind, sollten diese von den verantwortlichen Teilnehmern bis zur Entscheidungsreife vorbereitet werden.

Sämtliche Teilnehmer sind – in absteigender Rangreihenfolge – rechtzeitig einzuladen. An einer Informationsbesprechung sollten maximal acht bis zehn Personen teilnehmen, an einer Arbeitsbesprechung fünf bis sechs Personen.

Handelt es sich um ein sehr problematisches Thema, sollte der Besprechungsleiter – soweit es in seiner Hand liegt – darauf achten, daß sich die Gruppe aus Pro- und Contra-Teilnehmern zusammensetzt. Sollen bei einer Sitzung Entscheidungen gefällt werden, müssen die Entscheidungsträger an der Besprechung teilnehmen.

Wesentlich für eine lebendige Sitzungsabwicklung ist eine Arbeitsmethodik, bei der sich Problemdarstellungen, Kurzvorträge, eine allgemeine Diskussion, Präsentationen und eventuell Zwischenberatungen in kleinen Gruppen miteinander abwechseln. Es hat sich bewährt, wenn hierfür technische Hilfsmittel zur Verfügung stehen, zum Beispiel Flipcharts, verschiedenfarbige Kärtchen und eine Pinwand für Brainstormingüberlegungen, Klebepunkte für Meinungsabfragen und ähnliches mehr.

Unterschiedliche Auffassungen bestehen darüber, ob es zweckmäßig ist, über die Tagesordnung hinaus an die Besprechungsteilnehmer umfangreiche Vorabinformationen zu verschicken. Vorteilhaft ist der sich dadurch ergebende gleiche Informationsstand, sofern die Teilnehmer die Unterlage durchlesen. Nachteilig kann sich auswirken, daß eventuell vor der Sitzung schon unerwünschte Querabsprachen zwischen Teilnehmern stattfinden und sich möglicherweise Fronten bilden.

Bei der Folge der Tagesordnungspunkte ist zu berücksichtigen, daß die einfacheren Punkte an den Anfang gelegt werden, problemgeladene Themen dagegen erst in der zweiten Sitzungshälfte besprochen werden. Allerdings dürfen sie nicht zu weit ans Ende der Sitzung geschoben werden, damit die Besprechungsteilnehmer nicht in Zeitnot geraten.

2. Tips zur Sitzungsabwicklung

Der Besprechungsleiter sollte bereits von Anfang an darauf achten, daß die Sitzung in einer positiven Atmosphäre stattfindet.

Die Dauer einer Sitzung hängt selbstverständlich vom geplanten Inhalt und der Art der Themenabwicklung ab. Ein Kardinalfehler der meisten Sitzungen ist es, daß sie viel zu lange dauern. Zwei bis drei Stunden Dauer sollten für eine Sitzung das Maximum sein. Die Produktivität und Aufnahmefähigkeit läßt nach einer gewissen Zeit erheblich nach. Bei Sitzungen, die mehr als zwei Stunden dauern, sollte der Besprechungsleiter nach eineinhalb Stunden eine Pause einplanen.

Bei der Besprechung der Tagesordnungspunkte ist Wert darauf zu legen, daß ein Punkt möglichst in einem Zug durchgesprochen wird und auf keinen Fall von Punkt zu Punkt gesprungen wird.

Eine üble Angewohnheit von Sitzungsteilnehmern ist es, ständig von der Tagesordnung abzuweichen und neue Themen auf den Tisch zu legen. Um eine zügige und logische Sitzungsabwicklung zu erreichen, sollte der Besprechungsleiter darauf achten, daß nicht zur Tagesordnung gehörige Punkte ausgeklammert werden.

Bei der Durchsprache eines Punktes ist die logische Folge eines Problemlösungsprozesses einzuhalten:

- Zuerst muß jedem Besprechungsteilnehmer das Problem überhaupt klar sein.
- Anschließend können die Lösungsmöglichkeiten erarbeitet werden.
- Liegen die Lösungen auf dem Tisch, können die Vor- und Nachteile von Alternativen gegeneinander abgewogen werden.
- Erst jetzt soll die Auswahl der geeigneten Maßnahmen erfolgen.
- Zuletzt kann darüber diskutiert werden, wie und mit welchen Mitteln diese Maßnahmen durchgeführt werden können.

Lernabschnitt 5

Haben sich die Gemüter erhitzt, sollte der Besprechungsleiter auf eine „Abkühlungspause" drängen. Nach ihr kann ein Punkt oft wesentlich leichter und schneller einer Lösung zugeführt werden. Einem erfahrenen Besprechungsleiter fällt hier meist etwas Passendes ein. Vielleicht kann eine Kaffee- oder Zigarettenpause eingeblendet werden. Es ist auch denkbar, daß ein Teilnehmer ein passendes Beispiel vorträgt. Ausnahmsweise kann ein einfacher Tagesordnungspunkt dazwischengeschoben werden, bei dem keine Meinungsverschiedenheiten zu erwarten sind.

LERNMODUL 5.2 DER PROJEKTLEITER ALS SITZUNGSMODERATOR

Bei Arbeitssitzungen im Rahmen des Projekts nimmt der Projektleiter die Rolle des Sitzungsmoderators ein. Er ist in dieser Eigenschaft für die fachliche und technische Vorbereitung der Sitzung und für eine effiziente Abwicklung verantwortlich.

Die Moderatorenrolle kann einem engagierten Projektleiter wegen seines großen eigenen Interesses an der Projektthematik schwerfallen! Denn als Moderator darf er nicht persönlich „die erste Geige spielen", sondern sollte die Sitzungsteilnehmer zu größtmöglicher Aktivität und Kreativität anspornen.

Sie erfahren in diesem Lernmodul, welche Grundsätze ein erfolgreicher Sitzungsmoderator bei seiner Tätigkeit beachten muß und welche Techniken er zur effizienten Sitzungsabwicklung einsetzen sollte.

1. Die wichtigsten Moderationsgrundsätze auf einen Blick

Als Sitzungsmoderator muß der Projektleiter den Schwerpunkt seiner Tätigkeit darauf legen, die Sitzungsteilnehmer im Sinne einer Selbststeuerung zu aktivieren und die Erarbeitung von Lösungen durch die Teilnehmer zu unterstützen.

> *Auf keinen Fall darf der Projektleiter in der Rolle eines Moderators versuchen, das Sitzungsergebnis durch eine einseitige Beeinflussung bei der Auswahl der Teilnehmer, bei der Festlegung der*

Tagesordnungspunkte, bei der Diskussionsabwicklung oder gar bei der Protokollformulierung zu manipulieren!

Dagegen zählt es zu seinen Aufgaben, eine Versachlichung der Sitzungsabwicklung und der Diskussion herbeizuführen, indem er Vorurteile unter den Teilnehmern abbaut und ständig auf Sachlichkeit bedacht ist.

Für kritische Besprechungspunkte muß ein erfahrener Moderator Strategien und Vorgehensweisen vorbereiten und gegebenenfalls parat haben, wenn den Teammitgliedern kein „Warmstart" gelingt. An folgenden Schwerpunkten muß der Projektleiter in den Sitzungsablauf eingreifen:

- Zur Tätigkeit des Moderators gehören Eröffnung und Abschluß der Sitzung und die Steuerung der Tagesordnungspunkte.
- Die Tagesordnung ist das Korsett einer Sitzung. Der Sitzungsmoderator darf kein Springen von Punkt zu Punkt zulassen.
- Er muß für ein konstruktives und positives Sitzungsklima sorgen.
- Zur Förderung der Konsensbildung muß er immer wieder Zusammenfassungen bringen und bei der Bildung tragfähiger Kompromisse mitwirken.
- Er muß die Teilnehmer zu sachlicher Kritik stimulieren.
- Alle positiven und negativen Gesichtspunkte eines Tagesordnungspunkts müssen behandelt werden.

Seine eigene Meinung sollte der Projektleiter erst äußern, wenn die Teilnehmer ihre Diskussionsbeiträge eingebracht haben.

Zu den typischen Moderatorenaufgaben gehört es, auf die Einhaltung der Diskussionsspielregeln zu drängen:

- Jeder Diskussionsbeitrag muß sich auf das Thema beziehen!
- Es spricht immer nur einer!
- Keiner fällt dem anderen ins Wort!
- Überlange Diskussionsbeiträge strapazieren die Geduld der Zuhörer!
- Diskussionspunkte sind durch entsprechende Fragestellungen des Moderators in Gang zu bringen oder zu bremsen.

Am Schluß eines Tagesordnungspunkts ist es die Aufgabe des Moderators, die wesentlichen Ergebnisse zusammenzufassen. Auf diese Weise erfolgt nochmals eine Abstimmung der Meinungen. Vielleicht gelingt es, die Zusammenfassung auf ein Tonband zu nehmen und dadurch bereits eine Vorlage für das Protokoll zu haben.

Weitere Praxistips und Tricks zur Moderation

Wenn Sie eine Sitzung leiten, müssen Sie nicht jeden Punkt selbst moderieren. Lassen Sie die Moderation einzelner Punkte von fachlich geeigneten Sitzungsteilnehmern durchführen – besonders von solchen, die angeblich ohnehin alles besser wissen und ständig an anderen herumnörgeln.

Optische Hilfen spornen die Kreativität an und erleichtern eine straffe Punkteabwicklung! Hierfür sollten Sie als Moderator einfache Techniken für eine übersichtliche Schnelldarstellung von Abläufen und Diagrammen beherrschen (siehe Abbildung 5.02).

Gehen Sie **Gruppenproblemen** nach, sobald Sie diese bei einer Projektsitzung erkennen! Beispiele: Teilnehmer halten Informationen absichtlich zurück. Äußerungen werden laut: „So haben wir uns das nicht vorgestellt…"; „Ich sehe Probleme auf uns zukommen…".

Nicht zufriedengeben dürfen Sie sich als Projektleiter mit Antworten, die als „Killerphrasen" allseits bekannt sind. Sie werden von Sitzungsteilnehmern gern zur Ablehnung unbequemer Vorschläge verwendet. Anbei einige Kostproben:

- Theoretisch gut, aber in der Praxis nicht realisierbar…
- Bisher ist es auch ganz gut so gegangen…
- Sie stellen sich das zu einfach vor…
- Da haben schon andere daran herumgemacht…
- Es wird auf keinen Fall funktionieren…
- Übernehmen Sie die Verantwortung für diese Änderung?…

Gegenüber solchen Killerphrasen sollten Sie schlagfertige Antworten parat haben. Sie sollten möglichst sachlich sein, aber dem anderen klar machen, daß Sie mit die-

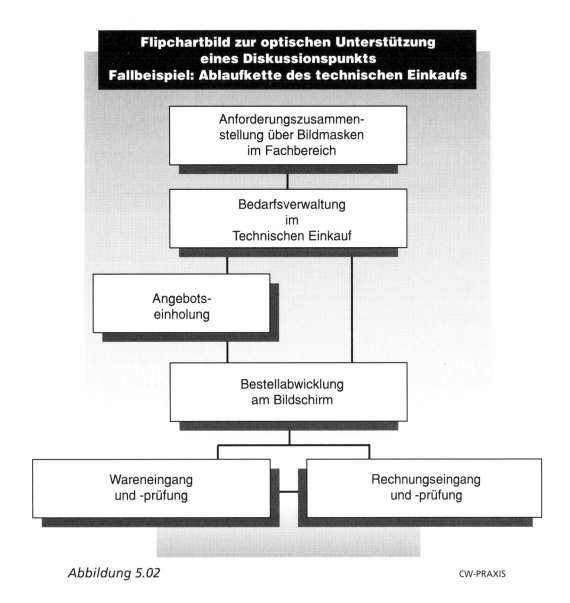

Abbildung 5.02   CW-PRAXIS

ser Antwort nicht zufrieden sind. Antwortbeispiel auf die Feststellung Ihres Partners: „Theoretisch gut, aber in der Praxis nicht realisierbar": „Wenn Sie selbst der Auffassung sind, daß der Vorschlag grundsätzlich gut ist, sollten wir uns detailliert darüber unterhalten, welche Gründe nach Ihrer Ansicht einer Realisierung noch entgegenstehen."

2. Fragetechniken zur Verbesserung der Gesprächs- und Sitzungsabwicklung

Grundkenntnisse der Fragetechnik gehören zum Methodenrepertoire eines Sitzungsmoderators:

- Mit Fragen hat der Moderator „das Heft in der Hand" und kann einen Sitzungspunkt aktiv gestalten.
- Mit geeigneten Fragen kann er seinen Gesprächspartner motivieren.
- Mit den richtigen Fragen kann der Moderator die Richtung eines Themas flexibel bestimmen.
- Fragen schaffen eine Vertrauensbasis!

Die Erlernung der Fragetechnik ist nicht schwierig. Im Mittelpunkt muß die ständige praktische Anwendung stehen! Nach kurzer Zeit beherrscht der Moderator die Fragetechnik wie das Autofahren: Er weiß, welche Fragearten „zum Anfahren" nötig sind. Er kann Fragen formulieren, wenn „der Motor stottert", das heißt, wenn der Sitzungspartner nicht aus sich heraus geht. Schließlich kann er Fragen „zum Abbremsen" stellen, wenn genügend über einen Punkt diskutiert worden ist.

Im Mittelpunkt einer Sitzungsmoderation stehen folgende Fragearten:

- Durch eine **offene Frage** soll der Gesprächspartner dazu ermuntert werden, seine Meinung zum Ausdruck zu bringen.
  Beispiele: „Wie ist Ihre Auffassung zu diesem Punkt?"
  „Welche Erfahrungen haben Sie damit gemacht?"
  „Können Sie dazu ein Beispiel nennen?"

- Durch eine **provokative Frage** soll der Gesprächspartner bewußt zur Präzisierung oder zum Widerspruch angeregt werden, wenn er sich nur oberflächlich oder verschwommen zu einem Punkt geäußert hat.

  Beispiele: „Ist es Ihnen denn gleichgültig, ob Ihre Berechnungen falsch sind?"
  „Wollen Sie überhaupt bei so vielen Mißständen weiterarbeiten?"

- Eine **geschlossene Frage** ist zu stellen, wenn über einen Punkt ausreichend diskutiert worden ist und ein Gesprächspartner sich nun endgültig festlegen sollte.
  Beispiele: „Sind Sie nun eigentlich für oder gegen diese Lösung?"
  „Stimmen Sie diesem Punkt zu?"

- **Suggestivfragen**, bei denen der Moderator die gewünschte Antwort bereits durchblicken läßt, sollte er vermeiden.
  Beispiel: „Sie sind doch auch der Auffassung, daß mindestens eine Rechnungskopie aufbewahrt werden muß?"

Es gibt weitere Fragearten, mit denen ein Moderator die Kunst der Fragetechnik bei Sitzungen und auch bei Interviews verfeinern kann:
- Überraschungsfragen,
- Doppel- und Kettenfragen,
- Alternativfragen,
- Fangfragen,
- Kontrollfragen,
- Gegenfragen und so weiter.

Eine ausführliche Besprechung dieser Thematik findet ein Projektleiter in der Ausbildungsliteratur für Organisatoren (zum Beispiel in der Literaturquelle S 3).

3. Sitzungsteilnehmer richtig behandeln

Die richtige Behandlung von Besprechungsteilnehmern durch den Projektleiter kann über Erfolg oder Mißerfolg einer Sitzung entscheiden! Falls er Teilnehmer noch nicht ausreichend kennt, muß er sich über sie möglichst schnell ein klares Bild verschaffen, um sie richtig ansprechen und produktiv in die Sitzung einbinden zu können.

Eine schnelle Beurteilung und zutreffende Einordnung eines Sitzungsteilnehmers ist aufgrund seiner Meinungsäußerungen, seiner Körpersprache und Mimik, seines Benehmens und seiner Gruppenbeziehungen zu anderen Besprechungsteilnehmern möglich. Am schwierigsten sind natürlich passive Sitzungsteilnehmer zu beurteilen.

LERNABSCHNITT 5

Das Erfolgspotential einer Sitzung hängt weitgehend davon ab, ob es Ihnen als Sitzungsmoderator gelingt, die Teilnehmer aufgrund ihrer persönlichen Eigenschaften, ihrer Kenntnisse und ihrer Erfahrungen so anzusprechen und einzusetzen, daß ihre positiven Seiten voll ausgenutzt werden und ihre negativen Punkte nicht zum Durchbruch kommen.

Ein erstes Verhaltensprofil können Sie als Projektleiter durch Überlegungen mit den folgenden Schwerpunkten erhalten:

Einen kooperativen und aktiven Teilnehmer erkennen Sie aufgrund dieser typischen Verhaltensmerkmale:

- Er macht selbst sachliche Vorschläge und begründet sie.
- Er gibt Auskünfte und bietet Informationen an.
- Er unterstützt Vorschläge anderer Sitzungsteilnehmer.
- Er zeigt Verständnis für andere Meinungen.
- Er trägt zur Klärung von Mißverständnissen bei.
- Er fügt sich Mehrheitsentscheidungen und trägt sie.

Ein aggressiver, profilierungssüchtiger und unzufriedener Teilnehmer wird charakterisiert durch folgende Verhaltensäußerungen:

- Er reagiert aggressiv und beleidigend und verweigert seine Zustimmung.
- Er versucht sich zu profilieren und durchzusetzen, wobei ihm alle Mittel recht sind.
- Er hält sich nicht an die Spielregeln und Tabus der Gruppenarbeit.
- Er nimmt keine Rücksicht auf die Gefühle anderer Teilnehmer und macht oft ihre Vorschläge lächerlich.

Unsicherheit und ein Kenntnis- oder Intelligenzdefizit (möglicherweise auch ein Lernbedarf!) eines Teilnehmers läßt sich aus folgendem Verhalten ableiten:

- Teilnehmer hält sich über Gebühr zurück und stellt höchstens Fragen.
- Er hat keine eigene Meinung und schließt sich immer der Mehrheit an.

Einige praktische Anregungen kann der Projektleiter von der anschließend dargestellten Charakteristik typischer Teilnehmertypen ableiten. Selbstverständlich handelt es sich um Extreme. In der Praxis wird häufig eine Mischung verschiedener Typen mit unterschiedlichem Schwergewicht vorliegen.

Abbildung 5.03

Bemerkungen zu den einzelnen Teilnehmertypen

Der Streitsüchtige

Charakteristik: Dieser Typ ist sehr leicht aufgebracht. Aus oft nichtigem Anlaß heraus versucht er, sich mit dem Konferenzleiter anzulegen.

Behandlung: Der Konferenzleiter sollte auf keinen Fall sich mit dem Streitsüchtigen in eine Diskussion einlassen, sondern dessen Einwendungen an das „Plenum" weitergeben.

Er sollte einen Streitsüchtigen auffordern, selbst zu Behauptungen Stellung zu nehmen. Im äußersten Fall sollte er ihn negieren und links liegen lassen.

Der Positive

Charakteristik: Er ist sachlich und steht dem Besprechungsziel positiv gegenüber. Er unterstützt den Sitzungsleiter.

LERNABSCHNITT 5

Es kann jedoch vorkommen, daß er vorschnell „Ja" sagt; es besteht dadurch die Gefahr, daß er „umfällt".

Behandlung: Der Positive ist eine Hauptstütze jeder Besprechung. Auf ihn kann der Sitzungsleiter rechnen. Er wird ihn besonders dann ansprechen, wenn er Unterstützung benötigt.

Der Positive eignet sich zum Zusammenfassen eines Punktes nach einer allgemeinen Diskussion.

Der Besserwisser

Charakteristik: Es sind oft unerfahrene aber ehrgeizige Mitarbeiter, die sich ständig als Besserwisser profilieren möchten, ohne die nötige Sicherheit zu haben.
Sie wissen angeblich für alles eine Antwort. Sie behaupten oft mehr als sie wissen.

Behandlung: Besserwisser müssen nicht stimuliert werden; sie melden sich von selbst. Der Konferenzleiter sollte sie drängen, Behauptungen zu beweisen.

Für eine Protokollführung dürfte sich ein Mitarbeiter dieses Typs gut eignen, da er dadurch von einem zu häufigen Eingreifen etwas abgelenkt wird.

Der Redselige

Charakteristik: Zum Teil sind es ältere Führungskräfte, die zwangsläufig aufgrund ihrer Stellung an Besprechungen teilnehmen. In gutmütiger Form nehmen sie eine Sitzung zum Anlaß, aus ihrer meist reichen Erfahrung heraus in epischer Breite ein Thema zu behandeln.

Der Nachteil dieses Typs ist seine Oberflächlichkeit. Daneben kostet die Redseligkeit viel Zeit.

Behandlung: Durch einen direkten Hinweis sollte die Redezeit eines solchen Mitarbeiters beschränkt werden, was er meist einsieht, aber bald wieder vergißt.

Darüber hinaus eignet er sich als „Pausenfüller", wenn die anderen eine Denkpause benötigen oder niemand zu einem Punkt etwas einfällt.

Der Schüchterne

Charakteristik: Sachbearbeiter, die wegen ihres Fachwissens an einer Besprechung teilnehmen, wagen es manchmal nicht, neben ebenfalls anwesenden Führungskräften das Wort zu ergreifen, wenn es erforderlich ist. Sie sind vielleicht auch nicht so wortgewandt und redeerfahren.

Behandlung: Schüchternheit läßt sich nur schrittweise abbauen. Der Konferenzleiter sollte den Schüchternen immer wieder direkt ansprechen, um ihm Selbstsicherheit zu geben. Er sollte ihm jedoch keine zu umfangreichen Ausführungen zumuten. Gegenüber anderen Typen, beispielsweise dem Streitsüchtigen, Besserwisser oder Ausfrager, sollte er den Schüchternen in Schutz nehmen, da dieser sich sonst noch stärker „in sein Schneckenhaus verkriecht".

Der Ablehnende

Charakteristik: Es handelt sich um einen von Natur aus oder durch schlechte Erfahrungen halsstarrigen, negativen Typ. Er kann zwar auf seinem Gebiet gut beschlagen sein, sieht jedoch in allen vorgebrachten Punkten nur das Negative. Er hat an allen positiven Beiträgen anderer Teilnehmer etwas herumzunörgeln, ohne selbst konstruktive Beiträge zu liefern.

Behandlung: Der Konferenzleiter sollte dann an den Ablehnenden herantreten, wenn es gilt, einen Punkt auf seine negativen Seiten hin zu beleuchten.
Er wird hauptsächlich mit Beurteilungsfragen an ihn herangehen.

Lernabschnitt 5

Der Dickfellige

Charakteristik: Diesem Typ scheinen die ganzen Punkte der Sitzung gleichgültig zu sein. Er läßt die gesamte Diskussion an sich abgleiten. Dabei können wir ihm ein ausreichendes Fachwissen auf seinem Sektor unterstellen.

Behandlung: Der Dickfellige muß vom Sitzungsleiter unmittelbar mit Fragen aus seinem Arbeitsgebiet angesprochen werden. Durch provokative Fragen ist er aus seiner Lethargie herauszulocken.

Der Erhabene (das „große Tier")

Charakteristik: Es handelt sich möglicherweise um einen Statusträger, der sich weit über den anderen wähnt und sich einbildet, einen größeren Gesichtskreis als die anderen Teilnehmer zu haben.
Er ist bei direkten Fragen leicht beleidigt.

Behandlung: Der Konferenzleiter sollte sich mit diesem Teilnehmertyp möglichst nicht anlegen, sondern sich seine wahrscheinlich auch vorhandenen positiven Seiten nutzbar machen. Beispielsweise sollte er angesprochen werden, wenn es darum geht, einen Punkt aus übergeordneter Sicht zu beleuchten oder um Einzelthemen zu koordinieren.

Der Ausfrager

Charakteristik: Ausfrager in einer Besprechung rekrutieren sich häufig aus jüngeren Mitarbeitern, die oft als Vertreter für Führungskräfte zu einer Besprechung geschickt werden und sie als Plattform für ihre Weiterbildung oder für ein Verfechten privater Auffassungen benützen.

Behandlung: Da seine Fragen oft mit dem Besprechungsziel nichts zu tun haben, sollte ein Ausfragertyp vom Konferenzleiter rechtzeitig gebremst werden. Das kann am besten durch ein Rückgeben von Fragen geschehen.

Sofern genügend Fachwissen vorliegt, sollte der Ausfrager durch die Übernahme des Protokollführers in seinen Aktivitäten etwas gebremst werden.

Anschließend dürfen wir darauf hinweisen, daß es neben diesen typischen Charakteren noch andere gibt, die hier nicht erwähnt sind. Dazu gehört beispielsweise der **Mitläufer**, dessen einzige produktive Aufgabe möglicherweise darin besteht, in der Besprechung für eine Partei als „Stimmvieh" zu dienen. Auf Teilnehmer dieser Art sollte der Projektleiter aber möglichst verzichten.

4. Schwachstellen bei Arbeitssitzungen – und wie man sie vermeidet

Bei der Abwicklung von Besprechungen treten häufig Schwachstellen und Störungen auf. Die „Informationskultur" läßt oft erheblich zu wünschen übrig.

> *Wenn ein Projektleiter eine Besprechung leitet, muß er durch eine gründliche Vorbereitung und eine straffe Abwicklung versuchen, möglichst viele dieser typischen Stolpersteine von vornherein zu umgehen oder bei ihrer Feststellung im Entstehungsstadium auszuschalten.*

Unklare Zielsetzungen, eine unzureichende sachliche Vorbereitung des Moderators und der Teilnehmer oder eine unpassende Teilnehmerzusammensetzung sind bereits im Planungsstadium einer Besprechung erhebliche Risikofaktoren!

Durch eine klare Tagesordnung und eine straffe Diskussionsführung lassen sich viele der üblichen „Untugenden" vermeiden, wenn der Besprechungsleiter die Grundlagen der Moderationstechnik beherrscht.

Worin liegen die typischen Ursachen für ineffiziente Arbeitstagungen? In einem Brainstorming eines Firmentrainings für DV-Projektleiter redeten sich diese „aus dem Stand heraus" etwa 20 alltägliche Spannungspunkte von der Seele! Hier sind die auf Steckkärtchen festgehaltenen Klagen:

Sammlung typischer Mängel bei Arbeitsbesprechungen
(1) Tagesordnung zu umfangreich
(2) Ungenügende Vorbereitung und Vorkenntnisse der Teilnehmer
(3) Schlechte Tageszeit für die Besprechung
(4) Unentschuldigtes Fehlen eines Teilnehmers
(5) Mangelhafte Durchführung der vergebenen Hausarbeiten
(6) Zu spätes Erscheinen von Teilnehmern
(7) Es erscheint nur ein Stellvertreter des geladenen Mitarbeiters
(8) Vorbeireden an Tagesordnungspunkten
(9) Störende Privatgespräche
(10) Austragung persönlicher Streitigkeiten und Machtkämpfe
(11) Ständiges „Widerkäuen" der gleichen Probleme
(12) Zu großer Zeitdruck bei der Durchsprache der Besprechungspunkte
(13) Laufende Störungen durch „Piepser" und Abberufung
(14) Vorgesetzte „kehren sich heraus"
(15) Profiliersucht und Aggressivität von Teilnehmern
(16) Festhaken einzelner Teilnehmer an unwichtigen Details („Mücke zum Elefant gemacht")
(17) Zu lange Monologe einzelner Teilnehmer
(18) Ungleicher Informationsstand, der zu zahlreichen Fragen führt
(19) Monoton abgewickelte Mammutsitzungen führen zu Langweile und mangelnder Kreativität
(20) Passive Teilnehmer und destruktive Kritiker

LERNMODUL 5.3 WIRKUNGSVOLLE PRÄSENTATION

Präsentationen sind Zweckvorträge, die der Meinungsbildung, Entscheidungsvorbereitung und Stellungnahme dienen. Sie finden überwiegend vor der Geschäftsleitung oder Führungskräften und Sachbearbeitern von Fachbereichen statt.

LERNABSCHNITT 5

In DV-Projekten sind Präsentationen neben Berichten wichtige Verkaufsinstrumente der Arbeitsergebnisse! Von einer gelungenen Präsentation hängt oftmals der Erfolg und die weitere Durchführung des Projekts oder Akzeptanz und Umsetzung eines Systemkonzepts ab.

Präsentationen unterscheiden sich von Fachvorträgen, welche der reinen Wissensvermittlung dienen. Doch gehen beide in vielen Punkten ineinander über, und es gelten teilweise die gleichen Regeln.

In diesem Lernmodul erfährt der Projektleiter
- wie man einen Präsentationsfahrplan aufstellt,
- wie man eine Präsentation zeitsparend komponiert und auf die Zielgruppe ausrichtet,
- wie man Visualisierungsmedien wirkungsvoll und richtig einsetzt.

1. Abwicklungsschritte einer Präsentation

Eine Präsentation ist ebenso wie ein Vortrag gründlich vorzubereiten. Sie besteht in ihrem Aufbau aus
- einer Einleitung
- einem oder mehreren Hauptteilen
- und einem Abschluß.

In allgemeiner Form sind die standardisierten Abwicklungsschritte in der anschließenden Übersicht (Abbildung 5.04) zusammengefaßt. Den logischen Ablaufschritten sind die psychologischen Gesichtspunkte zugeordnet, die der Projektleiter ebenfalls beachten muß.

Wichtig bei der Vorbereitung einer Präsentation ist eine klare Zielsetzung, die mit der Präsentation angestrebt wird und eine durchgehende Ergebnisorientierung. Es empfiehlt sich, die dargestellte logische Gedankenkette zu verfolgen und als Rückgrat der Präsentation zu benutzen (siehe Abbildung 5.05).

LERNABSCHNITT 5

Diese Punkte muß der Projektleiter bei der Präsentation berücksichtigen

Checkliste zum Aufbau einer Präsentation		
Grobgliederung	Logische Gesichtspunkte	Psychologische Gesichtspunkte
Vorbereitung	Festlegung Vortragsziele Gliederungspunkte Dauer Diskussionsvorbereitung	Interessen der Teilnehmer Mögliche Gegenargumente der Teilnehmer
Einleitung	Thema angeben Warum spreche ich? Worum geht es?	Dem Hörerkreis angepaßte Begrüßung Kontakt: aktuell lokal
Hauptteil	Ausgangslage Vorhandene Mängel Lösungsmöglichkeiten? Was kann erreicht werden? Wie kann es erreicht werden? Zahlen, Beweise	Einprägsame Vergleiche Bildhafte Beispiele Demonstrationsmaterial Gedankliche Aktivierung der Zuhörer „Wir-Gefühl"
Abschluß	Konzept darlegen Maßnahmenkatalog: Was ist nun zu tun: Erstens, zweitens … Zusammenfassung	Von Vorteilen überzeugen Wünsche ansprechen Handlungen auslösen Annehmbare Vorschläge unterbreiten Offene Fragen als Übergang zur Diskussion

Abbildung 5.04   CW-PRAXIS

Eine Präsentation hat gegenüber Vorträgen und sonstigen Schulungsaktivitäten einen höheren Schwierigkeitsgrad, weil in zeitlich gerafter Form ein bestimmtes Ergebnis erzielt werden soll. Ein Fehlschritt während einer Präsentationsdarbietung läßt sich meist nicht wieder gutmachen!

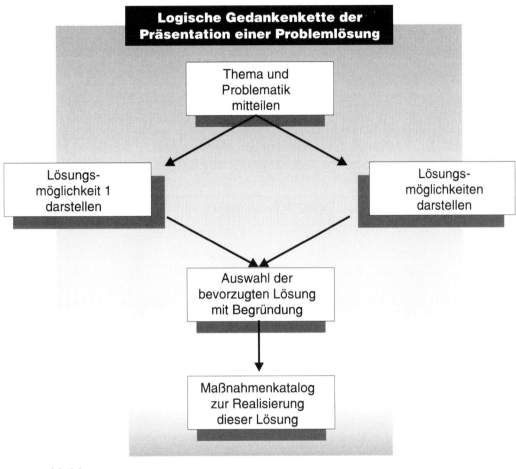

Abbildung 5.05 CW-PRAXIS

2. Wichtige Präsentationsregeln

Um eine Präsentation wirkungsvoll zu gestalten, sind mehrere Regeln zu beachten:
- Passen Sie sich in der Sprache und im Niveau des Vortrags der Denkweise Ihres Partners an.
- Verwenden Sie übersichtliche optische Hilfsmittel (Flipcharts, PC-Bildfolgen oder Tageslichtfolien)
- Heben Sie die Interessen Ihres Partners an dem präsentierten Stoff hervor.
- Weisen Sie auf offene Problemzonen und Kompromisse in einem Lösungsvorschlag hin.
- Vermeiden Sie einen übertriebenen Optimismus.

- Teilen Sie Ihre Zeit so ein, daß für den Vortrag nur etwa ein Drittel der Zeit benötigt wird und der Rest für eine anschließende Diskussion zur Verfügung steht. Doch sollten Sie (nicht zuletzt zur eigenen Beruhigung) noch ausreichend Reservestoff bereit haben.

Häufig enthält ein Vorschlag Alternativen, auf die sich der Entscheidungsprozeß bei einer Präsentation konzentriert. Es ist wichtig, maximal drei Alternativen anzubieten und diese beim Vortrag objektiv gegeneinander abzuwägen.

Nehmen an der Präsentation mehrere Projektmitarbeiter teil, darf es auf keinen Fall vorkommen, daß sie sich in Aussagen vor Dritten widersprechen.

Wichtig für eine Präsentation ist der Anfang und das Ende. Schreiben Sie sich die ersten drei Sätze für den Anfang und für das Ende wörtlich auf, so daß Sie notfalls darauf zurückgreifen können!

Sprechen Sie nach Möglichkeit frei. Benutzen Sie nur ein gut gegliedertes stichwortartiges Manuskript. Sie kommen dann erst gar nicht in Versuchung, Ihren Stoff abzulesen.

Achten Sie auf eine gute und für den Zuhörer übersichtliche Gliederung. Unterscheiden Sie klar zwischen allgemeingültigen Ausführungen und zwischen Beispielen. Stellen Sie dem Zuhörer immer wieder die Zusammenhänge dar.

Es hat sich in den meisten Fällen als vorteilhaft erwiesen, Handouts und Unterlagen – beispielsweise einen Anwendungsentwurf – an Teilnehmer erst nach einer Präsentation auszuhändigen und nicht schon zuvor. Andernfalls kann die Aufmerksamkeit zu wünschen übrig lassen, weil Teilnehmer sich mehr auf die Unterlagen als auf die Präsentation konzentrieren.

3. Checkliste für den Referenten

Fast ebenso wichtig wie die Präsentation ist der Referent, der den Inhalt vorträgt: Wird er von den Zuhörern als sympathisch empfunden? „Kommt er an"? Die folgenden Checklistenpunkte lehnen sich teilweise an einen Zeitschriftenartikel von R.H. Ruhleder an: „Wichtiger als die Rede ist der Redner".

(1) **Wie ist mein Auftreten und meine Körperhaltung?**
Bin ich konzentriert und beherrscht? Stehe ich aufrecht und ruhig und „zapple" ich nicht? Auf keinen Fall dürfen Sie die Hände in die Hosentaschen stecken oder auf dem Rücken verschränken. Suchen Sie für Ihre Hände möglichst festen Halt. Vermeiden Sie theatralische Handbewegungen oder ein ständiges Herumfummeln mit den Händen!

(2) **Halte ich einen ausreichenden Blickkontakt mit den Zuhörern?**
Wende ich mich abwechselnd mit dem Blick an die Zuhörer in der Mitte und auf den beiden Flanken (ohne daß es zu einem Gießkannenblick ausartet)? Fühlen sich die Zuhörer durch meinen Blick angesprochen?

(3) **Wie ist meine Sprechtechnik?**
Spreche ich normal mit meiner üblichen Stimmhöhe (kein Schreiverhalten)? Ist das Tempo des Sprechens richtig? Mache ich nach jedem Satz eine ausreichende Sprechpause? Bin ich zu monoton?

(4) **Strahle ich Sicherheit aus und zeige ich Engagement?**
Beachte ich, daß ein nervöser, fahriger Referent den brillantesten Präsentationsinhalt zunichte machen kann! Zeige ich eine positive innere Einstellung zum Thema, weil meine Zuhörer auch ihre eigene Meinungsbildung stark davon abhängig machen?

(5) **Stimmt meine Zeiteinteilung?**
Bin ich noch im Zeitplan? Zeitüberschreitungen sind bei Zuhörern sehr unbeliebt! Deshalb notfalls unwichtige Stoffteile auslassen!

Die persönliche Ausstrahlung des Referenten, der Aufbau eines Sympathiefeldes und die Erarbeitung der Akzeptanz sind Präsentationskomponenten von hohem Stellenwert.

4. Verwendung optischer Hilfsmittel und aktiver Arbeitstechniken

Eine Präsentation gewinnt wesentlich, wenn der Referent optische Hilfsmittel zur Visualisierung seiner Darlegungen einsetzt. Hierfür stehen ihm heute in erster Linie Flipcharts, PC-Bildfolgen und Overheadfolien zur Verfügung.

Was kann durch eine Visualisierung erreicht werden?

- Der Zuhörer bekommt wesentliche Zusammenhänge und Schwerpunkte zusätzlich in einprägsamer optischer Form dargeboten. Das erhöht sein Aufnahmevermögen und führt zu einer besseren Vorstellungskraft.

- Mit Hilfe von Bildern, Schautafeln und Skizzen lassen sich schwierige Zusammenhänge und Verfahren vom Referenten oft besser erklären als bei ausschließlicher Verwendung der Sprache.

- Flipcharts und Klarsichtfolien sind für den Referenten selbst eine Gedächtnisstütze. Sie erlauben ihm ohne Manuskript einen freien Vortrag. Sie stellen also für ihn einen roten Faden dar.

Flipcharts sind für eine Präsentation dann vorteilhafter, wenn mehrere von ihnen während der ganzen Präsentation im Gesichtsfeld der Zuhörer hängen sollen. Es ist nicht nötig, daß Flipcharts „mit dem letzten Schliff" gezeichnet werden. Es schadet nichts, wenn man ihnen die geplante Einmalverwendung ansieht. Selbstverständlich werden sie handschriftlich ohne Benutzung einer Schablone beschriftet.

Mehrere Farben sind zu empfehlen. Groß-/Kleinschreibung wirkt auf Mitarbeiter von Anwenderabteilungen angenehmer als ausschließliche Großbuchstaben.

Bei der Verwendung von Flipcharts muß der Referent darauf achten, daß er den Zuhörern nicht den Rücken hinstreckt. Hierzu gehören etwas Übung und ein Zeichenstab.

Klarsichtfolien sind leichter zu erstellen. Von einer Papiervorlage läßt sich auf Kopiergeräten eine Folie maschinell erstellen. Der Referent muß darauf achten, daß bei der Verwendung von Overheadfolien eine passende Leinwand oder helle Zimmerwand zur Verfügung steht. Normale Schreibmaschinenschrift ist nur bei sehr lichtstarken Geräten für Overheadfolien geeignet.

5. Aktive Arbeits- und Entscheidungsmethoden

Eine qualitative Verbesserung der Präsentation läßt sich erreichen, wenn die Zuhörer aktiv in den Meinungsbildungs- und Entscheidungsprozeß einbezogen werden. Vorteilhaft wirkt sich hierbei auch der Spielcharakter solcher Arbeitsmethoden aus. Wir wollen an dieser Stelle einige Methoden schlagwortartig aufzählen:

- Anonyme Meinungsabfragen mit Hilfe eines Punktesystems
- Ein Brainstorming unter Verwendung von Kärtchen, die an eine Pinwand gesteckt werden
- Auswahlverfahren, bei denen die Teilnehmer selbst die Bewertung vornehmen

Die angewandten Methoden müssen für die Teilnehmer leicht verständlich sein. Die aktive Beteiligung der Präsentationsteilnehmer muß ohne umfangreiche Vorbereitungen und Erklärungen aus dem Stegreif möglich sein.

6. Praktisches Beispiel einer Präsentation

Ausgangssituation

Sie sind Projektleiter im Verkaufsbereich eines Großhandelsunternehmens. In dem DV-Projekt hat die Systemeinführungsphase begonnen. Zehn Sachbearbeiterinnen, welche die Auftragserfassung durchführen, sollen mit Bildschirmgeräten ausgerüstet werden. Der zuständige Einkäufer hat zwei Angebote für Bildschirm-Arbeitstische eingeholt:

– Eine Einfachstausführung ohne jeglichen Komfort, ohne Höhenverstellbarkeit, ohne Fußstützen und ohne sonstige funktionelle Hilfen. Dafür kostet diese Ausführung nur DM 800,– je Stück.

Lernabschnitt 5

– Einen ansprechenden Funktionstisch in einem modernen Design und mit allen wünschenswerten ergonomischen Hilfen, besonders einer sehr eleganten Höhenverstellbarkeit zur Anpassung an die unterschiedlichen Größen der Mitarbeiterinnen. Ein solcher Bildschirm-Arbeitstisch kostet allerdings DM 1900,– je Stück.

Aus mehreren Gründen möchten Sie die bessere Ausführung haben. Die Mitarbeiterinnen sind von dem Projekt ohnehin nicht begeistert, weil sie Nachteile und mehr Streß befürchten. Es ist zu erwarten, daß sie gegen die Billigausführung protestieren und möglicherweise unter allen möglichen Vorwänden die Einführung des neuen Systems behindern werden.

Das Thema steht für die nächste Lenkungsausschußsitzung auf der Tagesordnung. Sie befürchten, daß die Mitglieder dieses Ausschusses sich aus Preisgründen für die Billiglösung entscheiden werden, weil die Projektkosten ohnehin das veranschlagte Budget weit überschritten haben. Die bisherigen Projektkosten belaufen sich auf DM 340.000,–.

Sie wollen in einer Kurzpräsentation erreichen, daß der Lenkungsausschuß grünes Licht für die Beschaffung der besseren, allerdings teureren Funktionsmöbel gibt. Sie bereiten nach den Regeln dieses Trainingsbuchs eine Präsentation vor.

Sie gehen von der anstehenden Problematik aus. Sie stellen die beiden Lösungsalternativen gegenüber. Sie begründen, warum Sie die bessere Lösung auswählen und unterstreichen dies mit zusätzlichen Zahlenbeispielen. Als Maßnahme schlagen Sie die sofortige Entscheidung vor.

Präsentationsvorschlag

„Meine Damen und Herren,
in diesem Tagesordnungspunkt geht es um die zehn Bildschirm-Arbeitstische für die Mitarbeiterinnen der Auftragserfassung. Die Bildschirme treffen in zwei Wochen ein. Zu diesem Zeitpunkt sollten auch die Bildschirm-Arbeitstische aufgestellt sein.

Der Einkauf hat entsprechend Ihrem Wunsch zwei Angebote eingeholt, die ich gegenüberstellen darf. Das erste Angebot umfaßt eine Einfach-Ausführung eines Bildschirm-Arbeitsplatzes, die mit DM 800,– je Stück außerordentlich preisgünstig ist. Allerdings hat diese Ausführung drei Nachteile:

- Der Tisch hat keine Höhenverstellbarkeit.
- Es sind keine Fußstützen vorhanden.
- Die Tastaturplatte läßt sich nicht herausziehen.

Besonders nachteilig ist die fehlende Höhenverstellbarkeit. Ich darf dies an einer Flipchart-Skizze darstellen. Es ist zu befürchten, daß die Mitarbeiterinnen bei dieser Lösung bald über Rückenschmerzen und Sehschwierigkeiten klagen werden.

Das zweite Angebot ist ein Funktionstisch, der drei Besonderheiten aufweist, die ich ebenfalls als Skizze dargestellt habe.

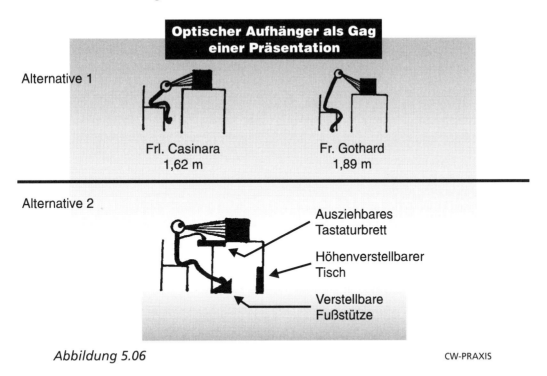

Abbildung 5.06

Bei allen drei Besonderheiten handelt es sich keineswegs um reine Komfortpunkte, sondern um funktionelle Lösungen, wie sie in jeder Ergonomieschrift als Forderung enthalten sind.

Lernabschnitt 5

Der Preis für die Funktionstische ist auf den ersten Blick mit DM 1.900,– je Stück nicht gerade niedrig. Der Unterschied zu den Einfachtischen beträgt insgesamt DM 11.000,–. Diesem Mehrpreis muß man aber auch die Vorteile gegenüberstellen:

– Voraussichtlich weniger Klagen über Beschwerden über Sehschwierigkeiten und Rückenschmerzen.

– Weniger Frustration, die mit Sicherheit bei der Einfachlösung in der Auftragsabteilung eintreten würde. Wie Sie wissen, handelt es sich ohnehin um die sensibelste Stelle im ganzen Unternehmen mit einem durchschnittlichen Krankheitsstand von 14 Prozent.

Wenn es uns gelingt, durch eine körpergerechte und motivierende Möblierung den durchschnittlichen Krankheitsstand einer Mitarbeiterin um drei Tage herunterzudrücken, dann haben wir bei täglichen Arbeitskosten von DM 200,– den Betrag bereits in einem einzigen Jahr wieder hereingeholt.

Aus den genannten Gründen schlägt das Projektteam deshalb die Beschaffung der Funktionstische vor. Wenn die Mitglieder des Lenkungsausschusses einverstanden sind, nehmen wir diesen Punkt ins Protokoll auf, so daß die Schreibtische morgen vom Einkauf bestellt werden können."

Lernmodul 5.4 Berichts- und Protokolltechniken

Das Ergebnis einer Sitzung oder einer Anwendungsentwicklung muß der Projektleiter häufig in Berichtsform dokumentieren und weiterleiten. Unter Berichtstechniken versteht man die Regeln zur inhaltlichen und formalen Gestaltung von Berichten jeder Art vom einfachen Protokoll bis zum anspruchsvollen DV-Pflichtenheft, Integrationsmodell oder Anwendungsentwurf.

In diesem Lernmodul haben wir einige zentrale Gesichtspunkte zur Berichtserstellung zusammengestellt. Sie gelten für jede Berichtsart eines Projektfachmanns.

1. Grundsätze zur Berichtserstellung und -gestaltung

Die folgenden Abschnitte zeigen in der Form einer Checkliste die bei einer Berichtserstellung zu beachtenden Grundsätze.

Allgemeine Grundsätze

- Jeder Bericht ist empfängerorientiert zu erstellen. Er muß in seinem Niveau auf die Erwartungen seines Empfängerkreises, nicht des Absenders, ausgerichtet sein.

- Jeder Bericht hat eine bestimmte Zielsetzung. Aufbau und Inhalt müssen auf diese Zielsetzung ausgerichtet werden.

- Ein Bericht führt nicht nur bei der Erstellung, sondern auch beim Lesen und bei der Auswertung zu einem oft erheblichen Zeitaufwand. Die Devise jedes Berichts muß deshalb lauten: So kurz wie möglich und nur so lang, wie dies zum Verständnis des Lesers unbedingt nötig ist.

Regeln zur inhaltlichen Berichtsgestaltung

- Achten Sie auf einen logischen Aufbau eines Berichts! Häufig ist dies der Weg vom Problem über die Lösung bis zu den zu treffenden Maßnahmen.

- Stellen Sie die Behandlung von Kernfragen vom Umfang der Abhandlung her in den Mittelpunkt.

- Stellen Sie Zusammenhänge in übersichtlicher Form dar.

- Handeln Sie nach dem Prinzip: Vom Groben schrittweise zum Feinen vorgehen.

- Sachliche Fehler sind unbedingt zu vermeiden.

- Alle Aussagen sind konkret und präzise zu fassen.

- Ein Bericht darf nicht in seinem Kern eine Arbeitsrechtfertigung darstellen.

- Verfahren, Regeln und ähnliches sollten möglichst immer durch anschließende Beispiele untermauert werden.

- Bringen Sie bei einer Entscheidungsunterlage nicht zu viele Varianten; nennen Sie die von Ihnen favorisierte Variante und begründen Sie diese.

- Werden in einem Bericht Vorteile aufgezählt, sollten auch mögliche Nachteile einer Systemvariante nicht verschwiegen werden. Versuchen Sie, Vor- und Nachteile zu gewichten.

Regeln zur formalen Berichtsgestaltung

- Eine attraktive Aufmachung ist für einen Bericht ein Verkaufsargument (unterschiedliche Farbe der Blätter, Leitkartons, übersichtliches Inhaltsverzeichnis und so weiter).

- Achten Sie darauf, daß der Berichtsstil flüssig ist. Bilden Sie kurze Sätze und vermeiden Sie schwer lesbare Verschachtelungen von Sätzen.

- Verwenden Sie möglichst wenig Abkürzungen; eventuell sollte ein Abkürzungsverzeichnis an das Inhaltsverzeichnis angehängt werden.

- Vermeiden Sie gegenüber Mitarbeitern von Fachabteilungen den DV-Jargon und schwer verständliche Fremdwörter.

- Jeder Bericht muß einen eindeutigen Verteiler haben und dem Empfänger klar den Verwendungszweck (zur Information, zur Bearbeitung und so weiter) aufzeigen.

- Zur Erhöhung der Lesbarkeit sollten umfangreiche Textpassagen durch grafische Darstellungshilfen unterbrochen werden. Sie sind häufig leichter lesbar und aussagefähiger als Fließtext.

- Umfangreiche und wichtige Berichte sollten vor ihrer Veröffentlichung durch eine zweite Person in der Abteilung gelesen werden.

2. Praxishinweise zur Protokollerstellung

Protokolle dienen zum Festhalten von Sitzungsergebnissen. Sie sind keineswegs überflüssiger Papierkram, sondern gehören zu jeder ordentlichen Sitzungsarbeit. Sie können ein Beweismittel darstellen, was in einer Besprechung festgelegt wurde und bei Bedarf auch über Argumente und Hintergründe Auskunft geben. Ohne klare Protokolle werden Problempunkte in Folgesitzungen ständig „wiedergekäut".

Drei Arten von Protokollen werden unterschieden:
- Ablaufprotokolle
- Ergebnisprotokolle
- Kurzprotokolle

Ablaufprotokolle enthalten neben Ergebnissen auch wesentliche Meinungsäußerungen und Argumente. Nachteilig kann ein Ablaufprotokoll für den Empfänger durch seine Länge werden.

Ergebnisprotokolle beschränken sich auf die Darstellung der in einer Besprechung erzielten Ergebnisse und der durchzuführenden Maßnahmen.

Kurzprotokolle sind bei weniger wichtigen Besprechungen üblich. Sie halten in wenigen Sätzen die wesentlichen Ergebnisse fest, ohne daß diese Punkte begründet und detailliert erläutert werden.

Ein Projektverantwortlicher muß am Beginn einer Sitzung den Protokollführer und die gewünschte Protokollart festlegen. Meist reichen Ergebnisprotokolle aus.

Bei wichtigen Protokollen ist zu klären, wer das Protokoll unterschreibt und genehmigt. Sofern in einer Sitzung Beschlüsse gefällt worden sind, muß festgelegt werden, wer die Kontrolle der Ergebnisdurchführung übernimmt.

Lernabschnitt 5

Ein gutes und neutrales Protokoll, über das sich hinterher niemand beschwert („einseitig", „nichtssagend", „inhaltlich nicht verstanden") setzt voraus, daß der Protokollführer fachlich kompetent und während der ganzen Sitzung voll bei der Sache ist. Kardinalfehler in Protokollen sind eine bewußte oder unbewußte Ergebnismanipulation oder eine Unterdrückung wichtiger Aussagen, weil sie dem Protokollführer nicht passen.

Summary

Arbeitsbesprechungen und Sitzungen im Projektteam und mit einem erweiterten Mitarbeiterkreis gehören zum wesentlichen Aufgabenspektrum des Projektleiters. Der Kommunikationsumfang nimmt im Schnitt zwei Drittel seiner Arbeitszeit ein.

Qualifikation und Erfahrungen eines Projektleiters zur effizienten und zeitsparenden Durchführung von Arbeitssitzungen entscheiden oft über Akzeptanz und Projekterfolg!

Projektsitzungen haben unterschiedliche Zielsetzungen. In ihrem Ablauf bestehen sie immer aus den drei Schwerpunkten der Sitzungsvorbereitung, Sitzungsabwicklung und den Sitzungsauswertungen. Ausschlaggebend für den Erfolg einer Sitzung sind eine ausreichende Vorbereitung und eine professionelle Abwicklung der Tagesordnungspunkte.

Bei Arbeitssitzungen nimmt der Projektleiter die Rolle des Sitzungsmoderators wahr. Er ist in dieser Eigenschaft für die fachliche und technische Vorbereitung und eine effiziente Abwicklung verantwortlich.
Optische Hilfen spornen die Kreativität der Teammitglieder an und erleichtern eine straffe Sitzungsabwicklung. Hierfür muß der Projektmoderator einfache Techniken für eine verständliche Darstellung von Abläufen und Diagrammen beherrschen.

Fragetechniken gehören zum Methodenrepertoire des Sitzungsmoderators. Mit geeigneten Fragen hat er „das Heft in der Hand" und kann die Richtung des Themas flexibel bestimmen.

LERNABSCHNITT 5

Die richtige Behandlung von Besprechungsteilnehmern durch den Projektleiter hat einen hohen Stellenwert. Das Erfolgspotential einer Sitzung hängt davon ab, ob es ihm gelingt, die Teilnehmer entsprechend ihren Kenntnissen und persönlichen Erfahrungen so anzusprechen und einzusetzen, daß ihre positiven Seiten voll genutzt werden und negative Eigenschaften nicht zum Durchbruch kommen.

In DV-Projekten sind Präsentationen wichtige Verkaufsinstrumente der Arbeitsergebnisse. Von einer gelungenen Präsentation hängt oftmals der Erfolg und die weitere Durchführung des Projekts ab!

Zur optimalen Präsentationsabwicklung gibt es allgemeingültige Präsentationsregeln. Präsentationskomponenten von hohem Stellenwert sind die persönliche Ausstrahlung des Referenten und der Aufbau eines Sympathiefelds bei den Zuhörern.

Eine Präsentation gewinnt wesentlich, wenn der Präsentationsmoderator geeignete optische Hilfsmittel zur Visualisierung (Flipchart oder Overscreen) einsetzt.

Das Ergebnis einer Sitzung oder einer Projektphase muß der Projektleiter häufig in Berichtsform dokumentieren und weiterleiten. Zu diesem Zweck sollte der Projektleiter die Grundsätze der formellen und inhaltlichen Berichtsgestaltung kennen und richtig anwenden.

Lernabschnitt 6
Phasenkonzept und Prototyping zur Projektablaufstrukturierung

Zu den Basiswerkzeugen einer DV-Anwendungsentwicklung gehört eine systematische Vorgehensweise bei der Projektdurchführung. Man nennt die schrittweise Abwicklung nach logisch aufeinanderfolgenden Entwicklungs- und Implementierungsschritten einen Projekt-Life-Cycle, ein **Vorgehensmodell** oder ein **Phasenkonzept**.

Phasenkonzepte sind als Projekt-Tools seit Jahren bei einer Individualentwicklung von DV-Anwendungssystemen und Informationssystemen im Einsatz. Sie haben sich bei der Projektplanung, -abwicklung und -kontrolle bewährt.

*Ein Phasenkonzept als Vorgehensmodell hat in einem Projekt eine **Kompaßfunktion** zu erfüllen. Es darf nicht als statischer und unverrückbarer Rahmen aufgefaßt werden, sondern als Checkliste einer ergebnisorientierten und dynamischen Handlungsfolge.*

Besonders innovative Vorhaben lassen sich während des Projekteinstiegs schlecht in ein engmaschiges Korsett eines starren Vorgehensmodells zwängen. Hier empfiehlt sich ein evolutionärer Ansatz. Das Projekt wird erst schrittweise nach einem ausreichenden Wissenserwerb der Projektmitglieder in den Rahmen eines lockeren Phasenschemas übernommen. Diese Einbindung erlaubt eine Planung und Steuerung der Projektaktivitäten und verhindert einen unkontrollierten Projektwildwuchs.

Zur Aktivierung und Motivierung von Anwendern und einem frühzeitigen Ergebnis-Feedback wird heute in ein Vorgehenskonzept bei geeigneten Voraussetzungen und bei einer hohen Projektkomplexität oft eine **Prototyping-Vorgehensweise** eingebunden. Prototyping kann wesentlich zur qualitativen Verbesserung der Projektergebnisse, aber auch der Projektarbeit selbst beitragen. Ein Projektleiter sollte deshalb über Prototyping-Möglichkeiten Bescheid wissen und sie mit Hilfe von Software-Tools in eine Anwendungsentwicklung einbringen.

Auch für ein DV-Projekt beim Einsatz von Standardsoftware ist eine methodische Vorgehensweise nach einem ergebnisorientierten Phasenschema für Fremdsoftware vorteilhaft. Das Projektteam vergißt damit keine wesentlichen Punkte oder bezieht sie zu spät in die Ablaufüberlegungen ein.

LERNMODUL 6.1 PHASENKONZEPT BEI INDIVIDUAL-ENTWICKLUNG

Die Verwendung eines standardisierten Phasenkonzepts ist beim Aufbau eines DV-Anwendungssystems im Gegensatz zu Entwicklungs- oder Bauprojekten deshalb möglich, weil das schrittweise Vorgehen bei allen DV-Projekten prinzipiell in seiner Ablauflogik gleich ist. Für DV-Projekte mittlerer Größenordnung mit einer zeitlichen Dauer von neun bis zwölf Kalendermonaten beträgt die zweckmäßige Anzahl der Projektphasen fünf bis sieben. Ein Beispiel der Phasenfolge ist in Abbildung 6.02 dargestellt. Bei größeren und komplexeren DV-Projekten können noch weitere Phasen dazukommen, zum Beispiel eine besondere Phase für die Benutzerorganisation und den Systemtest. Außerdem kann eine zusätzliche Aufgliederung von Phasen nach einzelnen Aufgabenblöcken hinzukommen.

1. Grundsätze der Phasenunterteilung eines DV-Projekts

Durch die Gleichförmigkeit der Ablaufschritte in einem DV-Anwendungsprojekt kann das Phasenschema als Checkliste für die Folge der Ablaufschritte verwendet werden. Der Einsatz eines standardisierten Phasenkonzepts erhöht die Transparenz eines Projekts und erlaubt die Erstellung eines übersichtlich gegliederten Terminplans.

Die Anwendung des gleichen Phasenmodells für die Projekte eines Unternehmens ermöglicht es, daß durch einheitliche Begriffe die Übersicht über den Projektstand

LERNABSCHNITT 6

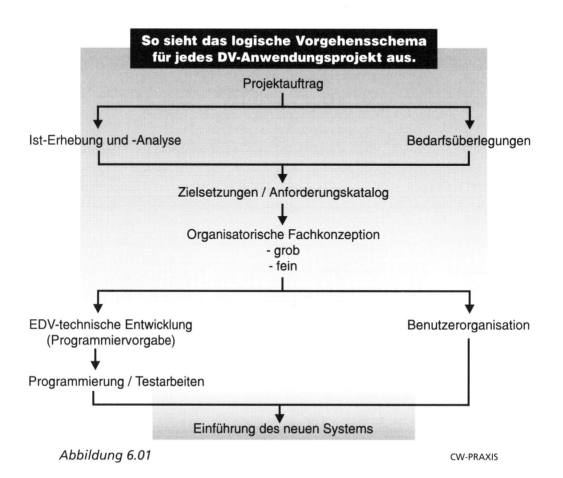

Abbildung 6.01

Phasenkonzept eines typischen mittleren EDV-Projekts	
Phase 0	Projektauslösung
Phase 1	Voruntersuchung (Eventualphase)
Phase 2	Fachliche Grobkonzeption
Phase 3	Fachliche Feinkonzeption
Phase 4	Programmvorgabe (EDV-technische Systementwicklung)
Phase 5	Programmierung und Testarbeiten
Phase 6	Benutzerorganisation und Systemeinführung

Abbildung 6.02

und -fortschritt an keiner Stelle verloren geht. Das erleichtert die Projektplanung und -überwachung.

Die Unterteilung eines Projekts in Arbeitsabschnitte erfolgt zwei- oder dreistufig. Man unterscheidet meist Projektphasen, Segmente (Teilphasen) und Einzelaktivitäten (Einzelvorgänge).

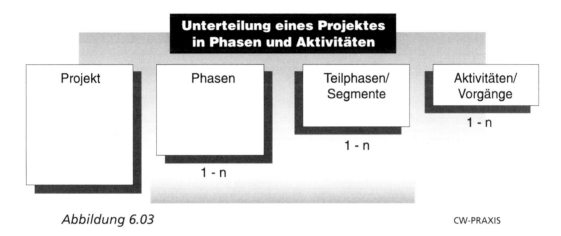

Abbildung 6.03

Jede Entwurfs- und Implementierungsphase eines Anwendungsprojekts ist nach dem gleichen Schema aufgebaut. Sie zerfällt in vier Bestandteile der
- Phasenplanung,
- Phasendurchführung,
- Ergebnisdarstellung und der
- Phasenkontrolle.

Das Ergebnis der Phasenplanung sind die Arbeitsaufträge an die aktiven Projektmitarbeiter. Die Kontrolle wird parallel zu den Durchführungsschritten und am Phasenende abgewickelt.

Grundsätzlich umfaßt die Planung einer Phase folgende Aktivitäten:
- Übernahme der Ergebnisse aus einer vorhergehenden Phase
- Information über die durchzuführenden Arbeiten
- eine Ziel-, Aktivitäts-, Aufwands-, Termin- und Kostenplanung
- die Arbeitszuteilung an die Mitarbeiter

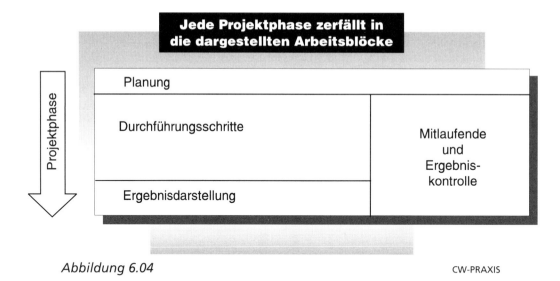

Abbildung 6.04

Die Durchführungsschritte sind in jeder Phase unterschiedlich. Im Prinzip ist es eine sich ständig verfeinernde Analyse der Problemstellung und die Synthese des neuen Systems. Zum Durchführungsteil jeder Phase gehören konkrete Entwicklungsmethoden und detaillierte Verfahrenshinweise. Dadurch wird eine übersichtliche Vorgehensweise gewährleistet.

Die in jeder Phase enthaltenen Kontrollschritte betreffen die Bewertung der Arbeitsergebnisse, also die Qualität des Arbeitsergebnisses, den Aufwand, die Termine und die Kosten der Arbeitsschritte. Darüber hinaus ist die rechtzeitige und vollständige Erstellung der Dokumentation zu überprüfen.

Die Ergebnisdarstellung umfaßt die Erstellung eines Berichts und die Durchführung einer Präsentation als Basis für die Entscheidung und Freigabe der anschließenden Entwicklungsschritte. Bedeutung und Umfang der Darstellung können in Abhängigkeit von der Größe des Projekts und anderen Gesichtspunkten unterschiedlich sein.
Den Aktivitäten der Projektphasen können bestimmte Entwicklungsverfahren und Softwarewerkzeuge zugeordnet werden. Im Projekthandbuch sollte enthalten sein, welche Arbeitsmethoden und Werkzeuge zur Abwicklung der im Phasenkonzept aufgezählten Aktivitäten anzuwenden sind. Das sollte außerdem den Projektmitarbeitern durch ein mitlaufendes Fallbeispiel verdeutlicht werden. Beispiele für zugeordnete Arbeitstechniken:

- bestimmte Methoden der Ist-Analyse
- Darstellung von Entscheidungstabellen
- Benutzung bestimmter Formulare oder Bildmasken
- Verwendung bestimmter Ablaufdarstellungen (Struktogramme, Pseudocode, EVA-Diagramme und andere)

Durch die Aufzählung der Methoden und Techniken soll erreicht werden, daß alle Projektmitarbeiter einheitliche Analyse- und Entwicklungsverfahren anwenden.

Bei einem linearen Projektablauf werden die benötigten Phasen des Vorgehensmodells bei der Projektabwicklung nacheinander durchlaufen. Bei einem verzweigten Projektablauf überlappen sich besonders Phasen und Aktivitäten der Programmierung und der Benutzerorganisation. Phasen mit langer Dauer, zum Beispiel die fachliche Feinkonzeption oder die Programmentwicklung, werden zum Zweck einer Durchlaufzeitverkürzung eventuell gesplittet.

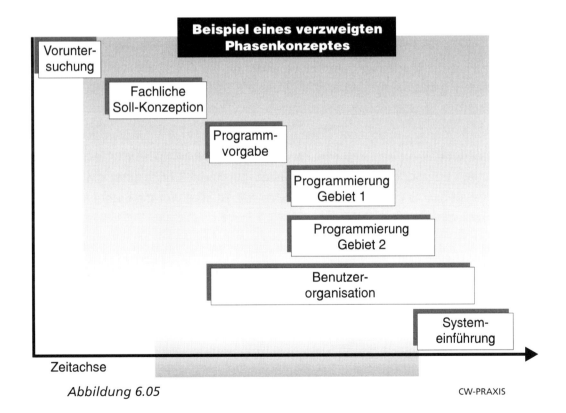

Abbildung 6.05

Lernabschnitt 6

Ein modernes Phasenkonzept ist anwenderorientiert:

- Zuerst werden in den fachlichen Projektphasen zusammen mit dem künftigen Anwender der Funktionsumfang, die Ablaufzusammenhänge und das logische Datenmodell erarbeitet.

- Anschließend erfolgt im Rahmen der DV-technischen Realisierung die Programmerstellung, der sich verschiedene Testarbeiten anschließen.

- Parallel zu diesem Schritt kann die Benutzerorganisation für das neue System erarbeitet werden.

Eine anwenderorientierte Projektabwicklung setzt voraus, daß der Projektleiter die Benutzer in die aktive Projektarbeit einbezieht und anwenderverständliche Entwicklungs- und Kommunikationsmethoden einsetzt.

Wird das in einer Projektphase erarbeitete Ergebnis vom übergeordneten Lenkungsgremium oder vom Projektausschuß der Anwenderführungskräfte nicht akzeptiert, muß eine Phase möglicherweise unter veränderten Bedingungen nochmals durchlaufen werden. Rückkopplungen sind besonders in den fachlichen Entwicklungsphasen eines Projekts immer wieder anzutreffen.

Moderne Phasenkonzepte – zum Beispiel das in Unternehmen der öffentlichen Hand und Behörden entwickelte „V-Modell", das als Euromodell auch über die Grenzen der Bundesrepublik hinaus Anwendung finden soll, ist stark auf die Ergebnisorientierung der Aktivitäten ausgerichtet.

2. Standard-Phasenkonzept bei Individualprogrammierung

Das in diesem Abschnitt dargestellte Beispiel eines Standard-Phasenkonzepts ist so aufgebaut, daß es für Projekte unterschiedlicher Größenordnung eingesetzt werden kann. Bei kleineren Vorhaben können Phasen zusammengezogen und Aktivitäten übersprungen werden. Das kann beispielsweise bei der Voruntersuchung oder der Benutzerorganisation der Fall sein.

LERNABSCHNITT 6

Standard-Phasenkonzept mit Einzelaktivitäten bei Individualprogrammierung

PRAXISBEISPIEL EINES STANDARDISIERTEN PHASENKONZEPTS

Phasen / Segmente / Aktivitäten

Phase 1: Voruntersuchung (Eventualphase)

11 Planung und Kontrolle
 1105 Planungsschritte
 1110 Mitlaufende und Abschlußkontrolle

12 Grobe Problem- und Bedarfsanalyse
 1205 Grobe Analyse der Aufbauorganisation
 1210 Grobe Aufgabenanalyse
 1215 Mengengerüstanalyse
 1220 Evtl. Zusatzanalysen
 1225 Grobbewertung des Ist-Zustands
 1230 Grobe Bedarfsanalyse
 1235 Potentialanalyse
 1240 Grobe Zielsetzungen

13 Anforderungen an die Lösung
 1305 Grobe Lösungssuche
 1310 Grobe Soll-Aufgabenzusammenstellung mit Beschreibung
 1315 Integrations- und Schnittstellenüberlegungen
 1320 Grundsätzliche Lösungsalternativen

14 Realisierungsplanung
 1405 Grobe Aufwandsschätzung
 1410 Grobe Terminüberlegungen
 1415 Zusammenstellung der wesentlichen Nutzenfaktoren
 1420 Realisierungsplanung für Alternativen

15 Ergebnisdarstellung
 1505 Erstellung Voruntersuchungsbericht und Präsentation
 1510 Erstellung Entwicklungsauftrag

Phase 2: Fachliche Grobkonzeption

21 Planung und Kontrolle

22 Problem- und Bedarfsanalyse (beziehungsweise Ergänzung)
 2205 Analyse der Aufbauorganisation
 2210 Aufgabenanalyse
 2215 Ablaufanalyse
 2220 Informations- und Berichtswesenanalyse

Abbildung 6.06   CW-PRAXIS

LERNABSCHNITT 6

Standard-Phasenkonzept mit Einzelaktivitäten bei Individualprogrammierung

  2225 Analyse der Räume und Sachmittel
  2230 Mengengerüstanalyse
  2235 Tätigkeitsanalyse
  2240 Arbeits- und Leistungsanalyse
  2245 Kommunikationsanalyse
  2250 Kostenanalyse
  2255 Bewertung des Ist-Zustands
  2260 Bedarfsanalyse
  2265 Potentialanalyse
  2270 Zielsetzungen an das neue System

23 Erarbeitung eines fachlichen Grobentwurfs (beziehungsweise Verfeinerung)
  2305 Lösungssuche
  2310 Aufgabenstrukturierung
  2315 Aufgabenzusammenhänge und Schnittstellen zu Nachbarsystemen
  2320 Abläufe und Lösungsverfahren
  2325 Übersicht Datenbestände
  2330 Festlegung der Betriebsarten
  2335 Grobe Verfahrensbeschreibung
  2340 Lösungsalternativen

24 Realisierungsplanung
  2405 Zeitaufwandsschätzung
  2410 Personalplanung
  2415 Planung der Hardware, Software und sachlichen Hilfsmittel
  2420 Realisierungsfolge und Terminplanung
  2425 Projektbudget und Wirtschaftlichkeitsrechnung

25 Fachlicher Grobvorschlag
  2505 Berichtserstellung
  2510 Präsentation
  2515 Freigabe der Folgephasen

Phase 3: Fachliche Feinkonzeption

31 Planung und Kontrolle

32 Fachlicher Detailvorschlag
  3205 Verfeinerung Aufgabenstruktur
  3210 Erarbeitung der Eingabe-, Ausgabe- und Verarbeitungsstrukturen für Dialog- und Stapelarbeiten
  3215 Logische Dateiorganisation
  3220 Benutzerorientierte Datenschutz- und Datensicherungsmaßnahmen
  3225 Sammlung Testfälle

Abbildung 6.06

LERNABSCHNITT 6

Standard-Phasenkonzept mit Einzelaktivitäten bei Individualprogrammierung

33 Planung der Benutzerorganisation und des Systemumfangs

34 Überarbeitung Realisierungsplanung

35 Anwendungsentwurf
 3505 Zusammenstellung
 3510 Präsentation

Phase 4: Programmvorgabe

41 Planung und Kontrolle

42 Erstellung der Programmstruktur
 4205 DV-orientierte Verfeinerung der Ablaufschritte
 4210 Erstellung eines Programmbaums
 4215 Programmbeschreibung

43 Aufbau der physischen Speicherorganisation

44 DV-orientierte Datenschutz- und Datensicherungsmaßnahmen

45 Sammlung Testfälle

46 Hardware- und Softwarerestriktionen

47 Programmvorgabe und Programmierauftrag

Phase 5: Programmierung

51 Planung und Kontrolle

52 Erstellung Programmentwurf

53 Codierung und Umwandlung

54 Testarbeiten
 5405 Schreibtischtest
 5410 Modul- und Programmtest
 5415 Systemtest (Integrationstest)
 5420 Abnahmetest

55 Vervollständigung der Programmdokumentation

Phase 6: Benutzerorganisation und Systemeinführung

61 Planung und Kontrolle

62 Zusammenstellung des Benutzerhandbuchs

63 Benutzerschulung und -umschulung

Abbildung 6.06

Lernabschnitt 6

Standard-Phasenkonzept mit Einzelaktivitäten bei Individualprogrammierung

64 Datenbereinigung und -aufbereitung
    6405 Stammdaten
    6410 Bestands- und Startdaten

65 Anpassung der Benutzerorganisation
    6505 Aufbauorganisation
    6510 Ablauforganisation
    6515 Sachmittelorganisation

66 Systemumstellung
    6605 Festlegung der Umstellungsstrategie
    6610 Schrittweise Umstellung
    6615 Konsolidierung des neuen Systems

67 Nachkontrolle der erwarteten Wirtschaftlichkeit

Abbildung 6.06

LERNMODUL 6.2 PHASENMODELL BEI PROTOTYPING

Durch den Einsatz einer Prototyping-Vorgehensweise läßt sich eine Anwendungsentwicklung beschleunigen und benutzerfreundlicher gestalten als mit dem üblichen Phasenkonzept. Voraussetzungen hierfür sind geeignete Anwendungsobjekte und der Einsatz von Prototyping-Tools.

> *Prototyping stellt keinen Widerspruch zum klassischen Vorgehensmodell dar. Doch unterscheiden sich in einer Prototyping-Umgebung wichtige Entwicklungsphasen gravierend vom herkömmlichen Phasenkonzept. Prototyping erlaubt den Anwendungsentwicklern ein effektiveres Arbeiten und eine intensivere Zusammenarbeit mit den Benutzern.*

Prototyping stellt ein Verfahren der Anwendungsentwicklung dar, das ein frühzeitiges Experimentieren mit einer Pilotversion des künftigen Anwendungsprogramms ermöglicht. Im Vergleich zu der ausschließlichen Arbeit mit strukturierten Techniken und einer detaillierten Spezifikation auf Papier oder am Bildschirm kann dieser Entwicklungsansatz in puncto Komfort und Effizienz Vorteile aufweisen (B 3).

1. Grundprinzipien der Prototyping-Vorgehensweise

Der Projektleiter muß vor Projektbeginn entscheiden, wann der Einsatz einer Prototyping-Vorgehensweise vorteilhaft sein kann, sofern die technischen Voraussetzungen dafür gegeben sind. Die Grundelemente der Prototyping-Denkweise sollen an einem Schemabeispiel dargestellt werden. Ein komplexer Dialogablauf – zum Beispiel ein mehrstufiger Dialog bei der Abwicklung von Kundenaufträgen oder Lieferantenbestellungen – läßt sich in klassischer Form mit Hilfe des Phasenkonzepts in folgenden Schritten abwickeln: Nach der Anforderungsanalyse wird der fachliche Soll-Entwurf erarbeitet. Ihm folgt die programmtechnische Entwicklung mit den verschiedenen Anwendertests. Nachteilig bei diesem Entwurfsverfahren kann sich die erhebliche

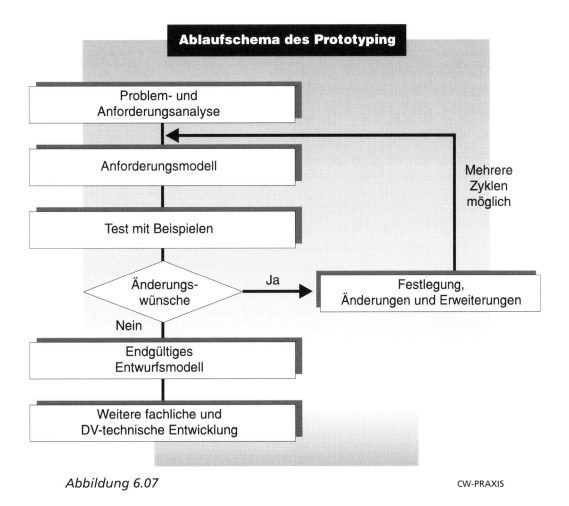

Abbildung 6.07

Zeitspanne zwischen der Spezifikation, die dem Benutzer zur Begutachtung vorgelegt wird, und der Programmrealisierung auswirken. Außerdem kann es schwerfallen, zum frühen Zeitpunkt der fachlichen Entwurfsarbeit bereits eine benutzergerechte Spezifizierung fertigzustellen. Der Benutzer ist aufgrund theoretischer Darstellungen in der Soll-Konzeptionsphase oft nicht in der Lage, seine Wünsche klar und endgültig zu formulieren.

Durch den Einsatz von Prototyping-Werkzeugen kann diese Unsicherheit verringert und der Benutzer bereits im Entwurfsstadium in die praktische Entwicklung eingeschaltet werden.

Um ein frühzeitiges Ergebnis-Feedback und eine aktive Einbindung der Anwender zu erreichen, kann in ein Vorgehensmodell eine Prototyping-Vorgehensweise eingebunden werden. Prototyping kann wesentlich zur qualitativen Verbesserung der Projektergebnisse, aber auch der Projektarbeit selbst beitragen.

Der Ablauf einer Prototyping-Vorgehensweise ist in Abbildung 6.07 enthalten. Wesentlich ist der iterative Durchlauf der Entwicklungsschritte, bis ein vom Benutzer akzeptierter Entwurf der Vorgangsbearbeitung vorliegt.

Das Anwendungsmodell wird zyklisch mit Anwenderdaten getestet und so lange verbessert, bis ein ausreichendes Zufriedenheitsniveau erreicht ist. Weil ein reales Modell vorliegt, kann der Benutzer bereits in einem frühen Entwicklungsstadium mitdenken. Durch das ständige Feedback bei jedem Testzyklus erreicht der Anwendungsentwickler in einer Prototyping-Umgebung eine höhere Sicherheit als bei einer klassischen Vorgehensweise, daß die Benutzerwünsche erfüllt werden. Der Entwicklungs- und Wartungsaufwand eines Systems kann durch die Prototyping-Methodik gesenkt werden.

2. Geändertes Phasenkonzept beim systematischen Prototyping

Vor dem Einsatz der Prototyping-Methode ist vom Projektteam zu prüfen, ob das Anwendungsgebiet hierfür geeignet ist. Prototyping kann bei folgenden Voraussetzungen vorteilhaft sein:

- Schwierige Zielsetzungen mit Unsicherheit der Anwendervorstellungen.

- Probleme und Unsicherheit bei der sofortigen Anforderungsspezifizierung und Dokumentation des ursprünglichen Systemmodells.

- Aktive Benutzer, die bereit sind, bei der Entwicklung konstruktiv mitzuwirken.

Schwerpunkte eines Prototyping-Vorgehenskonzepts

PHASENKONZEPT IN EINER PROTOTYPING-UMGEBUNG

Phase 1: Projektinitialisierung
Evtl. mit Voruntersuchung
(siehe Phasenkonzept einer Individualentwicklung)
Projektdefinition und -abgrenzung
Projektplanung mit Entwicklungsantrag

Phase 2: Anforderungsanalyse und fachliche Grobkonzeption
Zusammenstellung Grundanforderungen
Sachgebiets- und Funktionsstrukturierung
Integrationszusammenhänge und Schnittstellen
Grobmodellierung der logischen Datengruppen

Phase 3: Systementwurf mit Prototyping
Aufbau Anforderungsmodell
Entwurf Datenschema mit Objekten
Dialogstrukturen, Masken- und Listenentwurf
Festlegung Verarbeitungsbestimmungen
Zyklen des Prototyping mit schrittweiser Detaillierung
der Fachspezifikationen und Testfällen

Phase 4: DV-technische Realisierung
Technischer Systementwurf
Evtl. Umsetzung in Zielsprache (wenn zuvor reine Entwurfssprache)
Datenbank- und Systemintegration
Programmrealisierung mit Programm- und Systemtests
Laufzeit- und Systemtuning

Phase 5: Organisation Benutzerumfeld und Systemeinführung
Benutzerhandbuch und -schulung
Anpassung Benutzerorganisation
Systemumstellung und -erprobung

Abbildung 6.08

Daneben sind technische Voraussetzungen erforderlich. Es müssen eine relationale Datenbank und komfortable Prototyping-Entwicklungstools vorliegen. Ideal ist ein Set integrierter CASE-Werkzeuge.

Wird eine gesamte Anwendungsentwicklung nach der Prototyping-Methodik abgewickelt, um in einem Projekt ein schnelleres, effektiveres und stärker benutzerorientiertes Arbeiten zu erreichen, muß an die Stelle eines klassischen Phasenkonzepts mit strukturierten Methoden und einer detaillierten Spezifikation ein geändertes Prototyping-Vorgehensmodell treten (teilweise Anlehnung der Abbildung 6.08 an Georg Barkow, B 3).

Durch die Aufspaltung in Projektphasen lassen sich bei einem Prototyping-Phasenkonzept die gleichen Vorteile bei der Projektplanung und -überwachung erreichen wie beim Einsatz des klassischen Phasenschemas. Der wesentliche Unterschied besteht darin, daß anstelle linearer Phasen eine zyklische Entwicklung stattfindet, die den fachlichen und DV-technischen Inhalt der Anwendungsentwicklung umfaßt.

Bei dem von der Anwendungsentwicklung entworfenen Prototyping-System kann es sich bereits um den Urtyp des Zielsystems handeln, der unmittelbar übernommen wird. Doch kann zuerst auch nur ein Laborsystem aufgebaut werden, das in das Zielsystem umgesetzt werden muß.

3. Technische Voraussetzungen für den Einsatz eines Prototyping-Systems

Die ideale Hardware für die Durchführung einer Prototyping-Entwicklung sind Workstations oder Hochleistungs-PCs, eventuell in einem LAN-Verbund. Als Entwicklungstools sollten zur Verfügung stehen (B 3):

- ein zentrales Repository oder Data Dictionary
- ein relationales Datenbanksystem mit SQL als Abfragesprache und einem Datenmodellierungstool
- ein Anwendungsgenerator zur Erstellung der Ablaufsteuerung für ein Prototyping-Vorgehensmodell und der Entwicklungsmodule

- ein Bildmasken- und Listengenerator
- eine 4-GL-Sprache für die Entwicklung der Prozeduren und Abfragen

Es ist zweckmäßig, wenn das Prototyping-Equipment in ein integriertes CASE-TOOL auf PC-Ebene eingebettet ist.

LERNMODUL 6.3 VORGEHENSKONZEPT ZUR BESCHAFFUNG VON STANDARDSOFTWARE

Die Beschaffung, Anpassung und Einführung von Standardsoftware ist ebenso wie eine Individualentwicklung ein DV-Projekt, das mit vielen Risiken behaftet sein kann. Drei Risikozonen (siehe Abbildung 6.09) stehen im Vordergrund. Um diese Risiken auszuschalten und den Projekterfolg zu sichern, muß das Beschaffungsprojekt ebenso wie ein Individualprojekt nach einem systematischen Vorgehensmodell abgewickelt werden.

Beim Einsatz von Fremdsoftware verändert sich das Phasenschema der Individualentwicklung in wesentlichen Teilstücken. Typische Entwicklungsphasen einer Eigenent-

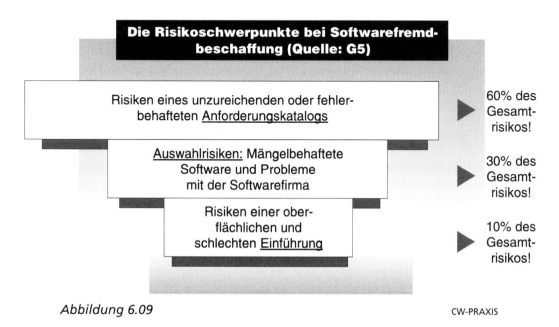

Abbildung 6.09

LERNABSCHNITT 6

wicklung fallen weg oder verlieren an Bedeutung. Dafür kommen andere Phasen und Aktivitäten hinzu.

Die anschließende Übersichtstabelle zeigt in komprimierter Form das standardisierte Phasenkonzept, das beim Einsatz von Marktsoftware verwendet werden kann.

Phasenkonzept zur Beschaffung und Einführung von Marktsoftware

PHASENKONZEPT BEIM EINSATZ VON STANDARDSOFTWARE

Phase 1: Projektinitialisierung
Evtl. mit Voruntersuchung (siehe Individualentwicklung)
Projektdefinition und -abgrenzung
Projektplanung

Phase 2: Fachliche und DV-technische Anforderungsanalyse
Problem- und Bedarfsanalyse (evtl. nur Ergänzung)
Fachliche Anforderungen
Systemtechnische Anforderungen und Restriktionen
Schnittstellen zu Nachbarsystemen
Sammlung Software-Marktinformationen

Phase 3: Pflichtenheft und Evaluation
DV-Pflichtenheft für Software und evtl. Hardware
Evaluationsabwicklung
– Grobauswahl
– Softwaredemos, Workshops, Besichtigung Referenzen
– Feinauswahl, evtl. mit Nutzwertanalyse
Vertragsabschluß

Phase 4: Softwareinstallation und -anpassung
Ausbildung Projektmitarbeiter
Softwareinstallation (evtl. auch Hardware)
Softwareanpassung
Schnittstellenprogramme zu Altsoftware
Abnahmetests

Phase 5: Organisation Benutzerumfeld und Systemeinführung
Benutzerhandbuch (Ergänzung und Anpassung)
Benutzerschulung und -einweisung
Anpassung Benutzerorganisation
Datenübernahme von Altsystemen
Systemumstellung und -konsolidierung

Abbildung 6.10

Die Problemanalyse muß bei einer Softwarebeschaffung nicht so tiefschürfend sein wie bei einer geplanten Individualentwicklung. Sie sollte allerdings alle wesentlichen Kriterien des Istzustands erfassen. Dabei darf nicht vergessen werden, wichtige Ausnahmen und Sonderprobleme und das bisherige Organisationsniveau festzuhalten.

Bei der Zusammenstellung der fachlichen Anforderungen können wir uns auf die Fragestellung beschränken: Welche Funktionen, Geschäftsprozesse und Informationen wollen wir vom Softwareanbieter haben? Es ist nicht erforderlich, selbst als künftiger Softwareanwender Lösungsvorschläge zu erarbeiten. Aufwendig kann die Zusammenstellung des Informationsbedarfs sein, den das Anwenderunternehmen von einem Softwarepaket erwartet.

Bei der DV-technischen Anforderungsanalyse müssen auch die erforderlichen Schnittstellen zu vorhandenen Softwarepaketen und Datenbanken analysiert und in das Softwarepflichtenheft übernommen werden. Schnittstellenfragen können heute bei der Softwarebeschaffung Knackpunkte ersten Ranges sein.

80 Prozent der Projektarbeit fallen bei integrierter Standardsoftware für das Phasensegment „Softwareanpassung" an. Sie ist mit Hilfe von Parametertabellen, Programmmodifikationen und über Zusatzprogramme möglich. Die Zahl der Anpassungsparameter kann einen erheblichen Umfang annehmen. Ein PPS-System zur Produktionsplanung und -steuerung auf PC-Ebene umfaßt zum Beispiel 1400 Parameter. Ein Einkaufssystem auf einem Midrange-Rechner enthält 1200 Parameter, die einmalig einzustellen sind! Die mit der Anpassung erforderlichen Überlegungen erfordern einen erheblichen Zeitaufwand des Projektteams!

SUMMARY

Zu den Basiswerkzeugen einer DV-Anwendungsentwicklung und einer Softwarebeschaffung gehört eine systematische Vorgehensweise bei der Projektdurchführung. Man nennt diese schrittweise Abwicklung nach logischen Ablaufschritten das Vorgehensmodell oder Phasenkonzept eines Projekts.

LERNABSCHNITT 6

Ein Phasenkonzept als Vorgehensmodell erfüllt in einem Projekt eine Kompaßfunktion. Es darf nicht als statischer Rahmen aufgefaßt werden, sondern als Checkliste einer ergebnisorientierten und dynamischen Handlungsfolge.

Zur Aktivierung der Anwender und einem frühzeitigen Ergebnis-Feedback kann bei geeigneten Voraussetzungen in ein Vorgehenskonzept eine Prototyping-Vorgehensweise eingebunden werden. Sie kann zur qualitativen Verbesserung der Projektarbeit und einer Verkürzung der Einführungszeit beitragen. Zur Durchführung eines Prototyping müssen spezielle Entwicklungstools vorliegen. Das Prototyping-Vorgehensmodell unterscheidet sich in mehreren Punkten von einem klassischen Phasenkonzept.

Auch beim Einsatz von Standardsoftware ist eine methodische Vorgehensweise nach einem speziellen Phasenschema für Kaufsoftware vorteilhaft. Das Projektteam vergißt damit keine wesentlichen Punkte oder bezieht sie zu spät in die Ablaufüberlegungen ein.

80 Prozent der Projektarbeit fallen bei integrierter Standardsoftware für das Phasensegment „Überarbeitung des Geschäftsmodells und Softwareanpassung" an. Die Softwareanpassung kann über Parametertabellen, Programmodifikationen und Zusatzprogramme erfolgen.

Lernabschnitt 7
Arbeitsmethoden und Softwaretools der Projektarbeit

Neben einer professionellen Vorgehenstechnik mit Hilfe eines Phasenkonzepts benötigt ein Projektteam für die Entwicklungs-, Evaluations- und Implementierungstätigkeiten geeignete Arbeitswerkzeuge und Softwaretools.

Der Paradigmenwechsel in der ersten Hälfte der 90er Jahre hat in der DV-Anwendungsentwicklung und bei der Softwarebeschaffung zu erheblichen Schwerpunktverschiebungen geführt. Der Aufbau einer Lean Organisation mit Konzentration auf die Kernprozesse des Unternehmens, der Trend zu prozeßorientierten Vorgangsketten anstelle einer Funktionsorientierung und die Forderung nach einer methodisch sauberen Dokumentation der Geschäftsprozesse entsprechend der Qualitätsnorm von ISO 9000 hat ihre Spuren in den heute verbreiteten Darstellungs- und Beschreibungsmethoden der Anwendungsentwickler und in den neueren CASE-Tools hinterlassen.

> *Ein Projektleiter muß bei der Auswahl der Arbeitsmethoden und Softwaretools besonderen Wert darauf legen, daß nur anwenderverständliche Werkzeuge im Projektteam benutzt werden. Sie müssen den Projektmitarbeitern aus der Anwenderabteilung erlauben, als vollwertige Teammitglieder in den fachlichen Projektphasen mitzuarbeiten. Sie dürfen nicht durch komplizierte und schwer verständliche Werkzeuge für Vorgangskettenanalysen und Geschäftsprozeßübersichten, die nur von Fremdberatern und DV-Spezialisten gehandhabt werden können, bei der Projektarbeit „ins Abseits" gestellt werden.*

Für eine Individualentwicklung müssen Arbeitsverfahren und Softwarewerkzeuge zur Verfügung stehen, die es erlauben, ein Projekt nach folgenden Grundsätzen abzuwickeln:

Lernabschnitt 7

- Begrenzter und einfacher Formalismus der Entwicklungsinstrumente
- Schnelles Erlernen und leichtes Verstehen der verwendeten Methodik
- Gute Kommunikation mit den Benutzermitarbeitern im Projektteam
- Lückenlose, schritthaltende und personenunabhängige Dokumentation
- Zwangsläufige Vollständigkeit der Entwicklungsschritte
- Jederzeitige Prüfbarkeit des Entwicklungsstands für den Projektleiter

Es ist wichtig, daß manuelle Entwicklungsmethoden bei Bedarf problemlos durch Entwicklungssoftware unterstützt werden können, zum Beispiel durch CASE-Tools, Data Dictionaries, Bildmasken- und Reportgeneratoren und Workflowprogramme. Der Einsatz des maschinellen Instrumentariums darf aber erst erfolgen, wenn die Teammitglieder ein ausreichendes Methodenverständnis erreicht haben.

Die Anzahl spezieller Arbeitshilfen und Softwaretools zur Beschaffung und Anpassung von Fremdsoftware ist bisher weit geringer als das Methodenrepertoire bei Individualentwicklung. Zur Unterstützung der Fremdsoftwarebeschaffung stehen Ablaufanalyzer und Tools zur Evaluationsunterstützung zur Verfügung.

In den anschließenden Lernmodulen zeigen wir in Kurzform wichtige Schwerpunkte des Methodenrepertoires

- der Ist-Aufnahme und -Analyse für eine Individualentwicklung und die Beschaffung von Standardsoftware,
- der fachlichen und DV-technischen Anwendungsentwicklung
- und der Softwarebeschaffung und -anpassung.

Sie erhalten Hinweise auf die manuellen Arbeitshilfen und das am DV-Markt angebotene Softwareinstrumentarium.

Lernmodul 7.1 Methodenschwerpunkte der Ist-Aufnahme und Problemanalyse

Jeder Mitarbeiter eines Softwareprojekts muß den organisatorischen Ist-Zustand eines Systems samt seinen Stärken und Schwächen kennen. Aus den vorhandenen Problemen und Wünschen lassen sich viele Anforderungen an das geplante neue DV-Anwendungssystem ableiten. Die Erhebung des Ist-Zustands ist unbeliebt und wird oft ganz übersprungen. Das ist für die Folgeschritte der Projektabwicklung nachteilig!

> *Bei einer Individualentwicklung ist eine systematische und tiefschürfende Ist-Aufnahme und -Analyse unerläßlich. Bei der geplanten Beschaffung von Fremdsoftware reicht eine grobe Ist-Erhebung vor der Pflichtenhefterstellung aus. Eine Vertiefung muß allerdings nach der Softwarebeschaffung vor der Anpassung der Softwaremodule erfolgen.*

Die Erhebung und Analyse des Ist-Zustands sollte in einem Projekt schwerpunktmäßig von den Anwendermitarbeitern im Arbeitsteam wahrgenommen werden. Der Projektleiter muß diesen Mitarbeitern leicht erlernbare Aufnahmetechniken und einfache Erhebungsformulare zur Zusammenstellung der Abläufe, Entscheidungen, Informationen, Sonderfälle und Probleme zur Verfügung stellen. Auch einprägsame Musterbeispiele dürfen nicht fehlen.

1. Grundsätze einer effizienten Ist-Analyse

Die Kunst einer wirkungsvollen und zeitsparenden Ist-Zustandserhebung besteht darin, gezielt alle wesentlichen Punkte zusammenzustellen, ohne Papierberge anzuhäufen. Berücksichtigen Sie deshalb im Projektteam bei einer Ist-Zustandserhebung die folgenden Grundsätze:

- Stoßen Sie mit einer geeigneten Aufnahmemethodik vom groben zum feinen vor. Hören Sie auf, wenn eine weitere Vertiefung eines Aufnahmezweigs keine zusätzlichen Erkenntnisse bringt.

- Konzentrieren Sie sich auf Punkte, die für die Soll-Konzeption und das Softwarepflichtenheft nötig sind.

- Führen Sie die Ist-Aufnahme und Problemanalyse möglichst anhand von Beispielen durch.

Lernabschnitt 7

- Achten Sie als Projektverantwortlicher darauf, daß jedes Teammitglied die Ergebnisse der Ist-Aufnahme in einer übersichtlichen und qualifizierten Dokumentation festhält, die in der Folgezeit allen Projektmitarbeitern in gut lesbarer Form zur Verfügung steht.

Die bestehende Ist-Organisation kann manuell oder schon DV-organisiert sein. Liegen bereits DV-Programme vor, gestaltet sich die Ist-Aufnahme meist einfacher, weil zu einem früheren Zeitraum eine Organisationsbereinigung stattgefunden hat. Allerdings können zusätzliche Schnittstellenprobleme zwischen den im Einsatz befindlichen Softwarepaketen vorliegen.

Im Mittelpunkt der Dokumentation einer systematischen Ist-Aufnahme und -Analyse stehen

- hierarchische Funktionsübersichten für die Sachgebiete des Ist-Zustands,
- Integrationsübersichten oder Blockschaubilder der Systemzusammenhänge und -abhängigkeiten,
- verrichtungs- oder stellenorientierte Ablaufpläne und Informationsflußdarstellungen,
- eventuell Kommunikationsstrukturen, welche die vorhandenen Kommunikationsströme aufzeigen.

In den meisten Fällen reichen die Ablaufstrukturen der DIN-Norm 66001 zur Darstellung vorhandener Informationsflüsse aus, wenn das Projektteam zum Beispiel eine Vorgangskettenanalyse des Ist-Zustands durchführt.

2. Ablaufschritte einer Ist-Zustandserhebung und -Analyse

Der Start in eine Ist-Aufnahme sollte im Projektteam mit einer Zusammenstellung der vorhandenen Arbeitsgebiete beginnen. Die Darstellungsform kann wie das Inhaltsverzeichnis eines Buchs aussehen. Man nennt diese Vorgehensstrategie eine hierarchische Strukturierung der vorhandenen Aufgabengebiete. Die Aufgabenübersicht wird gemeinsam im Projektteam zusammengestellt. Als mitlaufendes Darstellungsbeispiel wählen wir ein Einkaufsprojekt. Die Aufgabenstruktur als Ausgangspunkt der Ist-Aufnahme ist in der Folgeabbildung dargestellt.

LERNABSCHNITT 7

> **Tabellarische Aufgabenstrukturierung als Einstieg in die systematische Ist-Analyse eines Anwendungsgebietes**
>
> **Vorhandene Einkaufsaufgaben**
>
> 1. Führung Einkaufskarteien
>   - Lieferantenkartei mit Bestellungen (Mischkartei)
>   - Einkaufsartikelkartei (Mischkartei)
> 2. Bearbeitung Bedarfsscheine
> 3. Angebotseinholung
> 4. Bestellabwicklung
>   - Lagerartikel
>   - Nichtlagerartikel
>   - Rahmenkontrakte
> 5. Wareneingangsabwicklung
> 6. Rechnungsprüfung
> 7. Statistikwesen
> 8. Einkaufskorrespondenz

Abbildung 7.01

In vielen Fällen läßt sich eine hierarchische Aufgabenstruktur vom Organigramm der Aufbauorganisation einer Stelle ableiten, wenn die dort vorhandene Kompetenzgliederung mit der sachlichen Aufgabenübersicht übereinstimmt.

Für jede Einzelaufgabe des Planungsgebiets sollten folgende Punkte aufgenommen werden:

- Beschreibung der Aufgabe – eventuell mit einer grafischen Ablaufdarstellung
- Übersicht der Informationsträger (Karteien, Dateien, Formulare, Bildmasken und andere)
- Mengengerüst der Informationsträger, Häufigkeit und Zeitpunkt der Verarbeitung
- Vorhandenes Berichtswesen (Statistiken)

Wenn eine Ist-Aufgabe aus mehreren Arbeitsschritten besteht, läßt sich die Übersichtlichkeit der Ist-Dokumentation vergrößern, wenn der zuständige Projektmitarbeiter einen Ablaufplan erstellt. Eine solche Übersicht kann in einfacher tabellarischer Form

LERNABSCHNITT 7

oder als grafische Ablaufübersicht erstellt werden. Abbildung 7.02 zeigt ein Beispiel eines tabellarischen Ablaufplans. Wenn die Projektmitglieder über Kenntnisse grafischer Ablauftechniken verfügen, können anspruchsvollere Darstellungen, zum Beispiel ein Tätigkeitsablaufplan mit Ja-/Nein-Entscheidungen, ein Informationsflußplan mit Ein- und Ausgabedatenträgern oder ein Vorgangskettendiagramm verwendet werden.

Einfacher tabellarischer Ablaufplan, wie er zum Beispiel von Anwendermitarbeitern im Projekt erstellt werden kann

Ist-aufnahme	Formular/Ablauf: WARENEINGANGSABWICKLUNG	Datum:
		Blatt:
		Bearbeiter:
Aussteller/ Bearbeiter	**Tätigkeitsbeschreibung**	

Warenannahme	1. Eingangsmenge in Wareneingangsbuch eintragen
	2. Eingangsmenge zählen
	  – Ergebnis in Lieferschein eintragen
	  – Mengenabweichungen auf dem Lieferschein vermerken	

Schreibstelle	3. Wareneingangsschein schreiben
	Verteiler: 1. Ausfertigung: Kontrollstelle
	            2. Ausfertigung: Rechnungsprüfung
	            3. Ausfertigung: Einkauf
	            4. Ausfertigung: Disposition
	            5. Ausfertigung: Wareneingang Ablage
	                (mit Lieferschein)	

Transportstelle	4. Ware und Wareneingangskopie an Lager für Kaufteile, Kontrollstelle oder an Kostenstellen weiterleiten	

Abbildung 7.02   CW-PRAXIS

Der Ist-Aufnahme der Normal- und Ausnahmefälle folgt die Ist-Analyse. Hierbei verschafft sich das Projektteam ein Bild von den Stärken und Schwächen eines Arbeitsablaufs.

Für jede Ist-Aufgabe sind die vorhandenen Problemzonen festzustellen:

- Organisationsprobleme
- Personalprobleme
- Führungsprobleme
- Terminprobleme
- Informationsprobleme
- Schnittstellenprobleme

Die gefundenen Schwachstellen sollten für jedes Sachgebiet in einem Problemkatalog festgehalten werden (siehe Abbildung 7.03). Diese Aufzählung der Probleme und bereits geäußerter Verbesserungswünsche wird vom Projektteam zur anschließenden Zusammenstellung der fachlichen Soll-Anforderungen herangezogen.

Problemkatalog mit den dokumentierten Schwachstellen eines Arbeitsgebietes

Ist-Aufnahme	Problemkatalog WARENEINGANGSABWICKLUNG	Datum: Blatt: Bearbeiter:
NR	**Besonderheit / Problem / Wunsch**	
1	Dem Wareneingang fehlt bisher eine Information über die Bestellung. Deshalb kann er unbestellte Ware oder eine Überlieferung nicht erkennen und ggfs. sofort zurückweisen.	
2	Die Verweildauer der Ware im Wareneingang beträgt bis zu 10 Tagen. Das liegt an der schleppenden Erstellung der Wareneingangsscheine (zu geringe Personalkapazität).	
3	Der Lieferant vermerkt auf dem Lieferschein in manchen Fällen nur seine eigene Artikelnummer und Bezeichnung. Dadurch kann die Ware manchmal nur mühsam und mit Zeitverzögerungen identifiziert und weitergeleitet werden.	
4	Bei der künftigen DV-unterstützten Wareneingangsabwicklung sollte auf dem Wareneingangsschein der Ablieferungsort der Ware (Lagerort, Kontrollstelle oder Kostenstelle) klar ersichtlich sein.	

Abbildung 7.03

Bei der Ist-Aufnahme hat sich folgende Vorgehensweise bewährt: Der Projektleiter reißt bei der Teamsitzung die gewünschten Aufnahmeschwerpunkte eines Arbeitsgebiets an. Die Ist-Aufnahme und -Analyse erfolgt durch geeignete Teammitglieder als „Hausaufgabe" bis zur nächsten Teamsitzung. In ihr werden die erarbeiteten Ergebnisse durchgesprochen und die weiteren Aufnahmearbeiten vorbereitet. Mit dieser bewährten Methodik läßt sich in wenigen Arbeitsbesprechungen das Arbeitspensum einer umfangreichen Ist-Erhebung und -Analyse bewältigen!

LERNMODUL 7.2 METHODENSCHWERPUNKTE DER INDIVIDUALENTWICKLUNG

Der Entwurf einer zweckmäßigen fachlichen Soll-Konzeption steht im Vordergrund der Projektarbeit. Der Projektleiter muß zusammen mit seinem Arbeitsteam beim Einstieg in die Projektarbeit die optimale Entwicklungsstrategie für das Soll-Design festlegen. Zu diesem Zweck muß er über die heute üblichen Entwicklungsstrategien fundierte Kenntnisse besitzen.

1. Entwurfsstrategien der fachlichen Soll-Konzeption

Die richtige Entwicklungsstrategie kann für das Design eines DV-Anwendungssystems oder Informationssystems ausschlaggebend sein! Bei einer methodischen Systementwicklung kann das Projektteam auf drei Entwurfsstrategien – oder eine zweckmäßige Mischung – zurückgreifen:

- einen aufgabenorientierten (funktionellen) Systemansatz
- eine ablauforientierte Entwurfsstrategie mit einer schrittweisen Verfeinerung der Integrationsnetze
- eine dateiorientierte Entwurfsstrategie auf der Basis konzeptioneller Datenmodelle

Funktionsorientierter Lösungsansatz (Top-down-Strategie)
Die funktions- oder aufgabenorientierte Vorgehensstrategie geht von den Sachgebieten beziehungsweise Hauptaufgaben eines geplanten DV-Anwendungssystems aus. Sie zergliedert die Aufgabenblöcke schrittweise nach der Top-down-Methodik

bis zur Ebene der Elementaraufgaben. Diese Denkweise ist typisch für den Entwurf administrativer und kaufmännischer Systeme. Die hierarchische Übersicht dient als Ordnungsprinzip und führt zu einem übersichtlichen „Kleiderschrank" der hierarchisch gegliederten Sollaufgaben.

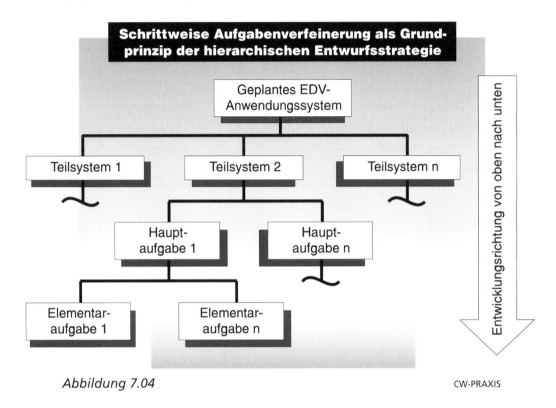

Abbildung 7.04

Die ausschließliche Verwendung der Top-down-Denkweise bringt in eine Systementwicklung eine unnötige Starrheit. Hinderlich kann besonders bei innovativen Lösungen die statische Denkweise sein, die zeitlich-dynamische Ablaufzusammenhänge nicht berücksichtigt. Deshalb stößt man beim Einsatz dieser Entwurfsstrategie meist auf zusätzliche ablauforientierte Darstellungen in der Form von Blockschaltbildern, Vorgangskettendiagrammen und Informationsflußplänen.

Ablauforientierter Lösungsansatz

Die ablauforientierte Entwicklungsstrategie stellt den zeitlich-dynamischen Gesichtspunkt des Systementwurfs in den Vordergrund und verfeinert den Gesamtablauf schrittweise.

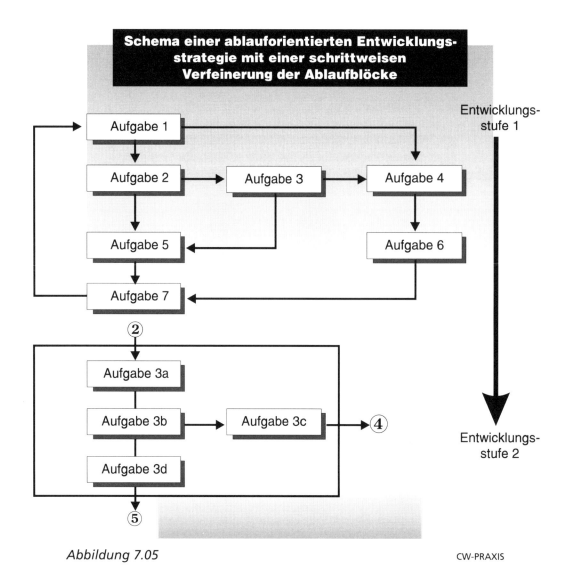

Abbildung 7.05

Vorteile der ablauforientierten Entwicklungsstrategie liegen im benutzerorientierten Denkansatz entsprechend dem Arbeitsfluß. Es ist eine Darstellung von Rückkopplungen und Systemschnittstellen möglich. Zusätzlich könnte der Anwendungsentwickler auch Datenträger für die Ein- und Ausgaben hinzufügen.

Nachteile dieser Darstellungstechnik liegen in der mangelhaften Systematik und in Schwierigkeiten bei der schrittweisen Verfeinerung. Haupt- und Nebenaufgaben lassen sich nicht klar voneinander abgrenzen.

Die ablauforientierte Entwicklungsstrategie ist hauptsächlich in Projekten im technischen Unternehmenssektor anzutreffen. Die Entwicklungsmethoden „Petrinetze" und das SADT-System benutzen die ablauforientierte Darstellungstechnik.

Datenstrukturorientierte Entwicklungsstrategie
Für die Entwicklung datenbankorientierter Informationssysteme kann die konzeptionelle Datenstruktur ein zweckmäßiger Aufhänger sein, wenn die logischen Datenbestände mit ihren Abhängigkeiten im Mittelpunkt stehen.

Der Vorteil dieser Entwurfsstrategie liegt in der übersichtlichen Darstellung der Datenbestände und ihrer Abhängigkeiten als Ausgangspunkt eines Informationssystems. Der Einsatz dieser Entwicklungsstrategie stellt hohe Anforderungen an die Anwendungsentwickler, besonders an die Benutzermitarbeiter im Projektteam.

**Kritische Würdigung der drei Entwurfsansätze
für eine Anwendungsentwicklung**
Alle drei Ansatzpunkte einer Entwurfsstrategie haben ihre Vor- und Nachteile. Kein Ansatz deckt alle Gesichtpunkte ab, sondern ist zwangsläufig einseitig und damit unzulänglich. Der Projektleiter muß für ein Projekt die Entwurfsstrategie mit den meisten Vorteilen wählen. Das kann die funktionelle Denkweise sein. Bei einem hohen Innnovationsgrad ist auch denkbar und anzutreffen, daß ein Projektteam ablauforientiert in eine Entwicklung einsteigt. Für ein typisches Informationssystem bietet sich als Grundstruktur ein Datenmodell (Datennetz) an. Ein Projektteam sollte allerdings neben dem zum ersten Einstieg benutzten Systemansatz auch die anderen Spezifikationsschwerpunkte parallel dazu einsetzen. Nur mit einer Mischung aller drei Schwerpunkte lassen sich praxisbezogene Regelungen erreichen.

2. Spezifikationswerkzeuge der fachlichen Soll-Konzeption

Das methodische Instrumentarium einer fachlichen Soll-Konzeption sollte aus durchgehenden und aufeinander abgestimmten Darstellungstechniken und Beschreibungen bestehen. Sie müssen auch für die Anwendermitarbeiter im Projektteam verständlich sein. Im Mittelpunkt stehen

Lernabschnitt 7

- eine hierarchische Aufgabenstruktur (vertikale Strukturierung)
- eine Folgestrukturdarstellung (auch Funktionsablaufplan, Integrationsübersicht oder Schnittstellenplan genannt)
- eine horizontale Aufgabenstrukturierung (EVA-Diagramm)
- eine grafische und/oder tabellarische Darstellung des logischen Datenmodells

Eine Schemaübersicht der ineinander übergreifenden Entwurfswerkzeuge ist in Abbildung 7.06 dargestellt.

Weitere Darstellungsinstrumente, die insbesondere in der fachlichen Feinkonzeption eingesetzt werden, sind
- verrichtungs- und stellenorientierte Datenflußpläne, Ablaufpläne, Vorgangskettendiagramme zur Darstellung prozeßorientierter Arbeitsketten
- Dialogabläufe verschiedener Art
- Entscheidungstabellen, Datentabellen, Fehlerprüftabellen
- Bildmasken und Listbilder

Um seine Mitarbeiter voll in die Entwurfsschritte einzubeziehen, wird ein Projektleiter bei der Teamarbeit soweit wie möglich vom Einsatz von Flipcharts und einer Pinwand Gebrauch machen, was den Teamgeist und die Arbeitsmotivation fördert.

Als Auszug aus dem Softwareprojekt „Aufbau eines Online-Einkaufs" zeigen wir anschließend einige wichtige Spezifikationsdarstellungen des fachlichen Soll-Designs.

Eine Übersicht der gewünschten Softwaremodule ist in Abbildung 7.07 enthalten. Die tabellarische Aufgabenstruktur benutzt die Unterteilung nach Stammdatenfunktionen, Arbeitsfunktionen, Berichtsfunktionen und Sonderfunktionen.

Alle Aufgabenmodule sind in Kurzform zu beschreiben:
- wesentliche Ergebnisse, die erwartet werden
- benutzte Arbeitsverfahren und Verarbeitungsformeln
- wichtige Eingabeinformationen

LERNABSCHNITT 7

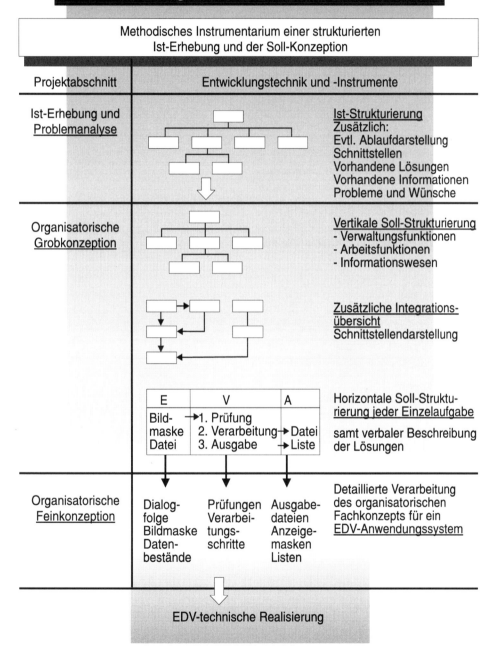

Abbildung 7.06

LERNABSCHNITT 7

Hierarchischer Aufgabenüberblick des geplanten Softwaresystems in tabellarischer Darstellungsform

Gewünschte Softwaremodule für den Einkauf

1 Einkaufsdatenbank
 11 Verwaltung Lieferanten/Verwaltung Konzerne
 12 Verwaltung Artikel/Verwaltung Artikelklassen
 13 Verwaltung Artikel/Verwaltung Lieferanten

2 Verwaltung Bedarfssätze

3 Angebotseinholung
 31 Erstellung und Verwaltung Anfragen
 32 Erstellung und Verwaltung Angebote

4 Bestellerfassung und -schreibung
 41 für Lagerartikel
 42 für Nichtlagerartikel und Dienstleistungen
 43 für Kontrakte/Abrufe

5 Mahnwesen

6 Wareneingangsabwicklung

7 Rechnungsprüfung
 71 Rechnungserfassung und -prüfung
 72 Berechnung neue Durchschnittswerte

8 Berichtswesen
 81 ABC-Analyse der Artikel
 82 Bestellstatistik
 83 Lieferantenstatistik
 84 Preisentwicklung
 85 Listgenerator für weitere Auswertungsprogramme

9 Schnittstellenprogramme

Abbildung 7.07

Die Grobbeschreibung muß fachlich orientiert und auf die Anwenderabteilung als Empfänger ausgerichtet sein.

Eine Darstellung der Integrationszusammenhänge und Schnittstellen zu Nachbarsystemen läßt sich mit einem Funktionsablaufplan erreichen. Er stellt das ergänzende

LERNABSCHNITT 7

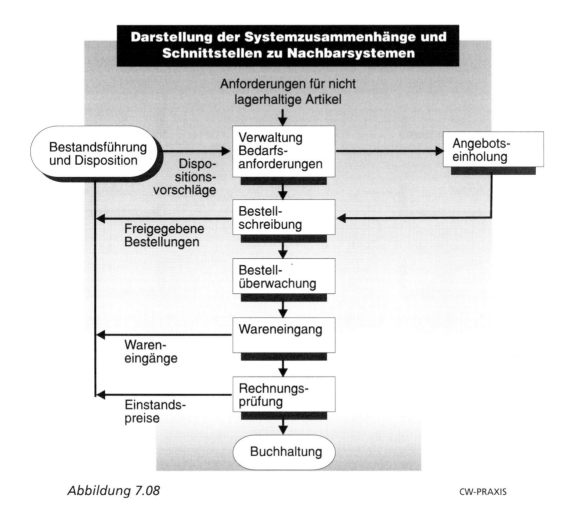

Abbildung 7.08   CW-PRAXIS

Gegenstück zur statischen Funktionsübersicht dar. Ein solches Diagramm weist in der Form eines Blockschaltbilds auch auf die erforderlichen Schnittstellen zu Nachbarsystemen hin. Ein Beispiel im Rahmen unseres Einkaufsprojekts finden Sie in der Abbildung 7.08.

Die dritte Säule eines Fachentwurfs stellt das logische Datenmodell dar. Es läßt sich in grafischer oder tabellarischer Form darstellen. Ein Beispiel des konzeptionellen Datenmodells unseres Einkaufsprojekts ist in Abbildung 7.09 dargestellt.

Den Übergang von der fachlichen Grobkonzeption zur Feinkonzeption stellt in einer strukturierten Anwendungsentwicklung ein EVA-Diagramm dar. Es handelt sich um eine horizontale Aufgabenzergliederung in die drei Teilstücke:

LERNABSCHNITT 7

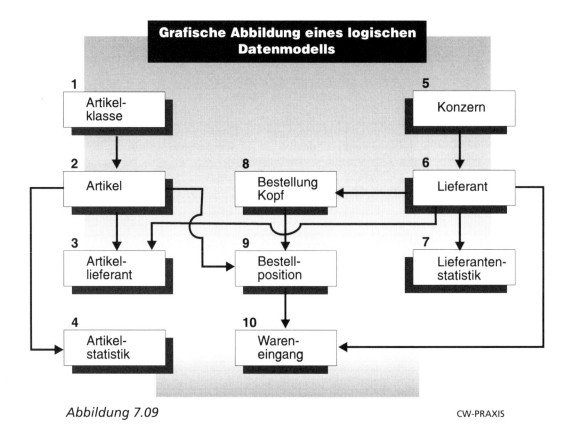

Abbildung 7.09

- **Eingabe:** Was brauche ich an Voraussetzungen / Eingaben?
- **Verarbeitung:** Mit welchen Verarbeitungsregeln bekomme ich die gewünschten Ausgaben?
- **Ausgabe:** Welche Ausgaben wünsche ich?

Abbildung 7.10 enthält ein EVA-Diagramm aus unserem Einkaufsprojekt für die Soll-Abwicklung des Wareneingangs.

EVA-Diagramme sind ein Hilfsmittel für die Softwarekalkulation nach dem Function-Point-Verfahren. In der Anwendungsentwicklung stellen sie für den Projektleiter eine Checkliste für die sich anschließenden Detailarbeiten dar:

- Welche Bildmasken und Eingabedateien werden benötigt?

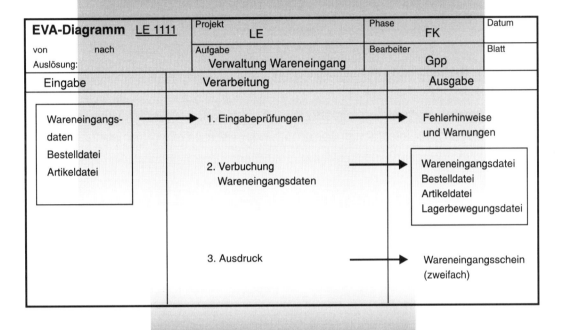

Abbildung 7.10 CW-PRAXIS

- Welche Eingabeprüfungen und Verarbeitungsbestimmungen müssen festgelegt werden?
- Welche Ausgabemasken, -listen und -dateien müssen zusammengestellt werden?

Im Normalfall umfassen EVA-Diagramme einen ganzen Geschäftsprozeß. Andernfalls werden zusammengehörige EVA-Diagramme zusammengekoppelt.

Über die aufgezählten Strategiewerkzeuge hinaus benutzt ein geschultes Projektteam für die fachliche Detailkonzeption mehrere weitere Methoden und Darstellungstools. Ausführungen darüber sind in einschlägigen Lehrbüchern der DV-Organisation enthalten. Bekannte und aktuelle Titel der Fachliteratur sind im Literaturteil aufgeführt.

3. Werkzeuge zur Programmentwicklung

Die Gestaltungswerkzeuge und Softwaretools zur DV-technischen Konzeption und Programmentwicklung werden nur in seltenen Fällen im Zusammenhang mit einem konkreten Projekt festgelegt. Die Methodenstrategie gehört zu den zentralen Aufgaben des DV-Managements. Der Projektleiter muß sich an die vorhandenen Regelungen der Programmgestaltung halten.

Die Werkzeuge zur Programmgestaltung sind heute außerordentlich unterschiedlich! Es werden Programmiersprachen der dritten oder vierten Generation benutzt. Neben isolierten Programmentwicklungs- und Dokumentationstools sind umfassende Programmgeneratoren oder ein integriertes CASE-Instrumentarium anzutreffen. Nur wenn in einem Unternehmen alternative Gestaltungsmöglichkeiten bestehen, muß der Projektleiter die für sein Projekt zweckmäßige Methodenstrategie auswählen. Wegen der begrenzten Entscheidungsfreiheit des Projektleiters beschränken wir uns in diesem Fachbuchabschnitt auf einige allgemeingültige Schwerpunkte und Darstellungselemente zur Schaffung übersichtlicher, gut dokumentierter und wartungsfreundlicher Programme.

Die Aufgabenstellung des Projektleiters muß sich bei der Programmentwicklung darauf konzentrieren, daß die Programme im Rahmen des definierten Geschäftsprozeßmodells nach den vorgegebenen Methoden und Tools erstellt und ausreichend kommentiert und dokumentiert werden.

Besonders kritisch hat der Projektleiter auf ausreichend bemessene Testphasen bei den Modul- und Integrationstests zu achten.

Als Grundlage der Programmentwicklung dient die manuelle oder DV-unterstützte Systemdokumentation. Schwerpunkte der Systemdokumentation sind bei einer Anwendungsentwicklung nach Spezifikationsunterlagen

- eine hierarchische Aufgabenübersicht der Systemfunktionen
- ein Geschäftsprozeßmodell mit Schnittstellen zu Nachbarsystemen
- EVA-Diagramme

- Ein- und Ausgabedarstellungen samt Beschreibung der Datenfelder
- ein logisches Datenmodell mit Datenbeschreibung
- Verarbeitungsbeschreibungen samt Eingabeprüfungen
- Hinweise zu Datenschutz und -sicherung
- Testhinweise aus Anwendersicht

Der Übergang von der fachlichen zur DV-technischen Entwicklung erfolgt bei einer strukturierten Vorgehensweise über einen Programmhierarchieplan (auch Programmbaum genannt) nach der DIN-Norm 66001. Er stellt eine Programmgliederung in die Programmmodule der Steuerung und Durchführung dar. Die Verbindungen des Hierarchieplans sagen aus, welche untergeordneten Verarbeitungsmodule in ein übergeordnetes Steuermodul einfließen. Das Folgebild enthält ein Beispiel eines Programmhierarchieplans. Er gehört zu den Standardinstrumenten der Programmierung.

Parallel zum Programmhierarchieplan entsteht aus dem logischen Datenmodell das physische Datenbankdiagramm. Es ist nach den Regeln der eingesetzten Datenbank zu erstellen und entspricht in der Darstellung dem konzeptionellen Datenmodell.

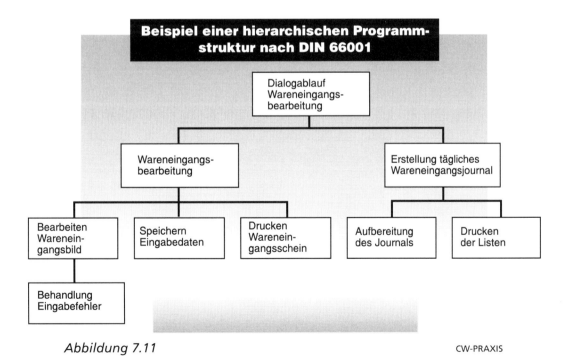

Abbildung 7.11

Lernabschnitt 7

Die Verfeinerung der Programmodule kann zum Beispiel beim Einsatz der strukturierten Programmierung durch eine Aufteilung nach Strukturblöcken erfolgen. Sie werden mit Hilfe von Struktogrammen, Programmablaufplänen oder Pseudocode dargestellt.

Soweit kein Programmgenerator verwendet wird, erfolgt im Anschluß an den Programmentwurf die Codierung mit ausreichender Kommentierung der Programmabschnitte. Ihr folgt die Programmumwandlung in den Maschinencode.

Eine Erleichterung der Testarbeiten kann durch den Einsatz von Testgeneratoren und anderen maschinellen Testhilfen, zum Beispiel Testdrivern, erreicht werden.

Bei einer Dialogdatenverarbeitung muß der Projektleiter prüfen, ob bei folgenden Punkten ein ausreichender Standardisierungs- und Komfortgrad vorliegt:

- eine Einheitlichkeit und Übersichtlichkeit des Bildmaskenaufbaus durch die Einhaltung der Standards der Maskengestaltung
- ansprechende und aussagekräftige Maskenbilder und logische Maskenfolgen
- zweckmäßige Möglichkeiten der Benutzersteuerung

Der Projektleiter muß darauf drängen, daß die Benutzerseite für fertiggestellte Programmketten einen Abnahmetest durchführt, bei dem die Übereinstimmung des neuen Systems mit der Wirklichkeit und den gestellten Anforderungen erfolgt. Für diesen Test müssen die Anwender durchgehende Testbeispiele zur Verfügung stellen.

Lernmodul 7.3 Professionelle Methoden zur Softwarebeschaffung

Einsatz von Standardsoftware lautet das DV-Erfolgsrezept der 90er Jahre. Die auf dem Softwaremarkt angebotenen Fertigprodukte haben den Individualprogrammen längst den Rang abgelaufen. Gegenwärtig werden schätzungsweise bereits zwei Drittel aller neuen DV-Anwendungssysteme von System- und Softwarehäusern beschafft.

Heute muß für jedes DV-Projekt der Grundsatz gelten: Wenn der Markt passende Software zur Verfügung stellt, hat die Softwarebeschaffung Vorrang vor einer Eigenentwicklung. Jeder Projektleiter muß nach dieser Maxime vorgehen. Denn Lorbeeren sind mit einer Individualentwicklung ohnehin nur selten zu gewinnen!

Neben dem passenden Vorgehenskonzept für ein Softwarebeschaffungsprojekt muß sich der Projektverantwortliche ein ausreichendes Wissen über folgende Punkte aneignen:

- Wie stellt man die fachlichen und systemtechnischen Anforderungen an Standardsoftware zusammen?
- Was gehört zu einem bewertungsgerechten DV-Pflichtenheft?
- Was sind die Schwerpunkte einer Softwareevaluation?
- Wie paßt das Projektteam ein Fremdpaket an die Erfordernisse des eigenen Unternehmens an?

In diesem Fachbuchabschnitt stellen wir dem Projektleiter die wichtigsten Arbeitsmethoden vor, die er kennen muß, um ein Beschaffungsprojekt erfolgreich abzuwickeln.

1. Fachliche Anforderungen an Standardsoftware

Ebenso wie bei der Entwicklung von Individualsoftware sollte ein Phasenkonzept zur Softwarebeschaffung den Kompaß für die richtige Vorgehensweise bilden. Es soll mithelfen, daß alle Arbeiten rechtzeitig angestoßen werden, keine Aktivitäten wiederholt werden müssen und kein Schritt vergessen wird.

Der Einstieg in ein Softwarebeschaffungsprojekt erfolgt über die Zusammenstellung der fachlichen Anforderungen. Zwei Schwerpunkte muß der Projektleiter hierbei unterscheiden:

Lernabschnitt 7

- Die Erarbeitung der fachlichen Anforderungen, die für das Softwarepflichtenheft benötigt werden.
- Die Zusammenstellung der Arbeiten, die im eigenen Unternehmen zu erledigen sind und in einem „internen Pflichtenheft" festgehalten werden.

Die internen Voraussetzungen für eine Softwareeinführung werden im Projekt oft sträflich vernachlässigt. Die Änderung der Organisation und der Geschäftsprozesse ist oft schwieriger zu realisieren als die Installation eines Softwarepakets!

Für die Ausarbeitung der fachlichen Anforderungen an Beschaffungssoftware gelten die gleichen Arbeits- und Darstellungsmethoden wie für eine Individualentwicklung. Die Konzeptionsüberlegungen konzentrieren sich auf die zwei Fragestellungen:

- Was benötigen wir an Softwarefunktionen?

- Welche Zusammenhänge, die im Geschäftsprozeßmodell dargestellt werden, muß die Software unterstützen?

Wesentlich für ein Pflichtenheft ist die Zusammenstellung der unverzichtbaren spezifischen Problemlösungen, die unser Unternehmen benötigt.

2. Systemtechnische Auswahlkriterien für Standardsoftware

Neben der Zusammenstellung der fachlichen Konzeptionsvorstellungen darf der Projektleiter den systemtechnischen Anforderungskatalog nicht vergessen. Die Prüfung der systemtechnischen Anforderungen kommt im Projekt oft zu kurz, weil die Teammitarbeiter zu geringe Kenntnisse über den aktuellen Entwicklungsstand der Systemtechnik besitzen. Mindestens die KO-Kriterien der systemtechnischen Wünsche sollten im Pflichtenheft verankert werden. Die Folgetabelle enthält eine Checkliste der möglichen systemtechnischen Anforderungen an Standardsoftware.

Zu den systemtechnischen Komponenten bei der Softwarebeschaffung zählt auch die Wahl der zweckmäßigen Hardwareplattform. Die Rechnerlandschaft verändert sich gegenwärtig mit dramatischer Geschwindigkeit. Diese Veränderungen muß ein

Checkliste der möglichen systemtechnischen Anforderungen an Standardsoftware

Checkliste: Systemtechnische Kriterien zur Software-Auswahl

Nummer	Auswahlkriterien
1.	**Fragen zur Hardware, Systemsoftware und Datenbank**
1.1	Rechnersystem (Hersteller, Typ)
1.2	Betriebssystem (Hersteller, Typ, Release)
1.3	Netzwerk und Netzwerk-Betriebssystem
1.4	Programmiersprache
1.5	Art der Datenbasis/Datenbank (welche?)
2.	**Benutzeroberfäche, Benutzerführung**
2.1	Menüsteuerung/Direktzugriff auf Programme
2.2	Windows-Technik/Pull-down-Menüs
2.3	Grafische Benutzeroberfläche
3.	**Datenschutz und Datensicherheit**
3.1	Zugriffsberechtigung und Datenschutz
3.2	Datensicherung/Datenrekonstruktion/Wiederanlauf
4.	**System-, Programm- und Benutzerdokumentation**
4.1	Online-Dokumentation und papiergestüzte Dokumentation
4.2	System- und Benutzerdokumentation/Hilfetexte
4.3	Sourcecodeauslieferung/Sourcecodehinterlegung
4.4	Änderungsdienst der Dokumentation
5.	**Anpassungsmöglichkeiten (Customizing) und Schnittstellentechniken**
5.1	Parameter und Tabellenanpassung
5.2	Bildmasken- und Listengenerator, Abfragesprache
5.3	Standardschnittstellen/Verbindung zur Textverarbeitung u. ä.
6.	**Programminstallation, Konversionsunterstützung, Service**
6.1	Übernahme- und Konversionsprogramme
6.2	Test- und Schulungsversion
6.3	Hotlineservice
6.4	Wartungsvertrag
6.5	Releases und Versionsänderungen

Abbildung 7.12

vorausschauender Projektleiter in sein Kalkül der strategischen Überlegungen einbeziehen. Die 90er Jahre sind gekennzeichnet durch einen starken Trend weg von den konventionellen proprietären Mainframerechnern. Standardsoftware, die den aktuellen Stand der Technik widerspiegelt, baut auf offenen Systemen auf, die in ein flexibles Netzwerk eingebaut sind.

Ein erfolgreicher Projektleiter benötigt zur Installation einer zukunftssicheren und flexiblen Hardwareplattform ein profundes Know-how über moderne Client-Server-Architekturen als Infrastruktur offener Systeme.

Das Client-Server-Prinzip gilt heute als Schlüsselstrategie für eine zukunftsorientierte Software- und Hardwarelandschaft. Client-Server-Strukturen trennen die Präsentationsebene einer Software von der Anwendungslogik und der Datenspeicherung. Sie erlauben die Integration

- einer Textverarbeitung,
- grafischer Benutzeroberflächen,
- optischer Speicher samt einer Dokumentenverwaltung und
- allgemeiner Bürofunktionen

in die gewünschte Anwendungslogik. Bei der Beschaffung eines Softwarepakets muß das Projektteam überlegen, in welchem Umfang diese Funktionen zur Verfügung stehen und im Unternehmen zur Deckung der Anforderungen der Geschäftsprozesse nützlich eingesetzt werden können.

3. Das DV-Pflichtenheft – Kernbestandteil einer Softwarebeschaffung

Zu den Schwerpunktaufgaben eines Projektteams gehört in einem Softwarebeschaffungsprojekt die Zusammenstellung eines aussagekräftigen Pflichtenhefts, das eine einfache Gegenüberstellung und Bewertung der Angebote erlaubt. Im Pflichtenheft laufen die fachlichen und systemtechnischen Anforderungspunkte zusammen.

LERNABSCHNITT 7

Standardgliederung eines übersichtlichen DV-Plichtenhefts

Standardgliederung für ein Softwarepflichtenheft

1. Unternehmenscharakteristik
   1.1 Name und Adresse des Unternehmens
   1.2 Branche, Produktgruppe, Dienstleistungen
   1.3 Unternehmensgröße, Wachstumsrate

2. Ist-Zustand der Arbeitsgebiete
   2.1 Bisherige Verfahren und Hilfsmittel
   2.2 Unternehmensspezifische Besonderheiten
   2.3 Bewertung des Ist-Zustands

3. Zielsetzungen
   3.1 Quantifizierbarer Nutzen
   3.2 Sonstige Vorteile

4. Anforderungen an die geplante Anwendungssoftware
   4.1 Fachliche Anforderungen
       -Überblick und Zusammenhänge
       -Detaillierte Anforderungen an die Arbeitsgebiete
   4.2 Technische Anforderungen

5. Mengengerüst
   5.1 Kartei-/Stammdaten
   5.2 Bestandssätze, Belege/Zahl der Bewegungen

6. Eventuelle Anforderungen an Hardware und Systemsoftware
   6.1 Hardware
   6.2 Systemsoftware

7. Mitarbeiter für die Umstellung

8. Zeitlicher Reallisierungsrahmen

9. Anforderungen an die Lieferfirma

10. Wünsche zum Angebotsaufbau und -inhalt
    10.1 Angebotsaufbau
    10.2 Preise und Vertragsbedingungen
    10.3 Abgabetermin des Angebots

Anlagen zum DV-Pflichtenheft

Abbildung 7.13

Ein Pflichtenheft zur Beschaffung von Standardsoftware muß dem Ausschreibungsumfang und -wert angemessen sein. Die Standardgliederung (Abbildung 7.13) für ein Software-Pflichtenheft kann vom Projektleiter als Checkliste für den Inhalt einer Ausschreibungsunterlage benutzt werden.

Die Formulierungen in einem Softwarepflichtenheft müssen möglichst konkret und meßbar sein. Dem Anbieter ist vorzugeben, was unsere Mußforderungen („KO-Kriterien") sind. Zur Erleichterung der Softwarebewertung muß der Projektverantwortliche der Softwarefirma sagen, wie die Beantwortung der Pflichtenheftfragen von uns gewünscht wird. Im Angebot muß ersichtlich sein, ob

- ein Punkt des Pflichtenhefts durch die angebotene Standardversion abgedeckt ist,
- durch ein Zusatzprogramm oder eine Programmodifikation erfüllt wird
- oder überhaupt nicht gelöst werden kann.

Für die Formulierungen im Pflichtenheft sollte das Projektteam möglichst gezielte Fragen verwenden, die eine klare Antwort zulassen.

4. Ablaufschritte einer Softwareevaluation

Der Schwierigkeitsgrad der Auswahl von Standardsoftware liegt für ein Projektteam in der Vielzahl unterschiedlicher Kriterien, die diese Entscheidung beeinflussen:

- der Funktionsbreite und Leistungsfähigkeit der Software,
- der preislichen Gesichtspunkte und
- der Marktstellung und Zukunftssicherheit der Anbieterfirma.

Zu den wesentlichen Arbeitsschritten einer Softwareauswahl zählen

- die Grobevaluation mit Ausschaltung der Angebote, welche die KO-Kriterien nicht erfüllen,
- die Feinevaluation – häufig mit Hilfe einer Punktebewertung nach den Grundsätzen der Nutzwertanalyse.

Zur Feinauswahl gehören mehrere aufwendige Arbeitsschritte: Angebotsbesprechungen mit den Vertriebspartnern der Softwarefavoriten, Softwaredemos und eventuell vertiefende Workshops mit bereitgestellten Firmendaten, Besuche bei Referenzanwendern und systematische Angebotsvergleiche.

> *Ein Projektverantwortlicher muß darauf achten, daß die Folgeschritte einer Softwareauswahl mit ausreichender Sorgfalt nacheinander abgewickelt werden. Auf keinen Fall darf eine vorzeitige Bindung an einen Softwareanbieter erfolgen. Besonders für eine Punktebewertung muß ein Projektleiter Kenntnisse der einschlägigen Evaluationsverfahren besitzen.*

Wir weisen in diesem Fachbuchabschnitt auf die wesentlichen Verfahrensschritte einer Softwareauswahl hin. Wenn ein Projektleiter detailliertes Wissen benötigt, sollte er auf praxisorientierte Buchtitel zu dieser Thematik zurückgreifen (zum Beispiel auf G 1).

Grobauswahl der Standardsoftware

Nach der Prüfung der Angebote muß das Projektteam in einem ersten Durchlauf alle Angebote ausscheiden, bei denen die geforderten KO-Kriterien nicht erfüllt werden. Das können unterschiedliche Punkte sein:

- Die Softwareprobleme des Anwenders werden nicht abgedeckt.
- Das Niveau der Software entspricht nicht den Anforderungen des Anwenders.
- Die Software ist noch gar nicht fertig.
- Der preisliche Rahmen ist nicht akzeptabel.
- Es bestehen Zweifel an der Zukunftssicherheit des Anbieters.

Auch Angebote mit einer oberflächlichen oder gar schlampigen Aufmachung sollte das Projektteam nicht weiterverfolgen.

Verfahren der Feinevaluation

Während eine Grobevaluation dazu dient, unbrauchbare Anbieter möglichst schnell zu eliminieren, ist es das Ziel der Feinauswahl, unter den in Frage kommenden An-

Lernabschnitt 7

bietern den optimalen Partner nach objektiven und möglichst quantifizierbaren Gesichtspunkten zu ermitteln.

Als Vorbereitung für eine Feinauswahl müssen Verhandlungen mit den Anbietern, eine Softwaredemonstration des Anbieters und Besuche bei Referenzanwendern stattfinden.

Eine bewährte Darstellung des Erfüllungsumfangs der Anforderungen läßt sich mit Hilfe von Kriterienlisten schaffen. Es sind verbale Vergleichsübersichten über die wichtigsten Aspekte eines Angebots:

- Allgemeinbeurteilung des Softwareangebots
- fachliche Beurteilung der einzelnen Softwaremodule
- systemtechnische Beurteilung der Software
- Beurteilung des Softwareanbieters
- Zusammenstellung der Preise und Konditionen

Kriterienübersichten vermitteln einen Einblick in wesentliche Angebotsunterschiede und zeigen Lücken in den Angeboten auf. Auf dem anschließenden Formularblatt finden Sie ein Beispiel einer Kriterienliste aus unserem mitlaufenden Einkaufsprojekt mit einer Gegenüberstellung allgemeiner Softwarebeurteilungspunkte.

Zur exakten Bewertung von Softwareangeboten läßt sich eine Nutzwertanalyse durchführen. Das Verfahren basiert auf einer Gegenüberstellung von Vorgabewerten für Auswahlkriterien und einer Bewertung mit Hilfe einer Benotungsskala. Sieger einer Punktebewertung ist der Anbieter mit der höchsten Punktezahl. Ein Punkteverfahren ist methodisch anspruchsvoll und läßt bei dilettantischer Anwendung fatale Manipulationsmöglichkeiten zu. Eine Nutzwertanalyse sollte deshalb nur durchgeführt werden, wenn ein erfahrener Organisationsfachmann im Projektteam mitwirkt.

Der Einsatz der Nutzwertanalyse geht bei einer Softwareauswahl in folgenden Schritten vor sich:

(1) Sammlung der Kriterien, die in die Auswahl einbezogen werden sollen und Verdichtung zu Kriteriengruppen

Kriterienübersichten als Methodikbaustein einer Feinevaluation

KRITERIENÜBERSICHT		Evaluation Einkaufssoftware EVU	1 Allgemeinbeurteilung der Software
Nr	Kriterien	Anbieter 1	Anbieter 2	Anbieter 3
1.1	Praxisorientierung und Benutzerfreundlichkeit	Kleinere Schwächen	Gut	Kleinere Schwächen
1.2	Zukunftsorientierung und Weiterentwicklung	Gut	Im allgemeinen befriedigend	Gut
1.3	Integration	Gut	Gut	Mit Einschränkungen möglich
1.4	Bewährtheit und Verbreitung	Bisher 25 Anwender	120 Anwender!	Nur 4 Anwender
1.5	Qualität der Dokumentation	Minimaldokumentation auf Papier	Minimaldokumentation auf Papier	Minimaldokumentation auf Papier

Abbildung 7.14   CW-PRAXIS

(2) Gewichtung der Kriteriengruppen und Einzelkriterien und Eintragung in das Evaluationsschema
(3) Festlegung einer Bewertungsskala
(4) Schätzung im Projektteam, in welchem Umfang ein Anbieter ein Kriterium erfüllt
(5) Multiplikation der erreichten Benotung mit der Soll-Gewichtung
(6) Addition der erreichten Punkte eines Anbieters je Kriteriengruppe und insgesamt

Bei jeder Punktebewertung tritt die Frage auf, ob auch die Kostenseite in das Bewertungsschema einbezogen werden sollte. Das ist denkbar. Jedoch dürfte es meist zweckmäßiger sein, die Kosten außerhalb des Bewertungsschemas den Entscheidern über das Softwareprojekt zur Verfügung zu stellen. Ein Beispiel einer Punktebewertung finden Sie in Abbildung 7.15. Folgende Bewertungsskala wurde verwendet:

LERNABSCHNITT 7

Fallbeispiel eines Auswahlblattes auf der Basis einer Nutzwertanalyse

AUSWAHLBLATT		Projekt		Datum	
Einkaufssoftware		Aufgabe		Blatt	
Kriterien / Gewichtung	Soll-Gewichtung	Ist-Gewichtung			
NR		Variante A		Variante B		Variante C	
		A	Produkt	B	Produkt	C	Produkt
1 Allgemeine Punkte	20						
1.1 Praxisorientierung	5	2	10	3	15	2	10
1.2 Zukunftsorientierung	5	3	15	2	10	3	15
1.3 Integration mit Nachbarbereichen	5	3	15	3	15	2	10
1.4 Bewährtheit und Verbreitung	5	2	10	3	15	1	5
Zwischensumme			50		55		40
2 Softwarefunktionen	50						
2.1 Einkaufsstammdaten	5	2	10	2	10	2	10
2.2 Verwaltung Bedarfsanforderungen	5	0	0	3	15	0	0
2.3 Angebotseinholung	5	2	10	2	10	2	10
2.4 Bestellabwicklung	20	2	40	3	60	2	40
2.5 Wareneingang	5	2	10	2	10	1	5
2.6 Rechnungsprüfung	5	2	10	1	5	2	10
2.7 Berichtswesen	5	3	15	2	10	3	15
Zwischensumme			95		120		90
3 Systemtechnische Funktionen	20						
3.1 Benutzeroberfläche	5	2	10	3	15	3	15
3.2 Anpassungsmöglichkeiten und -hilfen	5	1	5	3	15	1	5
3.3 Schnittstellen zum Altsystem	10	1	10	3	30	1	10
Zwischensumme			25		60		30
4 Anbieter	10						
4.1 Firmensicherheit und -größe	5	2	10	1	5	1	5
4.2 Fachliche Qualifikation und Unterstützung	2	1	2	3	6	1	2
4.3 Schulungsmöglichkeiten	2	2	4	2	4	2	4
4.4 Entfernung	1	1	1	1	1	3	3
Zwischensumme			17		16		14
Summe Punkte	100		187		(251)		174

Abbildung 7.15

CW-PRAXIS

0 = Keine oder ungenügende Funktionserfüllung
1 = Geringe oder mangelhafte Funktionserfüllung
2 = Ausreichende Funktionserfüllung
3 = Gute Funktionserfüllung

Angebote, bei denen KO-Kriterien nicht erfüllt worden sind, hat das Projektteam bereits bei der Grobauswahl ausgeschaltet. Bei der Feinauswahl geht es ausschließlich um Kann-Kriterien.

5. Organisationsgestaltung und Softwareanpassung

Eine gewachsene Ablauforganisation oder vorhandene Software-Altsysteme decken sich normalerweise nicht mit dem Inhalt eines fremdbezogenen Softwaresystems. Um das Programmpaket effektiv einzusetzen, muß das Projektteam für jedes Softwaremodul Überlegungen anstellen:

- Wo müssen die vorhandenen Geschäftsprozesse und Abläufe entrümpelt und begradigt werden, damit sich die Fertigsoftware sinnvoll darüberstülpen läßt?
- Wo muß die Software angepaßt oder geändert werden, damit sie unseren betriebsspezifischen Aufgaben gerecht wird?

Die Folgeskizze zeigt die Denkweise bei der Gestaltung der neuen DV-unterstützten Organisation.

Um der anspruchsvollen Aufgabe gerecht zu werden, zwischen der eingekauften Software und dem gewünschten Geschäftsprozeßmodell Deckungsgleichheit herzustellen, gibt es kein Patentrezept! Durch eine nach Abschluß des Softwarevertrags durchgeführte detaillierte Problem- und Anforderungsanalyse und eine intensive Paketschulung müssen Projektleiter und -mitarbeiter

- den Stand der vorhandenen Probleme und des bestehenden Organisationsniveaus,
- die fachlichen Anforderungen an die künftigen Geschäftsprozesse und
- den Inhalt und die Möglichkeiten der Software

kennenlernen und die Software den Organisationswünschen gegenüberstellen.

Lernabschnitt 7

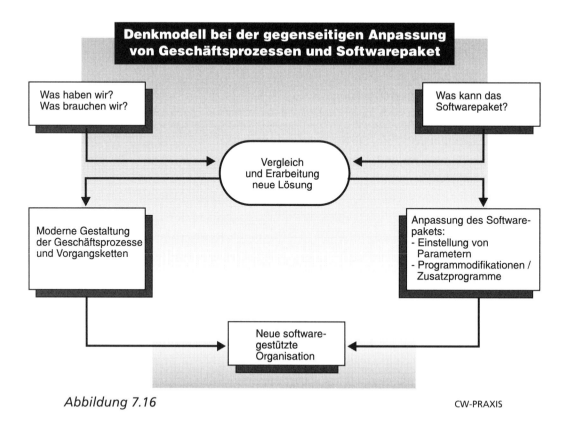

Abbildung 7.16   CW-PRAXIS

Im Rahmen von Vorgangskettenmodellierungen und Anpassungen des Softwarepakets ist anschließend die bestmögliche Zukunftslösung zu erarbeiten.

Summary

Neben einer professionellen Vorgehenstechnik benötigt ein Projektteam für die Entwicklungs-, Evaluations- und Implementierungstätigkeiten geeignete Arbeitswerkzeuge und Softwaretools. Ein Projektleiter muß Wert darauf legen, daß dem Projektteam zur Abwicklung seiner Aufgaben anwenderverständliche Werkzeuge zur Verfügung stehen. Der Einsatz von CASE-Tools darf erst erfolgen, wenn die Teammitglieder ein ausreichendes Methodenverständnis erreicht haben.

Bei einer Individualentwicklung ist eine intensive Ist-Aufnahme und -Analyse unerläßlich. Bei der geplanten Beschaffung von Fertigsoftware reicht eine grobe Ist-Erhebung vor der Pflichtenhefterstellung aus. Eine Vertiefung muß hier nach der Softwarebeschaffung vor der Anpassung der Programmodule erfolgen.

Bei einer Individualentwicklung steht der Entwurf des fachlichen Soll-Designs an erster Stelle. Zu ihm gehören die Zusammenstellung der operativen und informativen Soll-Funktionen, die Festlegung der Integrationszusammenhänge und die Entwicklung des logischen Datenmodells.

Die Methoden und Softwaretools zur DV-technischen Konzeption gelten einheitlich für alle Projekte. Der Projektleiter muß darauf achten, daß die vorgeschriebenen Gestaltungswerkzeuge richtig angewendet und die Programme ausreichend kommentiert, getestet und dokumentiert werden.

Für die Erarbeitung der Soll-Anforderungen an Fremdsoftware sind die gleichen Arbeits- und Darstellungsmethoden erforderlich wie für eine Individualentwicklung. Zusätzlich muß der Projektleiter zur Abwicklung der Hardware-und Softwareevaluation praktische Kenntnisse der Nutzwertanalyse besitzen.

Lernabschnitt 8:
Projekt- und Systemdokumentation

Das Thema Dokumentation gehört zu den Dauerbrennern, wenn man sich über Probleme der Projektorganisation unterhält. – „Soll ich dokumentieren oder arbeiten?" – Diese immer wieder von Projektmitarbeitern gestellte provozierende Frage demonstriert am besten das gestörte Verhältnis vieler Mitarbeiter zur Dokumentation.

Aus vier Gründen ist es notwendig, eine übersichtliche Projektdokumentation anzufertigen:

- Aus der Dokumentation muß eindeutig hervorgehen, welche Arbeiten vorgenommen wurden und zu welchen Ergebnissen sie geführt haben. Sie erlaubt einen Nachweis, wenn Arbeitsergebnisse nachträglich angezweifelt werden.

- Die Dokumentation stellt für die Folgeschritte des Projekts eine griffbereite Arbeitsunterlage dar.

- Für Mitarbeiter, die erst später im Projekt mitarbeiten und an den vorherigen Arbeiten nicht beteiligt waren, muß die angefertigte Dokumentation verständlich sein.

- Bei der Wartung eines DV-Anwendungssystems kann nur aufgrund der Dokumentation eine gezielte Änderung oder Erweiterung des Programmsystems vorgenommen werden.

Die Bedeutung einer einwandfreien und ordnungsmäßigen Dokumentation wird manchem Projektmitarbeiter erst klar, wenn nachträgliche Nachweise mangels einer ordentlichen Dokumentation nicht geführt werden können, wenn der Wirtschaftsprüfer sein Testat verweigert oder sich bei einer Programmänderung kein Mensch in den Unterlagen zurechtfindet.

Jeder Projektmitarbeiter muß darüber Bescheid wissen, daß Dokumentation (solange sie nicht übertrieben wird), keinen Selbstzweck darstellt, sondern eine bittere Notwendigkeit. Ohne Dokumentation kann längerfristig die Lebensfähigkeit eines Systems oder Programms in Frage gestellt sein.

Bei einer mangelhaften System- und Programmdokumentation kostet die Wartung eines DV-Anwendungssystems ein Mehrfaches an Zeit! Häufig sind nur die Systementwickler selbst in der Lage, Programmänderungen durchzuführen, sofern sie überhaupt noch greifbar sind.

> *Zur Erleichterung der Dokumentationsarbeit sollte ein Projektleiter soweit wie möglich die im Unternehmen vorhandenen maschinellen Dokumentationshilfen in Anspruch nehmen. Auf jeden Fall sollten heute eine gut kommentierte Programmdokumentation und die Benutzerdokumentation zur Erleichterung des Änderungsdienstes im System hinterlegt werden.*

Ein Projektmanager muß sich jedoch davor hüten, in einem Projekt ohne Berücksichtigung eines Mehraufwands „nebenbei" ein DV-organisiertes Dokumentationssystem einführen zu wollen. Das kann nur im Rahmen eines speziellen Pilotprojekts gut gehen.

Wenn ein Projektverantwortlicher allerdings bei bisher durchgeführten Projekten des Unternehmens keine brauchbare Dokumentationsmethodik vorfindet, muß er ein Minimum an manueller Entwicklungs- und Produktdokumentation von seinen Teammitgliedern nach vorgegebenen Richtlinien und Musterbeispielen fordern. Hierzu findet er in diesem Fachbuchabschnitt wichtige Hinweise und Techniken.

Auch bei einem Projekt zur Beschaffung von Anwendungssoftware ist auf eine ausreichende Dokumentation zu achten! Während einige – meist größere – Softwarefirmen hier vorbildliche Arbeit geleistet haben, sind bei anderen die Programme angeblich so „selbsterklärungsfähig", daß eine zusätzliche Dokumentation überflüssig sei. Eine solche Argumentation muß ein Projektleiter vor einem Vertragsabschluß mit dieser Firma sorgfältig auf ihren Wahrheitsgehalt überprüfen!

Wir zeigen in diesem Lernabschnitt:
- Was gehört zur Projektdokumentation?
- Welche Grundsätze müssen bei der Dokumentation verfolgt werden?
- Welche Hilfsmittel gibt es zur Dokumentationserleichterung?

Wenn Sie als Projektleiter oder Mitarbeiter die wesentlichen Dokumentationsprinzipien konsequent anwenden, darf das Thema Dokumentation in einem Projekt nicht mehr zum Alptraum werden! Es gibt heute genügend Möglichkeiten, zusammen mit der Systementwicklung die Dokumentation mit erträglichem Aufwand in den Griff zu bekommen!

LERNMODUL 8.1 KOMPONENTEN EINER PROJEKTDOKUMENTATION

Die Dokumentation eines DV-Projekts der Individualentwicklung setzt sich aus folgenden Bestandteilen zusammen:

- Projektmanagementdokumentation (auch Projektablaufdokumentation genannt)
- Organisations- oder Systemdokumentation
- Programmdokumentation
- Benutzerdokumentation
- RZ-Dokumentation
- Sonderdokumentationen (Installationsdokumentation, Netzdokumentation und ähnliches)

Eine logische Unterteilung der Dokumentationsbestandteile eines DV-Projekts führt zur Folgeübersicht:

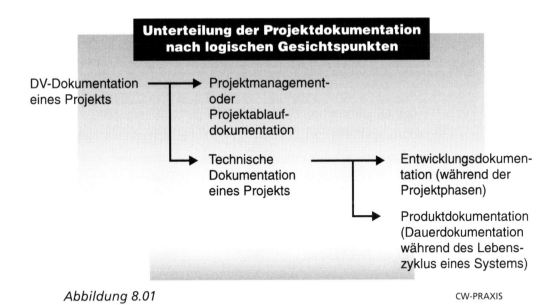

Abbildung 8.01 CW-PRAXIS

Die Projektmanagement- oder Projektablaufdokumentation gibt Auskunft über den Projektauftrag und seine Abwicklung in den Projektphasen bis zur Schlußabnahme des Projekts.

Die technische Dokumentation gibt Auskunft über den Inhalt des Projekts. Sie zerfällt in die Entwicklungsdokumentation und die Produktdokumentation. Teile der Entwicklungsdokumentation, zum Beispiel Unterlagen der fachlichen Feinkonzeption und der Programmvorgabe, werden in die Produktdokumentation übernommen. Zu ihr gehören die Programm-, Benutzer- und Rechenzentrumsdokumentation.

1. Projektablaufdokumentation

Die Projektmanagement- oder Projektablaufdokumentation umfaßt alle Unterlagen zur Auslösung, Planung und Steuerung eines Projekts. Im einzelnen gehören folgende wesentliche Punkte zu dieser Dokumentationsart:

- der Projektauftrag mit dem Anforderungskatalog der Fachabteilung
- wesentlicher Schriftwechsel mit der Fachabteilung
- Aufwands- und Terminplanungen
- Wirtschaftlichkeitsberechnungen

- Arbeitsaufträge
- Zeitüberwachungsblätter
- wichtige Sitzungsprotokolle und ähnliches

Schriftstücke der Projektablaufdokumentation unterliegen überwiegend nur einer begrenzten Aufbewahrungspflicht. Abgesehen von wesentlichen Auftragsunterlagen, Auftragsänderungsanträgen und wichtigen Sitzungsprotokollen können die Ordner und Dateien der Projektdokumentation etwa ein halbes Jahr nach dem Abschluß eines Projekts aufgelöst beziehungsweise gelöscht werden.

2. Technische Dokumentation

Eine sorgfältige Arbeits- und Ergebnisdokumentation nach einem klaren Dokumentationskonzept und/oder dem Einsatz von Dokumentationstools ist bei der Eigenentwicklung eines Programmsystems besonders wichtig. Dieses Lernmodul beschränkt sich auf einige Kernpunkte. Mehr darüber können Sie speziellen Fachbüchern der Projektdokumentation (zum Beispiel G 6) entnehmen.

Organisationsdokumentation (Systemdokumentation)

Zur Organisations- oder Systemdokumentation zählen die während der fachlichen Phasen eines Projekts anfallenden Unterlagen. Es handelt sich in erster Linie um Analyseergebnisse, Konzepte und Systementwürfe verschiedener Feinheitsgrade, welche die Basis für die Programmierung bilden. Sie zählen überwiegend zur Dauerdokumentation während des gesamten Lebenslaufs eines DV-Anwendungssystems. Sie sind wesentliche Unterlagen für Systemänderungen und -erweiterungen. Die Organisationsdokumentation sollte ebenso einem Änderungsdienst unterliegen wie die Programmdokumentation. Das ist besonders bei stark integrierten Systemen, welche schrittweise aufgebaut werden, wichtig.

Beim Einsatz eines Repository ist die Systemdokumentation dort abgelegt und mit dem Inhalt der übrigen Dokumentationsarten durch Querverweise verbunden.

Programmdokumentation

Zur Programmdokumentation gehören die Programmvorgabe und die während der

Programmierung und an ihrem Ende entstehenden Unterlagen. Im Mittelpunkt stehen folgende Punkte:

- der Programmierauftrag
- die gesamte Programmvorgabe
- vom Programmierer erstellte Programmablaufpläne
- Umwandlungslisten mit Quellenprogrammen und dem Maschinenprogramm
- Testanweisungen und Ergebnisse der Abnahmetests

Die Programmdokumentation wird durch die gewählte Programmiermethodik stark beeinflußt.

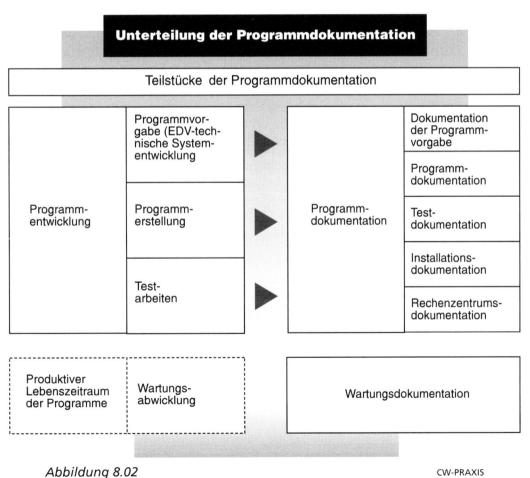

Abbildung 8.02

Soweit Programmunterlagen für den Nachweis des Programminhalts und zur Durchführung späterer Programmänderungen benötigt werden, gehören sie zur Dauerdokumentation und sind während der gesamten Lebenszeit eines Programms aufzubewahren oder in einem Data Dictionary oder Repository abzuspeichern, was erhebliche Vorteile bei der Programmwartung bringt.

RZ-Dokumentation

Aus der Programmdokumentation leitet sich ein wesentlicher Teil der RZ-Dokumetation ab. Sie dient dem Rechenzentrum zur Information über das Programm und als Bedienungsanleitung.

Umfang und Bedeutung der Rechenzentrumsdokumentation gehen durch die Zunahme der Online-Anwendungen und der Dezentralisierung der Datenverarbeitung zurück.

Benutzerdokumentation

Zur Benutzerdokumentation gehören folgende Anweisungen und Richtlinien:

- das Benutzerhandbuch für das neue Anwendungssystem
- die Anweisungen für eine eventuell vorzunehmende „Urladung" oder Datenkonversion
- Richtlinien für die Datenbereinigung und -aufbereitung
- eventuell Schulungsunterlagen und Präsentationsmaterial

Bei der Zusammenstellung des Schulungs- und Benutzerhandbuchs ist auf eine größtmögliche Verständlichkeit der Erklärungen Rücksicht zu nehmen. Das läßt sich am besten durch praktische Beispiele und Bilder erreichen.

Die Benutzerhandbücher müssen über die gesamte Laufzeit des Systems hinweg aufbewahrt und ständig auf dem neuesten Stand gehalten werden. Die Verantwortlichkeit hierfür liegt bei der zuständigen Fachabteilung.

LERNABSCHNITT 8

Gliederung eines Benutzerhandbuchs

Gliederung einer Benutzeranweisung

- Aufgaben und Zielsetzungen
- Systemüberblick und Zusammenhänge
- **Stammdatenführung** (Verwaltungsteil)
  Transaktionskette 1 – n
    Eröffnung
    Änderungsdienst
    Anzeigen und Ausdrucke
- **Arbeitssysteme** (operative Teile)
  Transaktionskette 1 – n
    Zugänge
    Änderungen
    Abgänge
    Anzeigen / Auswertungen
- **Berichtswesen** (Informationsteil)
- Periodische Arbeiten
- **Besonderheiten**
    Einschaltung
    Zugriffsberechtigung
    Restart bei Störungen
    Notfallabwicklung
- Verantwortlichkeiten

Abbildung 8.03   CW-PRAXIS

LERNMODUL 8.2 DOKUMENTATIONSANFORDERUNGEN BEI STANDARDSOFTWARE

Alle wichtigen Grundsätze und Arten einer ordnungsmäßigen und verständlichen Dokumentation gelten auch für die Beschaffung von Fremdsoftware. Wer ein Programm am Softwaremarkt anbietet, schuldet auch die zugehörige Dokumentation. So lauten heute Gerichtsurteile, wenn sich ein Softwareanwender in einem Prozeß eine ausreichende System- und Benutzerdokumentation erstreiten muß.

Der Umfang der Dokumentationsanforderungen an Marktsoftware ist unterschiedlich und hängt davon ab, ob der Benutzer das Softwarepaket unverändert übernimmt oder an die spezifischen Unternehmensverhältnisse anpassen möchte. Darüber hinaus ist von Bedeutung, wie weit die angebotene Software selbsterklärend ist.

Dazu gehören beispielsweise
- eine übersichtliche Menüführung
- eine aussagefähige Benutzersteuerung
- Erklärungsmasken („Helptasten")
- ein im Anwendungssystem hinterlegtes Systemhandbuch und ein Benutzerhandbuch und anderes mehr

Vom Standardsoftwareeinsatz erwartet ein Unternehmen, daß ihm die Softwarefirma auch die Dokumentationssorgen bei der Softwarewartung abnimmt. Diese Hoffnung geht allerdings oft nur teilweise in Erfüllung. Die wichtigste Voraussetzung hierfür ist die Dokumentationsverwaltung im System und die maschinelle Einspielung von Änderungen bei neuen Softwareversionen.

Dokumentationsschwerpunkte
Für die Arbeiten der Anforderungsanalyse und Spezifikationsfestlegung liegt die Dokumentationsverantwortung beim Anwenderunternehmen. Es gelten die gleichen Gesichtspunkte wie bei einer Eigenentwicklung.

Spezifische Dokumentationen von hoher Bedeutung sind das Softwarepflichtenheft und die Ergebnisse der Evaluation bis zum Softwarevertrag. Diese Unterlagen gehören zur Dauerdokumentation.

Zusammen mit der Software sollte der Anwender von der Softwarefirma gespeicherte und/oder ausgedruckte Dokumentationsunterlagen mit folgendem Inhalt erhalten:
- eine Systembeschreibung über den fachlichen Softwareinhalt,
- ein Benutzerhandbuch, das zur Einweisung und als Nachschlagewerk für die Enduser dient,
- ein Installationshandbuch mit der Beschreibung der Anpassungsmöglichkeiten an die Belange des Anwenderunternehmens,
- ein Rechenzentrumshandbuch (Operatoranweisung),
- ein Demonstrationsbeispiel, das alle Funktionen mit Beispielen enthält.

Ein spezielles Programmierhandbuch erübrigt sich, wenn der Softwarelieferant nur das maschinelle Programm (Objektcode), aber nicht das Quellenprogramm ausliefert. Der Anwender hat in diesem Fall gar keine Möglichkeit, im Programmpaket Änderungen vorzunehmen.

Das überwiegende Marktangebot an Standardsoftware ist in den ISIS-Katalogen der Firma NOMINA Services, München, enthalten. Für die meisten Softwarepakete werden die zusammen mit dem Produkt zur Verfügung gestellten Dokumentationsunterlagen im ISIS-Katalog aufgezählt. In den meisten Fällen handelt es sich um Systemflußdiagramme, Dateierklärungen, ein Benutzerhandbuch, Operatoranweisungen und Fehlermeldungen. Der Projektleiter sollte vor dem Vertragsabschluß die Softwaredokumente auf ihre Verständlichkeit und Vollständigkeit prüfen!

LERNMODUL 8.3 GRUNDSÄTZE UND VERANTWORTUNGSTRÄGER DER DV-DOKUMENTATION

Die in der Folgeabbildung aufgezählten Grundsätze gelten für jede Dokumentationsart in einem DV-Projekt! Der Projektleiter muß neue Teammitglieder möglichst schon beim Kick-off-Meeting in diese Grundsätze und die Dokumentationstechniken einweisen. Darüber hinaus sollte er selbst Vorbild sein für eine ordnungsgemäße und verständliche DV-Projektdokumentation!

Selbstverständlich sollte die Dokumentation zur Arbeitserleichterung – soweit wie möglich – mit Computerunterstützung erfolgen. Hierfür sind geeignete Softwarewerkzeuge nötig. Ausserdem müssen die Mitarbeiter zum richtigen Gebrauch der DV-Dokumentation ausreichend ausgebildet und in das Dokumentationspaket eingewiesen werden.

Dokumentationsverantwortlichkeit
Bei DV-Projekten liegt die Dokumentationsverantwortlichkeit beim Projektleiter. Das bedeutet aber nicht, daß er selbst die Dokumentation durchführen muß! Er muß vielmehr seine Projektmitarbeiter anhalten, schritthaltend mit ihrer Projektarbeit die Dokumentationsarbeiten durchzuführen. Eine Tätigkeit darf erst dann als beendigt gelten, wenn auch die zugehörige Dokumentation abgeschlossen worden ist.

LERNABSCHNITT 8

Für eine manuelle Dokumentation gelten diese Grundsätze

DIE SIEBEN GEBOTE DER PROJEKTDOKUMENTATION

1. Schritthaltende Dokumentation
   - Gemeinsame Arbeitsabwicklung samt Dokumentation!
   - Stichwortdokumentation bei Interviews und Besprechungen mit nachträglichen Ergänzungen und Erläuterungen

2. Formulare als Dokumentationshilfsmittel
   - Ihre Anwendung erspart Zeit- und Denkaufwand!

3. Grafiken als Darstellungshilfen
   - Bilder sagen mehr als Worte!
   - Übersichten, Skizzen, Tabellen, Informationsflüsse

4. Handschriftliche Dokumentation reicht aus
   - Kein Zwang zur nachträglichen Schönschreibübung an der Schreibmaschine für die projektinterne Dokumentation
   - Handschrift bringt eine wesentliche Zeitersparnis!

5. Einheitliche Kopfbeschreibung aller Arbeitsunterlagen
   - Sie ist die wichtigste Voraussetzung für eine übersichtliche Ablage!

6. Systematische Ablage der Dokumentation
   - Ablage in übersichtlichen Projektordnern
   - Verbot einer Privatablage neben der offiziellen Dokumentation
   - Jeder Projektmitarbeiter erhält während des Projekts eine Ausfertigung aller Unterlagen!

7. Jedes Projektmitglied dokumentiert seine Tätigkeiten selbst!
   - Das gilt auch für „Gelegenheitsmitarbeiter" aus Fachabteilungen!

Abbildung 8.04

Die Dokumentationsabnahme erfolgt an den im Phasenkonzept eines DV-Organisationshandbuchs festgelegten Stellen. Die Erläuterungen zu einem DV-Phasenkonzept eines Projekthandbuchs sollten zu diesem Zweck Art und Umfang der jeweils erforderlichen Dokumentation enthalten.

Beim Abschluß eines Projekts ist vom Projektleiter vor der Systemübergabe eine Überprüfung vorzunehmen, ob die erforderlichen Einzeldokumentationen (Organisation, Programme, Benutzer, Rechenzentrum) fertiggestellt und von den Empfängern akzeptiert beziehungsweise an die vorgesehenen Ablagestellen weitergeleitet worden sind.

Nach der Beendigung eines Projekts geht die Dokumentationsverantwortlichkeit auf folgende Stellen über:

- Für die Projekt-, Organisations- und Programmdokumentation an den DV-Abteilungsleiter beziehungsweise von ihm beauftragte Mitarbeiter zum Beispiel der Benutzerservicestelle
- Für die Benutzerdokumentation an den DV-Fachkoordinator im Anwenderbereich
- Für die RZ-Dokumentation an das Rechenzentrum

LERNMODUL 8.4 WERKZEUGE DER PROJEKTDOKUMENTATION

Zu einer Projektdokumentation gehören einmalige Festlegungen, Unterlagen und Werkzeuge:

- Dokumentationsnummern für Entwicklungs- und Produktdokumentation
- Dokumentationsformulare bei manueller Dokumentation und Dokumentationsprogramme bei DV-gestützter Dokumentation
- eine Archivierungsanweisung für die Ablage der Dokumentationsunterlagen

Eine Erleichterung der Projektdokumentation ist mit Hilfe grafischer Darstellungstechniken und standardisierter Beschreibungsunterlagen möglich. Sie lassen sich in allen Projektphasen mit Erfolg einsetzen. Handbücher der Anwendungsentwicklung und spezielle Fachliteratur über Darstellungstechniken enthalten alle heute üblichen grafischen und tabellarischen Darstellungsinstrumente (siehe Literaturhinweis). Die Symbolik für die meisten Darstellungstechniken ist heute in PC-Programmen hinterlegt.

In der Folgeübersicht sind wichtige Darstellungs- und Dokumentationswerkzeuge der Projektdokumentation aufgezählt. Sie sind den zugehörigen Projektabschnitten zugeordnet.

LERNABSCHNITT 8

Überblick über typische Dokumentationswerkzeuge in den Phasenabschnitten

GRAFISCHE UND TABELLARISCHE DOKUMENTATIONSINSTRUMENTE

Wesentliche Phasenabschnitte	Darstellungs- und Dokumentationswerkzeuge
Projektplanung und -steuerung	Projektstrukturübersicht, Balkendiagramm, Netzplan, Wirtschaftlichkeitsübersicht
Ist-Erhebung und -Analyse	Organigramm, Ablaufdiagramm, Belegflußplan, Datenverwendungsmatrix, Kommunikationsübersicht, Vorgangskettendiagramm (Ist)
Fachliche Soll-Konzeption	Hierarchische Funktionsübersicht, Integrationsübersicht, Schnittstellenübersicht, Blockschaltbild, Datenflußplan, EVA-Diagramm, Vorgangskettendiagramm, (Soll) Datenkatalog, Datennetz, Dialogablaufplan, Interaktionsdiagramm
Programmtechnische Realisierung	Programmenü, Programmbaum, Programmhierarchie, Programmstruktur, physisches Datenbankschema, Programmablaufplan, Struktogramm, Pseudocode
Benutzerorganisation und Systemeinführung	Stellenorientierter Datenflußplan, Präsentationsgrafik

Abbildung 8.05 CW-PRAXIS

1. Ordnungsnummer für Entwicklungsunterlagen

Die maßgeblichen Ablagekriterien für die Projektdokumentation sind
- die Zuordnung zu einer Projektphase und
- die Zuordnung zu einem Sachgebiet.

Innerhalb eines Sachgebiets oder einer Elementaraufgabe kann eine weitere Feineinteilung nach logischen Gesichtspunkten und nach Datum und Blattnummer erfolgen. Die Folgeskizze zeigt die beiden vorrangigen Zuordnungen, die für die Ablage der Entwicklungsdokumentation häufig anzutreffen sind.

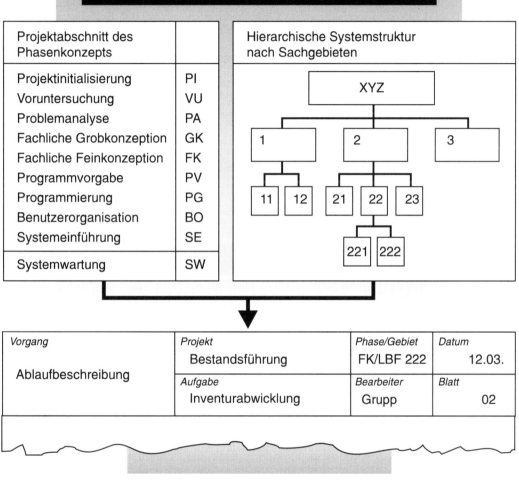

Abbildung 8.06   CW-PRAXIS

Im Bereich der Programmierung entspricht die Ablagefolge innerhalb eines Programms der Modulfolge. Die weitere Untergliederung der Ablage kann nach den Ergebnissen der geforderten Programmdokumentation erfolgen. Schwierigkeiten können sich bei mehrfach verwendeten Programmteilen ergeben. Hier muß eine zweckmäßige Zuordnung durch geeignete Querverweise gefunden werden.

Selbstverständlich kann ein Unternehmen die Projektabschnitte und die zugehörigen Abkürzungen nach eigenem Belieben festlegen. Es ist vorteilhaft, entsprechende Ab-

LERNABSCHNITT 8

kürzungen zu verwenden. Die Sachgebiete müssen nicht unbedingt in einer hierarchischen Systemstruktur untergliedert werden. Es können fortlaufende Sachgebietsnummern gewählt werden. Eine hierarchische Struktur hat allerdings Vorteile: Die Benummerung erfolgt schrittweise im Rahmen einer Top-Down-Entwicklung. Aus der Länge der Nummer ist erkenntlich, ob es sich um ein über- oder untergeordnetes Sachgebiet handelt.

Für die Ablage der Projektdokumentation sollte – solange keine allgemein zugängliche maschinelle Projektbibliothek zur Verfügung steht – ein Projektordner bereitgestellt werden. Das Inhaltsverzeichnis kann standardmäßig etwa so unterteilt werden, wie wir es in Abbildung 8.07 dargestellt haben. Bei einer Papierablage können vor die Hauptabschnitte Leitblätter mit Zungen eingeschoben werden.

Projektordner für die übersichtliche Ablage der Projektunterlagen, solange keine maschinelle Projektbibliothek vorhanden ist

Deckblatt für Projektordner

Phase:

A <u>Allgemeiner Teil</u> (für jede Phase gültig)
  0 Projektauftrag und Änderungen
  1 Personalplanung
  2 Zeitplanung und -überwachung
  3 Schriftwechsel
  4 Berichte (Beispiel: Zielkatalog)
  5 Sonstiges

B <u>Besonderer Teil</u>
Im besonderen Teil der Dokumentationsablage wird entsprechend der Gliederung des Phasenkonzepts die Systemdokumentation, Programmdokumentation, Benutzerdokumentation und Rechenzentrumsdokumentation vorgenommen.

C <u>Anlagen 1 – n</u>

Abbildung 8.07

2. Ordnungsnummer für die Produktdokumentation

Eine spezielle Dokumentationsnummer ist für die Produktdokumentation nötig. Zur Produktdokumentation gehören hauptsächlich
- die Programmdokumentation,
- die RZ-Dokumentation und
- die Benutzerdokumentation.

Zur Ablage dieser Dokumente sollte eine Dokumentationsnummer vorliegen, die eine hierarchische Ablage ermöglicht.

Abbildung 8.08 enthält einen Vorschlag für den Aufbau einer Dokumentationsnummer für die Produktdokumentation. Die Tiefe der in dem mittleren Nummernteil hierarchisch aufgebauten Nummer kann betriebsindividuell festgelegt werden. Sie kann auch weniger Verfeinerungsstufen umfassen.

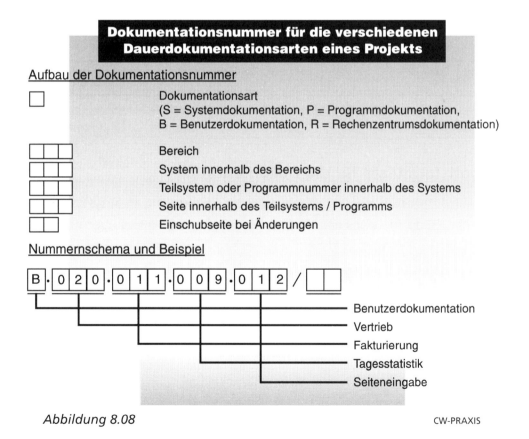

Abbildung 8.08

Weitere Angaben des Kopf- und Fußteils eines Formularblatts für die Programm-, RZ- und Benutzerdokumentation sind in dem beigefügten Musterschema (Abbildung 8.09) enthalten. Eine Eintragung in dem Feld für zusätzliche Einschubseiten ist nur bei nachträglichen Änderungen vorzunehmen. Im Fußteil des Blatts sind Gültigkeits- und Genehmigungsvermerke angebracht. Der Aufbau der Ordnungsbegriffe ist auf eine Lose-Blatt-Ordnung ausgerichtet. Beim Änderungsdienst können Blätter ausgetauscht oder hinzugefügt werden.

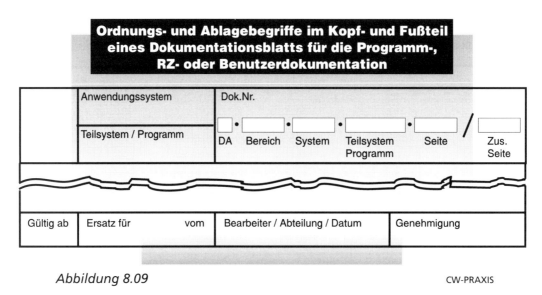

Abbildung 8.09

3. Arbeitsformulare für die Dokumentation

Zur Dokumentationsgrundausstattung gehört ein Sortiment an Arbeitsformularen, die auf der Grundlage eines einheitlichen Standardarbeitsblatts aufgebaut sind. Um die Formularzahl begrenzt zu halten, sollte es sich in möglichst großem Umfang um Mehrfachverwendungsformulare handeln. Die einheitliche Kopfeinteilung eines Arbeitsformulars haben wir in Abbildung 8.06 dargestellt. Für Formulardarstellungen, die nur selten wiederkehren, genügt ein Formvorschlag im DV-Projekthandbuch (Beispiel Schema einer Wirtschaftlichkeitsrechnung). Im Bedarfsfall kann eine Kopie erstellt werden.

Immer häufiger sind Formulare im PC abgelegt und werden mit Hilfe der Text- und Spreadsheetprogramme WORD/EXCEL oder AMI PRO/FREELANCE ausgefüllt.

4. Registratur der Projektunterlagen

Während der Projektabwicklung werden die Unterlagen im Arbeitsraum des Projektteams abgelegt. Bei maschineller Arbeitsdokumentation befinden sich die gespeicherten Dokumente im Server des Arbeitssystems. Es ist zu regeln, ob und in welchem Umfang jedes aktive Teammitglied Duplikate der Dokumentation erhält, ohne daß sich hierdurch eine Papierinflation ergibt.

Eine exakte Übersicht und Ordnung läßt sich durch die aufwendige Dokumentationsablage in Hebelordnern erreichen. Eine Ordnerablage sollte für die wichtigeren Arbeitsunterlagen geführt werden. Die Ablage erfolgt nach der Unterteilung in Phasen, Segmente, Aktivitäten, Datum und Blattnummer.

Soweit keine fortlaufende Ablage gewährleistet sein muß, ist eine Lose-Blatt-Ablage in Hängeordnern die zweckmäßigste Ablageform. Zu diesem Zweck sollte jedem Team ein Aktentrog (Aktenbock) zur Verfügung stehen. In ihm werden beispielsweise Zeitschriftenartikel, Herstellerprospekte, Korrespondenz, Systementwürfe, Testergebnisse und Unterlagen der Projektdokumentation abgelegt.

An strenge Ablagevorschriften müssen sich bei einer Individualentwicklung die Projektmitarbeiter halten, wenn eine maschinelle Projektdokumentation durchgeführt wird. In vielen Fällen benutzen die Programme als Ablageordnung die Aufgabenhierarchie eines Systems.

LERNMODUL 8.5 DOKUMENTATIONSSOFTWARE FÜR DV-PROJEKTE

Alle Wegweiser zur Verminderung der Dokumentationsproblematik und dem Abbau der Papierberge weisen in die Richtung der DV-unterstützten Dokumentation. Die Zahl der Dokumentationsprogramme ist in den letzten Jahren progressiv angestiegen. Das Angebotsspektrum ist breit gefächert und reicht von eigenständigen Einzelprogrammen bis zu anspruchsvollen Komplettlösungen.

Einigkeit herrscht darüber, daß die DV-Dokumentation bei der Entwicklung eines Anwendungssystems zusammen mit den Systementwicklungsaktivitäten erstellt werden muß. Die Devise in

> *einem DV-Projekt muß lauten: Die Entwicklungsergebnisse sind identisch mit den benötigten Dokumentationsunterlagen. Eine aufwendige Nachdokumentation muß ausgeschaltet werden!*

Preisgünstige PC-orientierte Entwicklungs- und Dokumentationstools auf Windows-Basis haben heute den Markt erobert und den schwerfälligen Paketen auf Mainframes den Rang abgelaufen. Zu den CASE-Werkzeugen, die der Neuentwicklung dienen, kommen Werkzeuge des Reverse Engineering. Mit Projekten dieser Art will ein Unternehmen versuchen, seine Dokumentations-Altlasten schrittweise abzubauen.

Allgemeines Einverständnis besteht darüber, daß eine DV-gestützte Dokumentationssoftware nach Möglichkeit den gesamten Lebenszyklus eines DV-Anwendungssystems umfassen sollte. Sie muß bei der Anforderungsanalyse und der fachlichen Spezifikation ansetzen und alle anschließenden Projektphasen bis zur Programm- und Benutzerdokumentation einschließen. Für die Ablage der Dokumentationsunterlagen sollte ein Repository zur Verfügung stehen, das auch als Grundlage für das Konfigurationsmanagement und die Softwarewartung benutzt werden kann.

Eine geringere Bedeutung hat Dokumentationssoftware in Unternehmen, die für ihre DV-Anwendungen und Informationssysteme Standardsoftware einsetzen. Hier muß der Softwareanbieter für ausreichende Dokumentationsroutinen sorgen und sie zusammen mit den Programmen der Anwenderfirma ausliefern.

Die Auswahl eines Entwicklungs- und Dokumentationspakets muß ein eigenständiges Projekt darstellen. In einem Pilotprojekt müssen die Funktionen eines solchen Softwaretools den Mitarbeitern des Anwenderunternehmens nahegebracht werden. Auf keinen Fall darf der erstmalige Einsatz eines solchen Werkzeugs im Rahmen eines zeitkritischen Projekts erfolgen!

1. Arten der Dokumentationssoftware

Dokumentationssoftware gibt es in vielfältiger Ausprägung. Man kann sie nach verschiedenartigen Gesichtspunkten unterteilen:

LERNABSCHNITT 8

- nach ihrem Integrationsgrad in eigenständige Einzelwerkzeuge und integrierte Dokumentationspakete, wobei es Zwischenstufen geben kann,

- nach ihrem Einsatzzweck in Systeme zur Unterstützung des Projektmanagements, der Systementwicklung oder des Programmbetriebs,

- nach dem zur Dokumentationserzeugung benutzten Hardwaresystem (PC, Workstation, Mainframe), das sich vom Zielsystem für den produktiven Softwareeinsatz unterscheiden kann,

- bei Einzelwerkzeugen der Dokumentation nach ihren Funktionen, die von der Software unterstützt werden.

Das anschließende Übersichtsschema zeigt die verschiedenen Arten der DV-unterstützten Dokumentationswerkzeuge. Von der Zahl her stehen Stand-alone-Werkzeuge der Softwareentwicklung und einer Parallel- oder Nachdokumentation im Vordergrund. Ihnen stehen die integrierten Entwicklungs- und Dokumentationssysteme als Verbundwerkzeuge gegenüber. Die Projektmanagement-Software haben wir wegen der andersartigen Zielsetzung in einem getrennten Darstellungszweig unseres anschließenden Übersichtsschemas ausgewiesen.

Die meisten Stand-alone-Werkzeuge unterstützen den Bereich der DV-technischen Systementwicklung. Daneben gibt es zahlreiche Produkte für die Testabwicklung und Testdokumentation. Nützliche Dokumentationssoftware für die fachliche Anforderungsanalyse und Entwurfsspezifikation für Geschäftsprozesse ist dagegen seltener vorzufinden. Einige Pakete bieten auch grafische Entwurfsmethoden.

Funktionsbezogene Einzelwerkzeuge zur Dokumentation bestimmter Teilbereiche der Systementwicklung und der Programme führen zu den gleichen Nachteilen wie Insellösungen in den Anwendungsgebieten der Datenverarbeitung. Aufgrund unzureichender Schnittstellen verhindern sie nicht selten eine schrittweise integrierte Dokumentation auf DV-organisierter Basis.

Integrierte Dokumentationspakete werden schon seit langer Zeit von verschiedenen Softwarefirmen angeboten. Sie enthalten ein ganzes Bukett von Dokumentationsmaßnahmen für die Entwurfs- und Implementierungsphasen. Auch bei den inte-

LERNABSCHNITT 8

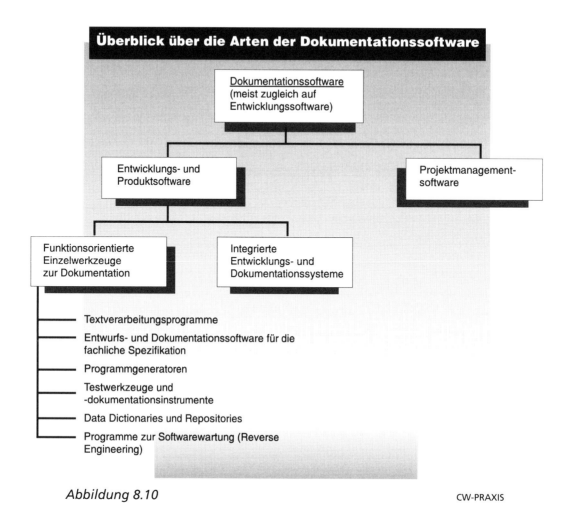

Abbildung 8.10

grierten Dokumentationsprogrammen sind erhebliche Unterschiede in der Breite der Funktionalität festzustellen! Darüber hinaus stellen sie an die Anwenderfirmen immer erhebliche Anforderungen. Die Vorarbeiten für den Einsatz solcher Pakete können sich über lange Zeit hinziehen.

Zur Unterstützung der fachlichen und DV-technischen Spezifikation bietet der Softwaremarkt – heute häufig als PC-Tool-Sets – CASE-Werkzeuge an. Das Rückgrat der CASE-Arbeitssysteme bildet eine grafische Entwicklungsunterstützung mit den Gestaltungswerkzeugen

- Funktionsbaum zur schrittweisen Systemzergliederung
- Funktionsfolgestruktur für Ablaufschritte und -zusammenhänge

- EVA-Diagramme zur horizontalen Strukturierung
- konzeptionelle Datenmodelle

Als weitere Grafikwerkzeuge sind in einem CASE-Werkzeugkasten Symbole zur Erstellung von Vorgangsketten und Informationsflußplänen, Darstellungsmöglichkeiten für Entscheidungstabellen und Dateimatrizen, Bildmasken- und Listbildstandards und Möglichkeiten zur Struktogrammerstellung enthalten.

Neuere CASE-Spezifikationssysteme enthalten ein Prototyping-Tool. Es läßt sich zur Generierung von Masken-Layouts und E/A-Programmen verwenden, bevor das endgültige Systemdesign erstellt wird.

Die Ablage der Entwicklungsdokumentation erfolgt in einer Spezifikationsdatenbank. Sie steht ständig im interaktiven Zugriff und stellt die Grundlage für die Spezifikationsdokumentation dar.

2. Einsatzschwerpunkte von Dokumentationssoftware

Integrierte Softwarepakete der Anwendungsentwicklung und einer schritthaltenden Entwicklungs- und Produktdokumentation sollten folgenden Anforderungen genügen – oder hierfür alternative gleichwertige Funktionen aufweisen:

- Die Entwicklungs- und Dokumentationsfunktionen müssen projekt- und phasenübergreifend sein.

- Es müssen unterschiedliche Entwicklungstechnologien und Projektmodelle unterstützt werden (beispielsweise auch Prototyping und Anwendungssimulationen).

- Es sollte eine offene Software-Entwicklungsumgebung vorhanden sein. Sie muß auch für neue Anwendungstechnologien zugänglich sein.

- Die Repository-Verwaltung sollte in einer Datenbank als Software-Engineering-Bibliothek alle Informationen und Dokumente des Software-Entwicklungsprozesses umfassen.

LERNABSCHNITT 8

Einsatzschwerpunkte von Dokumentationssoftware in DV-Projekten

EINSATZSCHWERPUNKTE VON DOKUMENTATIONSSOFTWARE ZUR DV-PROJEKTABWICKLUNG

Funktionsorientierte Dokumentationspakete	Projektmanagement	Fachliche Systemspezifikation	EDV-technische Systementwicklung	Programmierung	Testabwicklung	Benutzerorganisation	Systemwartung
Projektmanagementsoftware	■						
Textverarbeitungsprogramme		■				■	
Entscheidungstabellenübersetzer		■	■	■			■
Programmgeneratoren			■	■			
Data Dictionaries			■	■			
Testdokumentationsprogramme					■		
Programme zur Softwarewartung							■
CASE-Werkzeuge		■	■				
Integrierte Dokumentationssysteme	■	■	■	■	■	■	■

Abbildung 8.11 CW-PRAXIS

- Zur Beschreibung der Spezifikationsphasen müssen ein CASE-orientierter Grafikprozessor und eine Textverarbeitungsroutine zur Verfügung stehen. Die Beschreibung der DV-technischen Prozesse muß in einheitlicher Form zum Beispiel anhand eines Pseudocodes möglich sein.

- Über einen Dokumentationsgenerator muß die Möglichkeit bestehen, daß individuell gestaltbare und in der Form von Einzelbeschreibungen, Matrizen, Tabellen und Grafiken miteinander kombinierbare Auswertungen erstellt werden können.

Der Werkzeugkasten eines modernen Entwicklungs- und Dokumentationssystems sollte eine 4-GL-Sprache enthalten und ein interaktives Arbeiten ermöglichen. Als minimale Anforderung sollte eine Abfragesprache (zum Beispiel SQL) zur Verfügung stehen.

Die Spannbreite und die unterschiedlichen Schwerpunkte der Dokumentationswerkzeuge gehen aus Abbildung 8.11. hervor.

3. Überblick über bekannte Entwicklungs- und Dokumentationspakete

Zu den bekanntesten Namen einer integrierten Systementwicklungs- und Dokumentationssoftware zählen die Pakete

- DELTA, Firma DELTA SOFTWARE, Kaarst
- INDOGEN, Firma ACTIS, Stuttgart
- MAESTRO, Firma SOFTLAB, München
- MANTIS, Firma CINCOM SYSTEMS, Eschborn
- NATURAL, Firma SOFTWARE AG, Darmstadt
- PRADOS, Firma SCS, Hamburg
- PREDICT, Firma SOFTWARE AG, Darmstadt
- PROMOD, Firma debis, Aachen
- ROCHADE, Firma R & O Softwaretechnik, Germering

Die Vorteile integrierter Anwendungsentwicklungs- und Dokumentationssysteme ergeben sich durch den Synergieeffekt: entwickeln und zugleich dokumentieren. Anwender integrierter Entwicklungs- und Dokumentationssysteme sind langfristig zufriedener als solche Unternehmen, die nur Einzelwerkzeuge einsetzen. Allerdings kostet die Einführung eines integrierten Programmpakets nach unseren Erfahrungen immer wesentlich mehr Zeit, als ursprünglich bis zum Einsetzen eines meßbaren Erfolgs geschätzt worden war.

Lernabschnitt 8

Summary

Die Dokumentation eines DV-Projekts der Individualentwicklung setzt sich aus den Bestandteilen der System-, Programm-, Benutzer- und Rechenzentrumsdokumentation zusammen. Hinzu kommen die Projekt-Managementdokumentation und Sonderdokumentationen (Installationsdokumentation, Netzdokumentation und ähnliche).

Der Umfang der Dokumentationsanforderungen an Standardsoftware ist unterschiedlich. Er hängt davon ab, in welchem Umfang das Softwarepaket an das Unternehmen angepaßt werden soll. In jedem Fall muß eine ausreichende System- und Benutzerdokumentation vorhanden sein.

Bei DV-Projekten liegt die Dokumentationsverantwortlichkeit beim Projektleiter. Er muß seine Projektmitarbeiter anhalten, schritthaltend mit ihrer Projektarbeit die Dokumentationsunterlagen anzufertigen.

Als Ablagekriterien für Dokumente dienen die Projektphasen und die Sachgebiete des Soll-Systems. Sie sind Bestandteile der Dokumentationsnummer.

DV-gestützte Dokumentationssoftware sollte den gesamten Lebenszeitraum eines Anwendungssystems umfassen. Sie setzt bei der fachlichen Spezifikation an und schließt die Dokumentation aller Projektphasen bis zur Programm- und Benutzerdokumentation ein.

Für die Ablage der Dokumentationsunterlagen ist ein Repository vorteilhaft. Es dient auch als Grundlage für das Konfigurations- und Change Management und wird für die Softwarewartung benutzt.

Lernabschnitt 9
Strategien der Projektinitialisierung

Projekte fallen nicht wie ein Meteor vom Himmel – und sie sollten in einem Unternehmen auch nicht wie Pilze aus dem Boden schießen. Oft geht der Eröffnung eines DV-Projekts ein langer und verschlungener Entscheidungsprozeß voraus, ehe die Projektinitialisierung mit der Freigabe eines Projekts endet.

Weil Projekte der Individualentwicklung hohe Entwicklerressourcen binden und Softwarebeschaffungsprojekte erhebliche finanzielle Mittel beanspruchen, muß ein Unternehmen Softwareanträge sorgfältig prüfen, bevor sie als Projektauftrag freigegeben werden.

Eine ausgereifte Projektorganisation im Informatikbereich zeichnet sich dadurch aus, daß die Projektinitialisierung in klaren Schritten nach festgelegten Untersuchungsmethoden erfolgt. Sie muß als Ergebnis einer Abstimmung zwischen Entscheidungsinstanz, Anwenderabteilung und Informatikstelle folgende Kernaussagen über das geplante Projekt enthalten:

- klare und möglichst quantifizierte Zielsetzungen des Projekts
- saubere Projektabgrenzung zu Nachbargebieten
- konkrete Aussagen über die personellen und sachlichen Ressourcen
- Nutzenschätzungen, die sich durch das Projekt realisieren lassen

Die Initialisierung eines konkreten Projekts kann auf der Grundlage einer Gesamtkonzeption für alle oder bestimmte Unternehmensbereiche erfolgen. Projekte können auch aufgrund eines aktuellen Anlasses oder eines DV-Antrags entstehen, der wertmäßig die festgelegte Untergrenze eines Projekts überschreitet. Zur Klärung der Durchführbarkeit, Wirtschaftlichkeit und Dringlichkeit wird hier im Zweifelsfall der Projekteröffnung eine Voruntersuchung vorgeschaltet.

LERNABSCHNITT 9

Die Projektinitialisierung – auch Projektentstehungsphase oder Projektdefinitionsphase genannt – zählt zu den schwierigsten Projektabschnitten! Manchmal erfolgt ein voreiliger Projektstart, ohne daß die Voraussetzungen geschaffen worden sind. Die Entscheidung für ein Projekt kann aufgrund eines „einsamen" Managemententschlusses zur Einführung eines integrierten Softwarepakets gegen den erklärten Willen der Fachbereiche erfolgen.

Möglicherweise leidet ein Projekt darunter, daß es nie offiziell freigegeben wurde. Schließlich besteht das Risiko, daß sich Projekte aufgrund innerbetrieblicher Widerstände von der ersten Idee bis zur Freigabe total verändern, wodurch ein Mißerfolg manchmal bereits vorprogrammiert ist.

Für einen Projektleiter ist es ideal, wenn er bereits in einer dem Projekt vorgeschalteten Langfristkonzeption aktiv mitwirkt. Wird vor der Projekteröffnung eine Vorstudie durchgeführt, sollte der Projektleiter diese Untersuchung leiten. Es darf nicht sein, daß Vorstudien und Machbarkeitsanalysen zum Beispiel durch ein Fremdberaterteam abgewickelt werden und der interne Projektleiter anschließend den vielleicht utopischen Zielsetzungen und einer übersteigerten Erwartungshaltung gerecht werden muß.

LERNMODUL 9.1 STRATEGISCHE INFORMATIONSPLANUNG – RAHMEN FÜR DIE KONKRETEN EINZELPROJEKTE

Ein DV-Projekt kann über zwei Schienen ausgelöst werden:

– eine DV-Gesamtkonzeption (auch DV-Langfristplanung genannt) für das ganze Unternehmen oder ausgewählte Unternehmensbereiche,

– einen aktuellen Anlaß, aus dem sich die Notwendigkeit oder der Wunsch nach einem Projekt ergibt.

Die Überarbeitung einer vorhandenen Langfristkonzeption eines Unternehmens ist bei schwerwiegenden Veränderungen der DV-Landschaft nötig. Zwei typische Beispiele:

- Der Übergang von veralteten Mainframekonzepten zu offenen Systemen in einer Client-Server-Umgebung steht an und muß gründlich vorbereitet werden.

- Das Unternehmen soll im gesamten Verwaltungsbereich mit der Software eines bestimmten Anbieters (zum Beispiel R/3 von SAP oder TRITON von Baan) ausgerüstet werden.

Aktuelle Auslöser, die nicht vorhersehbar sind, können Gesetzesänderungen sein. Sonderfälle sind zum Beispiel die Verlängerung der Postleitzahl oder die Überarbeitung der Kalenderroutinen zur Bewältigung der Jahrtausendwende.

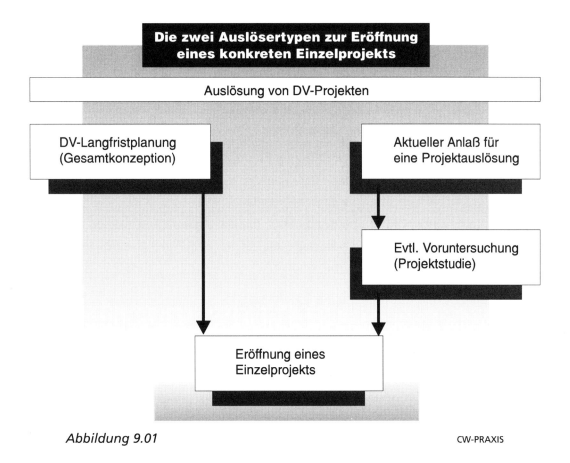

Abbildung 9.01

Lernabschnitt 9

Ein Unternehmen muß versuchen, möglichst viele Projekte im Rahmen einer aufeinander abgestimmten Langfriststrategie auszulösen und abzuwickeln. Isolierte Einzelprojekte aufgrund aktueller Anforderungen einer Stelle können zu erheblichen Schnittstellenproblemen führen und lassen sich oft nur mit hohem Sonderaufwand in die gesamte Informationsstrategie einpassen.

1. Bedeutung und Vorteile einer strategischen Gesamtkonzeption

Eine aufeinander abgestimmte Gesamtplanung der Informationstechnik als Ergebnis von Langfristüberlegungen kann die beste Investition auf dem DV-Sektor sein! Sie schafft Übersicht im Informationsdschungel der unterschiedlichen Anwendungsbereiche, minimiert die Zahl der Schnittstellen und zeigt klare Prioritäten der Realisierung auf. Damit erleichtert eine strategische Gesamtplanung die Tätigkeit des DV-Managements und führt zu eindeutigen Rahmenbedingungen für die Projekte.

In zahlreichen Firmen und Behörden ist die langfristige Informationsplanung unterentwickelt oder eine vorhandene Gesamtkonzeption total überaltert. Das DV-Management reagiert nur auf die ständigen Zwänge, die von der Entwicklung der Informationstechnik und den Anforderungen der Fachabteilung ausgehen. Aktive Anwenderbereiche drängen sich mit Teillösungen vor, die durch ihre mangelhafte Integration mit den übrigen DV-Anwendungen negative Auswirkungen haben und den Systempflegeaufwand hochtreiben.

Anwenderabteilungen klagen häufig darüber, daß sie in die längerfristigen Zukunftsplanungen der Informationstechnik nicht ausreichend und viel zu spät eingeweiht würden. Die IT-Abteilung spiele mit verdeckten Karten und überrasche die Anwender dann plötzlich mit DV-Vorhaben, auf die sie gar nicht vorbereitet seien.

> *Die mangelhafte oder gar fehlende Langfristplanung hat in der Vergangenheit viel böses Blut geschaffen und zu Turbulenzen zwischen dem DV-Leiter und den Linienbereichen geführt. Der Schwarze Peter liegt jedoch nicht ausschließlich beim Informatikchef!*

Oft werden Langfristüberlegungen von den Anwenderführungskräften als theoretisches Sandkastenspiel abgetan. Da diese Führungskräfte in ihrer Tagesarbeit voll aufgehen und selten über ihren Tellerrand hinausblicken, können sie darüber hinaus meist wenig zu einer konstruktiven DV-Langfriststrategie beitragen! Heute geht es bei einer DV-Langfristplanung häufig darum, gewachsene Altsysteme im Rahmen einer überzeugenden Migrationsstrategie in eine integrierte Gesamtkonzeption auf der Basis offener Systeme zu überführen.

Hierzu ist eine ganzheitliche Betrachtung der Informationslogistik nötig. Sie muß bei den spezifischen Unternehmenszielen ansetzen und sich auf die vitalen Geschäftsprozesse und kritischen Erfolgsfaktoren konzentrieren. Eine strategische Informationsplanung muß die Gebiete der Anwendungs- und Systemsoftware, der Hardwareplattform und der Orgware in ihre Überlegungen einbinden.

2. Richtige Organisation einer DV-Langfristplanung

Die Entwicklung der zukünftigen Informationskonzeption darf nicht dem DV-Bereich überlassen bleiben. Es handelt sich um eine strategische Planung, die am zweckmäßigsten vom DV-Lenkungsausschuß oder einem Arbeitskreis für DV-Langfristplanung getragen wird, der sich aus Führungskräften der Informationstechnik, des Controlling und der Anwenderbereiche zusammensetzt.

Wenn eine umfangreiche Überarbeitung der DV-Langfriststrategie – zum Beispiel zur Einführung einer integrierten Standardsoftware für den kaufmännischen und/oder technischen Unternehmensbereich – ansteht, sollte diese anspruchsvolle Konzeptionsarbeit im Rahmen eines Projekts und nach den Regeln der Projektarbeit abgewickelt werden.

Als Projektmitglieder sollten bei der Erarbeitung der Gesamtkonzeption die späteren Projektverantwortlichen der Einzelprojekte mitwirken. Sie werden durch Führungskräfte verstärkt, die als erweitertes Projektteam zeitweilig im Projekt mitarbeiten oder in einem Beratungs- und Entscheidungsausschuß Einfluß auf die Langfristkonzeption nehmen.

Wenn kein internes Mitglied dieses Sonderprojekts die Trends der Informationsverarbeitung ausreichend überschaut, kann das Team zeitweilig einen einschlägigen Consulter hinzuziehen. Auf keinen Fall darf der Fremdpartner jedoch die Leitung eines solchen Projekts oder Arbeitskreises an sich reißen. Beratungsfirmen sind oft einseitig auf eine bestimmte Software eingeschworen und versuchen diese einem Anwenderunternehmen aufzudrängen.

3. Vorgehensschritte bei einer DV-Langfristplanung

Für eine Basisstudie der langfristigen Informationsplanung mit einer detaillierten Standortbestimmung und der Erarbeitung der erforderlichen
- Infrastrukturänderungen,
- strategischen DV-Anwendungen und
- Informationssysteme

empfiehlt sich die Anlehnung an das Phasenkonzept einer Voruntersuchung.

Bei einer Langfristplanung stehen folgende Ablaufschritte im Vordergrund:

- Situationsanalyse des vorhandenen Automatisierungsstands
- Zusammenstellung einer Gesamtkonzeption der Anwendungsprojekte
- Erarbeitung der Grundsatzentscheidungen (Datenbank, Hardwareplattform, Anwendungssoftware, Softwaretools)
- Ressourcenplanung, DV-Budget und Nutzenportfolio
- Umstellungs- und Migrationsstrategie, Terminplanung
- Abschlußdokumentation, Präsentation und Freigabe der strategischen Informationsplanung

Eine Gesamtkonzeption sollte sich über eine Reichweite von 4 – 5 Jahren erstrecken. Eine Überarbeitung muß bei der starken Dynamik der Informationstechnik in rollierender Form jährlich oder zweijährlich erfolgen.

Der Ausgangspunkt sollte eine globale Situationsbewertung der vorhandenen DV-Anwendungssysteme sein. Gemeinsam können die einzelnen Gebiete nach folgender Skala bewertet werden:

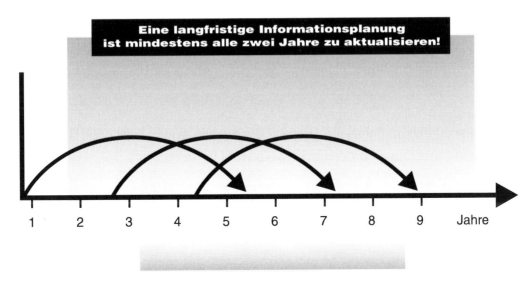

Abbildung 9.02   CW-PRAXIS

0 = Kein Handlungsbedarf in den nächsten vier bis fünf Jahren

1 = In den nächsten zwei bis drei Jahren ok

2 = In den nächsten zwei bis drei Jahren sind einige größere Veränderungen /Erweiterungen nötig

3 = Dringender Handlungsbedarf (Neuentwicklung beziehungsweise generelle Überarbeitung)

4 = Anwendungssystem wird gegenwärtig bereits aufgebaut beziehungsweise überarbeitet

Aus einer solchen Beurteilung des Arbeitskreises ergeben sich schnell die Arbeitsschwerpunkte für die nähere und fernere Zukunft.

Als anschauliches Darstellungsinstrument kann eine Integrationsübersicht der Aufgabengebiete dienen, die in ein integriertes DV-Abwicklungssystem einbezogen werden sollen.

Eine solche Übersicht verstehen auch die Führungskräfte und Spezialisten der betroffenen Fachbereiche. Ein anschauliches Beispiel ist in Abbildung 9.03 enthalten. Eine solche Darstellung kann während einer Teamsitzung schrittweise an einem Flipchart oder einer Pinwand entwickelt werden. Sie zeigt die Zusammenhänge und Abhängigkeiten der Teilstücke einer Gesamtkonzeption. So läßt sich beispielsweise in unserem Darstellungsbeispiel das Traumziel Fertigungssteuerung erst realisieren, wenn mehrere vorgelagerte Arbeitsgebiete in geeigneter Form als DV-Lösung vorhanden sind.

Bei den Geschäftsprozeßanalysen einer DV-Gesamtkonzeption muß sich das Projektteam auf folgende organisatorische Schwerpunkte konzentrieren:

- Die Hauptziele des Unternehmens und die wichtigsten Erfolgsfaktoren müssen im Vordergrund stehen.
- Die Kerngeschäfte des Unternehmens sind bevorzugt zu durchleuchten.
- Vorgangskettenanalysen müssen kunden- und abnehmerorientiert durchgeführt werden.
- Die prozeßorientierte Betrachtungsweise muß durchgängig sein und darf nicht an Abteilungsgrenzen enden.

Erst in zweiter Linie sollte sich das Konzeptionsteam mit der Zuordnung der DV-Funktionen und Datenbanken auf die erarbeiteten zukunftsorientierten Kernabläufe beschäftigen.

Zu einer Grundsatzentscheidung einer DV-Langfristplanung wird häufig die Fragestellung: Individualentwicklung oder Fremdsoftwarebezug? Für die Gebiete der Verwaltung und des Rechnungswesens stellt diese Frage kein Thema mehr dar. Dort hat sich Standardsoftware durchgesetzt. Vielmehr geht es um die sensiblen Kerngebiete des Unternehmens, also in einem Industrieunternehmen um PPS und CIM, daneben um ein Auftragsabwicklungs- und Vertriebsinformationssystem. Die Problematik spitzt sich zu, wenn bereits DV-organisierte Teilsysteme vorliegen. Überwiegend fällt heute auch hier die Entscheidung zugunsten von integrierter Standardsoftware. Gelegentlich trifft man aber auch bei der DV-technischen Realisierung betriebsspezifischer Kerngebiete auf neuerstellte Individualsysteme, die mit Hilfe einer 4-GL-Sprache oder eines hochstehenden Anwendungsgenerators erstellt worden sind. Wegen der hohen Kosten neuer Standardsoftware entscheiden sich Unternehmen heute auch für eine DV-technische Restrukturierung und Überarbeitung vorhandener Programmsysteme.

LERNABSCHNITT 9

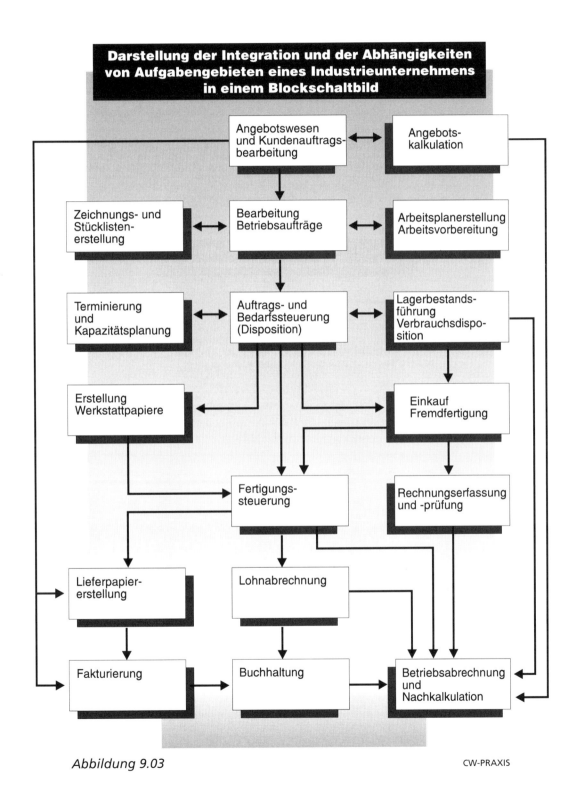

Abbildung 9.03

4. Realisierungsstrategie und Ergebnisdarstellung

Nach der Klärung, für welche Gebiete in den Folgejahren aufgrund des Gesamtkatalogs der Anforderungen konkrete Projekte durchgezogen werden sollten, muß ein Realisierungsplan erstellt werden. Nach der Abstimmung der vorhandenen Kapazität der Anwendungsentwickler und der Höhe des DV-Budgets mit den erarbeiteten Anforderungen, nach der Nutzenanalyse und einer Prioritätsfestlegung der Projekte kann ein terminlicher Meilensteinplan skizziert werden. Die verständlichste Form ist für diesen Zweck ein Balkendiagramm, das die Projektfolge aufzeigt.

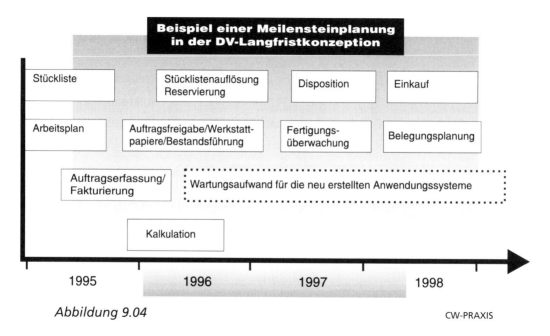

Abbildung 9.04   CW-PRAXIS

Die Aufwandschätzung beschränkt sich bei der strategischen Informationsplanung in ihrem Feinheitsgrad auf die Kapazitätseinheit Personenjahre. Wegen der in diesem Stadium bestehenden Planungsunsicherheit muß der sich ergebende Nutzen mindestens doppelt so hoch sein wie die Kosten.

LERNMODUL 9.2   PROJEKTAUSLÖSUNG AUFGRUND EINES AKTUELLEN ANLASSES

Nicht alle Wünsche nach einer DV-Unterstützung können in eine strategische Informationsplanung eingebettet werden. Viele Anforderungen unterschiedlicher Art und

Bedeutung entstehen aus einem aktuellen Anlaß heraus. Es können Systemmängel vorliegen, die behoben werden müssen. Möglicherweise hat eine Fachabteilung Systemänderungs- oder -erweiterungswünsche. Es kann sich aber auch um bisher manuell abgewickelte Arbeiten handeln, für die eine DV-Unterstützung gewünscht wird.

Übersteigt der voraussichtliche Einmalaufwand einer solchen Anforderung die für ein DV-Projekt festgelegte Untergrenze, muß ein DV-Projekt veranlaßt werden. Andernfalls kann das gewünschte Vorhaben einer Entwicklung, Änderung oder Auswertung als Kleinarbeit ohne ein Projektkorsett abgewickelt werden.

Die Untergrenze für ein Projekt ist in Unternehmen unterschiedlich festgelegt. Sie liegt überwiegend bei einem Aufwand von ein bis drei Personenmonaten. Doch sind auch Betriebe anzutreffen, wo diese Grenze beträchtlich darunter oder darüber liegt.

1. Prüfung und Abwicklung von DV-Kleinarbeiten

Kleinaufträge betreffen meist Fehlerbehebungen, Änderungen oder Erweiterungen von vorhandenen DV-Anwendungssystemen. Es sind überwiegend Wartungsaufträge. Hält sich die Anzahl dieser DV-Kleinaufträge in Grenzen, können diese Kleinarbeiten ohne einen Formalismus vom zuständigen DV-Spezialisten miterledigt werden. Die Fachabteilung oder ihr DV-Fachkoordinator wenden sich unmittelbar an die DV-Mitarbeiter. Sofern die DV-Spezialisten einen periodischen Arbeitsbericht erstellen, führen sie den Zeitaufwand für die durchgeführten Kleinarbeiten dort auf.

Ein Mißstand kann sich dadurch ergeben, daß die Zahl der Wartungs- und Kleinaufträge so überhand nimmt, daß die Projektmitarbeiter der DV-Abteilung, die diese Arbeiten neben ihrer Projektarbeit erledigen müssen, bei ihren Projektterminen in Rückstand geraten. Um dieser Gefahr vorzubeugen, kann der DV-Leiter eine Regelung treffen, daß für jede gewünschte Programmierarbeit ein schriftlicher Antrag gestellt wird. Vor seiner Freigabe und Durchführung erfolgt eine überschlägige Kalkulation und eine Schätzung des möglichen Fertigstellungstermins durch den DV-Mitarbeiter, der diese Arbeit durchführen muß. Für das Antragsverfahren ergeben sich die in Abbildung 9.05 dargestellten Ablaufschritte.

LERNABSCHNITT 9

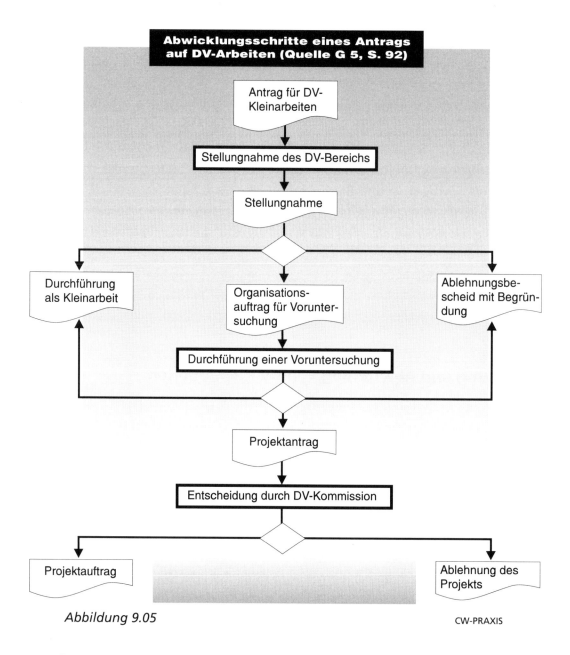

Abbildung 9.05

Das skizzierte Antragsverfahren ist in mittleren und größeren Unternehmen mit einem formalisierten Projektabwicklungsverfahren anzutreffen. Ohne ein geregeltes Antragsverfahren ist eine systematische Projektauslösung schwierig. Zur Vereinfachung des Antragsverfahrens liegen hierfür Formulare bereit (siehe Abbildungen 9.06 und 9.07).

LERNABSCHNITT 9

Formularbeispiel für einen DV-Antrag

ANTRAG FÜR DV-ARBEITEN

Original und 1 Kopie an die DV-Abteilung

Eingangsstempel der DV-Abteilung

Fachabteilung   Kostenstelle   Datum

für Rückfragen zuständig   Telefon

Geprüft: _____   Gesehen: _____
DV-Koordinator   Abteilungsleiter

Bemerkung des Leiters der DV

Kurzbezeichnung des Auftrags

1. Beschreibung
2. Begründung
3. Einsparung und anderweitige Vorteile
4. gewünschter Fertigstellungstermin

genehmigt:
Stellungnahme erforderlich
ja ☐ nein ☐
durch: _____
Name

Ggfs. Zusatzblatt verwenden

Abbildung 9.06

LERNABSCHNITT 9

Formularbeispiel für die Stellungnahme zu einen DV-Antrag

Stellungnahme der DV-Abteilung

Kurzbezeichnung des Auftrags   vom   Fachabteilung

Stellungnahme:

Entwicklungskosten		Soll-Angaben			Ist-Angaben		
		Menge	DM je Einheit	Betrag (Menge x DM j. Einh.)	Menge	DM je Einheit	Betrag (Menge x DM j. Einh.)
	MT						
	MT						
Programmierung inkl. Dok.	MT						
Summe		—	—		—	—	

Empfehlung zur Durchführung: ☐ Richttermin _____

Bearbeitet durch: _____ Datum: _____

Genehmigung durch DV-Leitung

_____   _____
Unterschrift   Datum

Arbeit an: _____ abgeschlossen am: _____

Abbildung 9.07

CW-PRAXIS

Das Formular „Antrag für DV-Arbeiten" wird vom Antragsteller oder dem DV-Fachkoordinator seines Bereichs ausgefüllt. Neben der inhaltlichen Beschreibung ist auf dem Antrag anzugeben, welcher Nutzen oder welche anderweitigen Vorteile erwartet werden. Außerdem ist die Dringlichkeit des Fertigstellungstermins zu vermerken.

Der Antrag wird vom beauftragten DV-Mitarbeiter bearbeitet. Er prüft die Realisierungsmöglichkeit, schätzt den voraussichtlichen Durchführungsaufwand und anfallende Sachkosten und übernimmt diese Angaben samt einem geschätzten Fertigstellungstermin auf das Blatt „Stellungnahme der DV-Abteilung". Die Genehmigung des Antrags erfolgt durch die DV-Leitung.

Sofern die Realisierung des Antrags die für ein Projekt geltende Untergrenze (zum Beispiel Entwicklungszeit von mehr als drei Personenmonaten) überschreitet, ist die Abwicklung in der Form eines Projekts erforderlich. Zur vertieften Klärung der Möglichkeiten kann zuvor eine Voruntersuchung erfolgen.

Die Fachabteilung erhält nach der Prüfung des DV-Antrags eine Benachrichtigung, in der die voraussichtlichen Kosten und der frühestmögliche Durchführungstermin des Antrags genannt werden. Sofern die beantragte Arbeit nicht durchgeführt werden kann, ist der Ablehnung eine Begründung beigefügt.

2. Voruntersuchung – Einstiegsphase in ein Projekt

Wird einem Projekt eine Voruntersuchung vorgeschaltet, sollte der künftige Projektleiter nach Möglichkeit dabei sein! Üblicherweise wird eine Voruntersuchung heute durch ein Zweiergespann abgewickelt:

- einen Mitarbeiter aus dem ORG-/DV-Bereich und
- einen Mitarbeiter aus dem Fachbereich (häufig dem DV-Fachkoordinator)

Gelegentlich wirkt bei einer Voruntersuchung zur Kompetenzverstärkung des Teams ein Fachberater mit. Er sollte jedoch nicht zum Leiter der Voruntersuchung bestimmt werden.

Lernabschnitt 9

Eine Voruntersuchung ist als Eventualphase einem Projekt vorgeschaltet. Sie wird deshalb auch „Vorprojekt" oder „Projektstudie" genannt. In einer Voruntersuchung werden im Rahmen einer Machbarkeitsanalyse die Möglichkeiten für ein DV-Projekt geprüft. Sie soll eine Aussage darüber ermöglichen, ob das geplante Vorhaben

- überhaupt möglich und wirtschaftlich ist,
- welche Voraussetzungen erforderlich sind,
- welche Hauptprobleme zu lösen sind,
- welche personellen und sachlichen Ressourcen nötig sind.

In neuerer Zeit stehen häufig folgende Fragen im Mittelpunkt einer Voruntersuchung:

- Kann das Projekt voraussichtlich mit Hilfe von Standardsoftware abgedeckt werden?

- Wäre ein Reengineering vorhandener Altsoftware eine sinnvolle und preisgünstige Projektalternative?

Die Auswahl von Marktsoftware oder von Reengineering-Tools zählt nicht mehr zum Aufgabenkomplex einer Voruntersuchung.

Die Dauer einer Voruntersuchung ist unterschiedlich. Meist reichen wenige Arbeitstage aus. Eine Verkürzung läßt sich erreichen, wenn ein erfahrener Fremdberater an der Untersuchung teilnimmt.

Zur Auslösung einer Voruntersuchung dient ein Organisationsauftrag. Er wird vom Leiter der zuständigen Fachabteilung und dem Bereich Organisation/Datenverarbeitung freigegeben.

Die Arbeitsschritte einer Voruntersuchung entsprechen einer gedrängten fachlichen Grobkonzeption. Die Schwerpunkte einer Voruntersuchung liegen bei den Aktivitäten

- grobe Ist-Erhebung und Problemanalyse
- Anforderungsanalyse und Zusammenstellung der Soll-Aufgaben

LERNABSCHNITT 9

Formularblatt zur Durchführung eines Organisationsauftrags

	Organisationsauftrag	Datum
		Bearbeiter
Kurzbezeichnung des Auftrags		
Kurzbeschreibung des Auftrags		
Verantwortlicher		
Mitarbeiter		
Planbeginn		
Planende		
Zeitaufwand DV		
Zeitaufwand Fachabteilung		
Sachkosten		
Genehmigung Name Datum	Fachabteilung _____ _____	ORG-/DV-Abteilung _____ _____

Abbildung 9.08

- Lösungsalternativen (zum Beispiel Fremdbezug von Software, Restrukturierung von Altsystemen, Eigenentwicklung mit 4-GL-Sprache)
- Realisierungsplanung (Umstellungs- oder Migrationsstrategie, Meilensteintermine, Kosten-Nutzen-Überlegungen)
- Bericht und Präsentation mit anschließendem Projektfreigabeverfahren

Der hohe Schwierigkeitsgrad einer Voruntersuchung liegt darin, daß mit einem begrenzten Zeitaufwand konkrete Aussagen zu Machbarkeit, Nutzen und Terminen erarbeitet und die Weichen für das künftige DV-Vorhaben erstellt werden sollen. Der Verantwortliche für eine Voruntersuchung muß hierbei zwangsläufig in erheblichem Maß auf das Know-how aus früheren Projekten zurückgreifen.

3. Projektantrag und Projektauftrag

Fällt eine Voruntersuchung positiv aus oder liegen alle Projekteckwerte ohne die Durchführung einer Voruntersuchung in ausreichendem Feinheitsgrad vor, kann ein Projektantrag an die Geschäftsleitung oder den DV-Lenkungsausschuß gestellt werden. Ein Projektantrag ist auch erforderlich, wenn das geplante Projekt Teilstück einer Gesamtkonzeption ist.

Ein Projektantrag enthält eine Projektkurzbeschreibung. In ausführlicher Form ist sie dem Antrag als Anlage beigefügt. Im Anschluß daran sind neben dem Projektleiter die für das Projekt erforderlichen Projektmitarbeiter aufgeführt. Sofern die Namen der Mitarbeiter noch nicht bekannt sind, muß der Mitarbeitertyp und der geplante Umfang seiner Mitarbeit angegeben werden.

In den Folgespalten enthält ein Projektantrag eine Kosten- und Nutzenübersicht in dem zu diesem Zeitpunkt vorhandenen Feinheitsgrad. Nach Möglichkeit sollte bereits im Projektantrag eine Schätzung der Kapitalrückflußzeit (Return on Investment) angegeben werden. In einer Reihe von Unternehmen ist die Priorität eines Projekts von dieser Kennziffer abhängig. Beispielsweise werden nur solche Projekte realisiert, deren ROI zwei Jahre nicht übersteigt.

Der Antrag enthält weiterhin die Meilensteintermine bei einer Eigenentwicklung. Bei einer Softwarebeschaffung und -anpassung sind die entsprechenden Phasen einzu-

Projektantrag/Projektauftrag mit den wesentlichen Eckdaten eines Projekts

	Projektantrag ○ Projektauftrag ○	Projektnummer: Datum: Bearbeiter:

Projektbezeichnung:

Projektkurzbeschreibung:

Projektleiter und Projektmitarbeiter

Name	Abteilung	Umfang der Mitarbeit	Beginn der Mitarbeit	Ende der Mitarbeit

Einmalige Kosten	Laufende Kosten	Laufender Nutzen
Personalkosten:	Personalkosten:	Personalkosten:
Sachkosten:	Sachkosten:	Sachkosten:
Summe:	Summe:	Summe:

Kapitalrückfluß (in Monaten):

Geplante Terminstellungen	Freigabedatum:
Phase Dauer Beginn Ende	Freigabe bis Phase:
Grobkonzeption	
Feinkonzeption	Leiter DV ____ Datum
Programmvorgabe	Leiter Fachabteilung ____ Datum
Programmierung	Leiter DV-Kommission ____ Datum
Systemeinführung	

Abbildung 9.09

CW-PRAXIS

Lernabschnitt 9

tragen. Natürlich sind Terminangaben erst möglich, wenn der Starttermin des Projekts festgelegt worden ist.

Mit den Genehmigungsvermerken der Datenverarbeitungsabteilung, der Fachabteilung und der DV- Kommission (Projektlenkungsausschuß) wird das Projekt freigegeben.

Bei fehlenden personellen oder finanziellen Ressourcen kann sich die Projektfreigabe über Monate oder gar Jahre hinziehen!

> *Achten Sie als Projektleiter besonders darauf, daß im Projektauftrag die Projektzielsetzungen eindeutig formuliert sind. Außerdem muß der fachliche und DV-technische Projektrahmen klar abgesteckt sein. Nur dann ist gewährleistet, daß während des Projektablaufs der Projektrahmen sich nicht ständig erweitert.*

Für den Projektleiter stellt der Projektauftrag einen Wechsel dar, den er bei der Projektabwicklung einlösen muß. Sofern er bei der Zusammenstellung der Eckwerte nicht mitgewirkt hat, sollte der Projektleiter vor der Projektübernahme im Eigeninteresse die vorgegebenen Werte einer kritischen Prüfung unterziehen!

Nicht immer wird ein Projekt bereits vollständig freigegeben. Auf dem Projektauftrag muß vermerkt sein, ob die Freigabe nur bis zu einer bestimmten Phase oder für alle Phasen des Projekts gelten soll.

Summary

Ein DV-Projekt kann auf der Grundlage einer Gesamtkonzeption für alle oder bestimmte Unternehmensbereiche gestartet werden. Es kann auch aufgrund eines aktuellen Anlasses ausgelöst werden.

Eine aufeinander abgestimmte langfristige Gesamtplanung der Informationstechnik kann die beste Investition auf dem DV-Sektor sein. Sie zeigt klare Prioritäten der Realisierung auf und führt zu eindeutigen Rahmenbedingungen für Projekte.

LERNABSCHNITT 9

Die Entwicklung der zukünftigen Informationskonzeption darf nicht einseitig dem DV-Bereich überlassen bleiben. Es handelt sich um eine strategische Planung, an der Führungskräfte der Informationstechnik, der Anwenderbereiche und des Controlling mitwirken sollten.

Viele Anforderungen unterschiedlicher Art und Bedeutung entstehen aus einem aktuellen Anlaß heraus. Übersteigt der Entwicklungsaufwand ein bis drei Personenmonate, wird hierfür bei Bedarf ein DV-Projekt ausgelöst. Andernfalls wird die Tätigkeit als „Kleinarbeit" abgewickelt.

Als Eventualphase wird einer aktuellen Projektanforderung eine Voruntersuchung vorgeschaltet. Sie dient der Klärung der Durchführbarkeit, Wirtschaftlichkeit und Priorität des gewünschten Vorhabens.

Ein Projektleiter sollte in einer Langfristkonzeption oder einer einem Projekt vorgeschalteten Voruntersuchung mitwirken, um bereits beim Projektbeginn ausreichend über Zielsetzungen, Zusammenhänge und den fachlichen und DV-technischen Projektrahmen informiert zu sein.

Den formellen Einstieg in ein Projekt bildet der Projektantrag und -auftrag. Mit den Genehmigungsvermerken der Datenverarbeitung, der Fachabteilung und des Lenkungsausschusses wird das Projekt ganz oder für bestimmte Phasen freigegeben.

Lernabschnitt 10
Projektplanung und Softwarekalkulation

Die Durchführung der Projektplanung und eine Softwarekalkulation gehören zu den Kernaufgaben eines DV-Projektleiters. Es wird erwartet, daß der Projektverantwortliche nach einer systematischen Voruntersuchung und – bei Bedarf – einer intensiven Schulung über die Standardanwendungssoftware des Planungsgebiets den Aufwand, voraussichtliche Fertigstellungstermine und auch die Projektkosten abschätzen kann. Nach dem Projekteinstieg erfolgt eine schrittweise Planungsverfeinerung am Ende der jeweiligen Folgephasen.

Bei der Projektplanung stehen für den Projektverantwortlichen
- die Zusammenstellung der Projektaktivitäten,
- die Zeitaufwandsschätzung für die Projektabschnitte,
- die Festlegung der erforderlichen Projektmitarbeiter,
- die Schätzung der Fertigstellungstermine und
- Kosten- und Nutzenüberlegungen

im Mittelpunkt. Aus Motivationsgründen sollten die Projektmitarbeiter soweit wie möglich in die Planungsarbeiten integriert werden.

Die Hauptplanung findet in einem DV-Projekt nach dem Abschluß der Voruntersuchung statt. Wird auf eine spezielle Voruntersuchung verzichtet, können grobe Planungsinformationen am Beginn der fachlichen Grobkonzeption zusammengestellt werden. Eine detaillierte Projektplanung ist in diesem Fall meist erst nach Abschluß der fachlichen Grobkonzeptionsphase möglich. Planungsverfeinerungen erfolgen bei einer Individualentwicklung am Ende der fachlichen Konzeption und der DV-technischen Konzeption (Programmvorgabe).

Bei einem Softwarebeschaffungsprojekt können erste Planungsüberlegungen (Meilensteinplanung) nach der Ist-Zustandserhebung und Anforderungsanalyse stattfinden. Eine detaillierte Planung mit einer höheren Planungssicherheit ist nach der Auswahl des Softwarepakets und der Festlegung der Umstellungs- oder Migrationsstrategie möglich.

Stammt der Projektverantwortliche aus dem Anwenderbereich und ist zur Durchführung der Planungsarbeiten nicht in der Lage, muß er die Arbeit einem kompetenten DV-Mitarbeiter übertragen, der im Projekt mitwirkt. Bei einem Softwarebeschaffungsprojekt sollten in eine detaillierte Projektplanung auch die Erfahrungen der Softwarefirma einfließen.

Die Bedeutung einer möglichst realistischen Projektplanung liegt darin, daß von ihr der Personalbedarf der aktiven Projektmitarbeiter, die Projekttermine und die Wirtschaftlichkeit eines Projekts abhängen.

Die Projektplanung gehört zu den schwierigsten Aufgaben in einem DV-Projekt. Sie setzt beim Projektplaner Wissen und Erfahrungen auf folgenden Gebieten voraus:

- Kenntnis des Planungsgebiets mit seinen Problemen und eine Vision über die möglichen Lösungen
- Vertrautheit mit moderner Hardware, zum Beispiel einer dezentralen Client-Server-Plattform und den zur Verfügung stehenden Programmiersprachen und Softwaretools
- Kenntnisse und ausreichende Erfahrungen über qualifizierte Planungsmethoden
- Wissen über die Qualifikation, Motivation und das Engagement der Projektmitarbeiter

Der Feinheitsgrad der Projektplanung richtet sich nach dem Planungszeitpunkt (Voruntersuchung, fachliche Grob- oder Feinkonzeption, DV-technische Konzeption). Wegen der Dynamik eines DV-Projekts ist eine zu detaillierte formalistische Planung ebenso schädlich wie eine nicht angebrachte Planungsgroßzügigkeit.

Lernabschnitt 10

Lernmodul 10.1 Planungsmethoden und -hilfsmittel

Es gibt unterschiedliche Ansatzpunkte, Methoden und Hilfsmittel für eine Projektplanung. Zu wichtigen Grundsätzen und Verfahrensalternativen erhält der Projektplaner in diesem Lernmodul Hinweise und Tips.

1. Planungsmethoden

Zwei Planungsmethoden für DV-Projekte stehen sich gegenüber:

- die Pauschalplanung aufgrund von Erfahrungswerten des Projektplaners
- die Projektplanung mit Hilfe methodischer Hilfsmittel und Rückgriff auf die Planungskomponenten Phasenkonzept, Aufgabenmodule, Mitarbeiterqualifikation und Toolunterstützung

Beide Planungsmethoden ergänzen sich und werden fast immer gemischt eingesetzt. Die ausschließliche Anwendung einer Pauschalplanung aufgrund von Vergangenheitserfahrungen reicht genauso wenig aus wie der einseitige Einsatz von Rechenformeln und Formalmethoden.

Bei der Rundfrage eines sozialwissenschaftlichen Instituts am Beginn der 90er Jahre über die Planungs- und Kalkulationsmethoden von Softwareprojekten ergab sich folgendes statistisches Bild (Quelle W 5 vom 1.5.1992):

Planungsverfahren	Prozentanteil
Methodengestützt und erfahrungsbezogen	15
Ausschließlich methodengestützt	11
Ganzheitlich, erfahrungsbezogen	57 (!)
Ohne Kalkulation beziehungsweise keine Angaben	17

Als typische Methodik hat sich in neuerer Zeit die analytische Vorgehensweise bei der Planung durchgesetzt. Der gesamte Problemkreis eines DV-Projekts wird in der Form einer Top-down-Betrachtung unter Berücksichtigung der Projektabschnitte des Phasenkonzepts und der Aufgabenmodule in überschaubare Einzelaktivitäten aufgerissen.

Für diese Basisbausteine nimmt der Projektplaner unter Berücksichtigung von Vergangenheitserfahrungen die Zeitschätzungen vor. Die ermittelten Werte werden um Zu- und Abschlagsfaktoren korrigiert, die sich zum Beispiel durch eine abweichende Mitarbeiterqualifikation oder ein neues Softwaretool ergeben.

Als wesentliche Planungshilfsmittel bei einer papiergestützten Projektplanung werden folgende Werkzeuge eingesetzt:

- eine hierarchische Aufgabenstrukturübersicht der Soll-Funktionen
- Planungstabellen in Matrixform
- eine Tabelle mit Erfahrungswerten für die Programmierzeitschätzung
- Formulare für die Terminplanung in Listenform, für ein Balkendiagramm oder für einen Netzplan
- ein Formular für den Ausweis des Projektbudgets
- ein Berechnungsschema für eine Wirtschaftlichkeitsrechnung

Programme eines Projektmanagementsystems können für die Projektplanung nur eine begrenzte Hilfestellung geben. Sie sind nützlich zur Ergebnisspeicherung der Zeitaufwandsschätzung und sie werfen aufgrund der vom Planer vorgegebenen Abhängigkeiten der Aktivitäten einen Terminplan aus. Schließlich können sie die Berechnung einer dynamischen Wirtschaftlichkeitsübersicht unterstützen. Die größten Vorteile eines DV-unterstützten Projektmanagementsystems ergeben sich bei häufigen Planungsänderungen, die wesentlich einfacher als bei einer manuellen Planung durchgeführt werden können. Außerdem stehen die Planungsdaten für flexible Auswertungen und für die Projektüberwachung zur Verfügung.

2. Zeitpunkte der Projektplanung

Eine Projektplanung beziehungsweise ihre Verfeinerung wird an folgenden Stellen einer DV-Anwendungsentwicklung vorgenommen:

Bei der Durchführung einer Voruntersuchung wird vor ihrem Start eine Kurzplanung der Ablaufschritte, des Aufwands und des Fertigstellungstermins dieses Vorprojekts durchgeführt. Diese Planung beschränkt sich auf einfache Grobschätzungen und dient hauptsächlich der Phasensteuerung.

Lernabschnitt 10

Am Schluß der Phase Voruntersuchung wird eine detaillierte Projektplanung für alle Folgephasen durchgeführt. Das Ergebnis dieser Projektplanung ist die Grundlage für den Projektantrag und -auftrag.

Liegen genügend Planungseckwerte vor, so daß auf eine Voruntersuchung verzichtet werden kann, nimmt der Projektleiter eine erste Planung für den Projektauftrag vor Beginn der fachlichen Grobkonzeption vor. Eine Planungsüberarbeitung und -verfeinerung erfolgt in jedem Fall am Ende dieses Projektabschnitts.

Eine weitere Planungsrevision für das Projekt wird vom Projektleiter am Ende der fachlichen Feinkonzeption und der DV-technischen Programmkonzeption (Phase Programmvorgabe) durchgeführt.

Vor dem Einstieg in einen Projektabschnitt wird eine phasenbezogene Feinplanung
- der durchzuführenden Tätigkeiten,
- des Mitarbeitereinsatzes und
- der Fertigstellungstermine

vorgenommen. Auf gemeinsame Planungsüberlegungen zusammen mit den Projektmitarbeitern sollte der Projektleiter aus Motivationsgründen großen Wert legen.

Zeitpunkte der Projektplanung und der Planungsrevision

Phasen-Konzept		
	1	Projektauslösung evtl. mit Voruntersuchung
	2	Fachliche Grobkonzeption
	3	Fachliche Feinkonzeption
	4	EDV-technische Systementwicklung
	5	Programmierung und Testarbeiten
	6	Benutzerorganisation und Systemeinführung

Abbildung 10.01

Wenn sich das Projekt aufgrund inhaltlicher Erweiterungen oder zeitlicher Verschiebungen wesentlich verändert, müssen Sie als Projektleiter auf eine sofortige Revision der Aufwands- und Terminplanung drängen. Besonders Zusatzwünsche der Anwender sind die typischen Ursachen für Termin- und Budgetüberschreitungen!

Bei einem Projekt der Softwarebeschaffung wird eine Erstplanung nach der Voruntersuchung oder dem Abschluß der Anforderungsanalyse vorgenommen. Eine Vertiefung erfolgt nach dem Abschluß des Softwarevertrags – meist gemeinsam mit der Softwarefirma. Diese Folgeplanung ist für das Softwareprojekt maßgeblich.

Auch bei einem Reengineering-Projekt muß der Projektleiter sich zusammen mit den beauftragten Reengineering-Spezialisten vor einer realistischen Projektplanung zuerst einen Arbeitsüberblick im Rahmen einer Ist- und Problem-Analyse verschaffen.

3. Überblick über die Planungsschritte

Während eines Planungsvorgangs führt der Projektleiter nacheinander folgende Einzelplanungen durch:

1) *Projektdefinition und -abgrenzung*
2) *Hierarchische Aktivitätsplanung (häufig schon vorhanden)*
3) *Zeitaufwandsplanung*
4) *Personalzuordnung; (eventuell simultan mit (3))*
5) *Planung der sachlichen Hilfsmittel*
   (Hardware, Software, Räume und ähnliches)
6) *Terminplanung*
7) *Projektbudget*
8) *Wirtschaftlichkeitsplanung*
9) *Überlegungen zur Risikobegrenzung*
10) *Berichtsfestlegung*

Im Mittelpunkt stehen die Aktivitätsplanung, Zeitaufwandsplanung, Terminplanung, die Zusammenstellung des Projektbudgets und die Wirtschaftlichkeitsplanung als Kosten-/Nutzengegenüberstellung.

LERNABSCHNITT 10

Die angegebenen Planungspunkte müssen in manchen Fällen mehrfach durchlaufen werden, da teilweise eine gegenseitige Abhängigkeit besteht und gegebenenfalls Korrekturen von Teilplanungen aufgrund von Restriktionen bei anschließenden Planungsschritten nötig sind.

Erläuterungen zu den Einzelplanungen
Projektdefinition und -abgrenzung: Häufig liegen bei der Vergabe eines Projektauftrags an einen Projektleiter noch keine ausreichenden Spezifikationen über den genauen Projektinhalt, die Reichweite des Projekts und seine Abgrenzung zu Nachbar- und Folgebereichen vor. Diese Punkte sind zuerst zu klären. Die Definitions- und Schnittstellenübersicht ist mit den betroffenen Projektleitern und dem DV-Lenkungsausschuß beziehungsweise dem Fachbereich abzustimmen.

Aufgabenstrukturierung (Modulplanung): In größeren Projekten ist vor der Abwicklung der Planungsschritte eine Aufgliederung des geplanten Gesamtsystems in Einzelaufgaben erforderlich. Die Projektunterteilung erfolgt nach den Gesichtspunkten der vertikalen Strukturierung. Die anschließenden Zeitschätzungen werden für die einzelnen Aufgabenmodule unterteilt nach den Projektphasen durchgeführt.

Zeitaufwandsplanung: Die Zeitaufwandsschätzung greift auf die Projektphasen zurück. Bei der Schätzung der Programmierzeiten werden zusätzlich die Aufgabenmodule als Basis verwendet.

Personalplanung: Der Umfang der für ein Projekt erforderlichen Mitarbeiter hängt von folgenden Kriterien ab:
- vom errechneten Zeitaufwand für die Mitarbeiterkategorien
- von der Qualifikation der eingesetzten Mitarbeiter

Ein noch nicht auf bestimmte Mitarbeiter bezogener Personalbedarfsplan sollte von durchschnittlichen Mitarbeitern ausgehen. Eine zeitliche Anpassung muß erfolgen, sobald Namen, individuelle Qualifikation und Leistungsgrad feststehen.

Ausbildungsplanung: Es kann erforderlich sein, daß die vorgesehenen Projektmitarbeiter zuerst eine Ausbildung erhalten müssen. Möglichkeiten sind über externe oder interne Firmenseminare, über Trainingsprogramme oder über Fachliteratur gegeben.

Hardware- und Softwareplanung: Es ist zu prüfen, ob die erforderliche Hardware (Netzwerk, Client-Server-Komponenten) und Software (Datenbanksoftware, Anwendungsprogramme) vorhanden ist oder rechtzeitig zur Verfügung stehen wird und welche Auswirkungen sich bei Restriktionen auf die Projekttermine ergeben können.

Raum- und Büromittelplanung: Projektmitarbeiter sollten möglichst in einem gemeinsamen Raum untergebracht sein. Er muß so gestaltet sein, daß er Gruppengespräche und daneben ein kreatives Arbeiten einzelner Mitarbeiter zuläßt.

Terminplanung: Sie ist erst möglich, wenn die vorhergehenden Planungen durchgeführt worden sind. Termine werden bei einfachen und übersichtlichen Projekten in der Form einer Terminübersicht oder eines Balkendiagramms festgelegt, bei stark verzweigten Projekten als Netzplan. Für die Terminplanung können manuelle und maschinelle Hilfsmittel verwendet werden.

Projektbudget: Aus dem zeitlichen Aufwand der Projektmitarbeiter und den anfallenden Sachkosten läßt sich das Projektbudget zusammenstellen. Die sich ergebenden einmaligen Projektkosten sind außerdem ein Baustein für eine Wirtschaftlichkeitsrechnung.

Wirtschaftlichkeitsplanung: Wird von der Unternehmensleitung eine Wirtschaftlichkeitsplanung verlangt, sind zusätzlich zu den einmaligen Kosten auch die voraussichtlichen laufenden Betriebskosten und der Nutzen, den das neue DV-Anwendungssystem oder Informationssystem erbringen wird, zu ermitteln. Sie werden in einer Wirtschaftlichkeitsübersicht gegenübergestellt.

Risikomanagement: Bei der Projektplanung sind die Risikoschwerpunkte des Projekts zu analysieren. Zur Risikobegrenzung muß der Projektleiter ausreichende Vorkehrungen treffen.

Berichtswesen und Qualitätskontrolle: In Abhängigkeit von der Art und Größe der Projekte und den Wünschen der übergeordneten DV-Lenkungskommission oder eines Projektausschusses müssen während der Projektabwicklung Berichte erstellt und Präsentationen durchgeführt werden. Der Projektleiter sollte sich vor dem Abschluß der Projektplanung einen Überblick darüber verschaffen. Zeitaufwendig kann auch eine mitlaufende Qualitätskontrolle sein, wenn sie anhand periodischer Qualitätsreviews durchgeführt wird.

4. Einsatz anwendungsorientierter Planungsmethoden

Die Anwendermitarbeiter im Projekt hatten bei den bisher üblichen komplizierten Projektplanungsverfahren meist keinen Durchblick, wie die Termine und Projektkosten zustande kamen.

> *Eine fehlende Planungstransparenz führt dazu, daß der Anwendungsbereich die Planungsergebnisse mit Skepsis betrachtet und anzweifelt. Das muß nicht sein! Heute gibt es Projektplanungsverfahren, die auch weniger fachkundigen Anwendern einen ausreichenden Einblick in das Zustandekommen der Planungsergebnisse gewähren.*

In den Folgeabschnitten stellen wir transparente und anwenderorientierte Planungsverfahren vor, die jedem Projektmitarbeiter einen Überblick über die Komponenten und Ermittlungsverfahren der Projektplanung geben.

5. Verantwortlichkeit für die DV-Projektplanung

Die Verantwortlichkeit für die DV-Projektplanung liegt beim Projektleiter. Aus Motivationsgründen sollte er die Projektplanung gemeinsam mit seinen Projektmitarbeitern im Projektteam vornehmen. Damit kann er das Mißtrauen und Unverständnis der Fachabteilung gegenüber dem komplexen Zahlenwerk einer Projektplanung abbauen. Eine Mitwirkung der Projektmitarbeiter bei der Planung ist allerdings nur möglich, wenn der Projektleiter durch anwenderverständliche Planungsverfahren eine ausreichende Planungstransparenz schafft!

Bei schwierigen Projekten mit einem hohen fachlichen oder DV-technischen Innovationsgrad sollte ein wenig erfahrener Projektleiter zur Planung einen ORG-/DV-Spezialisten aus dem eigenen Unternehmen oder einen kompetenten DV-Fachberater hinzuziehen.

> *Fehlschätzungen von mehreren hundert Prozent, wie sie in der Vergangenheit bei DV-Projekten an der Tagesordnung waren, disqualifizieren jeden Projektleiter!*

Auf keinen Fall darf der Projektleiter dem Drängen einer Geschäftsleitung nachgeben und unrealistisch kurze Fertigstellungstermine vorschlagen, die sich selbst bei einem optimalen Projektablauf nicht einhalten lassen!

Gelegentlich ist in großen Unternehmen anzutreffen, daß zwar jeder Projektleiter die Projektplanung nach seiner eigenen Methodik durchführen darf. In einer zentralen Stabsstelle des DV-Managements wird jedoch von erfahrenen Spezialisten eine Gegenschätzung zum Beispiel nach dem Function-Point-Verfahren durchgeführt. Bei stark abweichenden Ergebnissen wird eine Analyse der Schätzungsdifferenzen vorgenommen.

LERNMODUL 10.2   AKTIVITÄTSPLANUNG – EINSTIEG IN DIE PROJEKTPLANUNG

Der Einstieg in die DV-Projektplanung geschieht über die Projektdefinition, die Abgrenzung des Projektumfangs und die Bildung von Soll-Aufgaben (Soll-Funktionen) beim Entwurf des neuen DV-Anwendungssystems. Als grafisches Darstellungsinstrument dient eine hierarchische Aktivitätsübersicht (auch Baumdiagramm genannt).

Geschieht der Einstieg in ein DV-Projekt über eine Voruntersuchung, steht hierbei die hierarchische Aufgabenübersicht im Mittelpunkt des erarbeiteten Groblösungsvorschlags. Bei einem Verzicht auf die Eventualphase der Voruntersuchung entsteht eine detaillierte Aufgabenstruktur in der Projektphase der fachlichen Grobkonzeption.

Lernabschnitt 10

Die hierarchische Aufgaben- oder Funktionsstruktur stellt zusammen mit einer Aufgabenbeschreibung und eventuell mit zusätzlichen EVA-Diagrammen den idealen Ausgangspunkt für die Projektplanung dar.

Auch in einem Softwarebeschaffungsprojekt ist die strukturierte Darstellung der Soll-Aufgaben der Mittelpunkt der fachlichen Leistungsbeschreibung. Sie wird in das DV-Pflichtenheft übernommen.

1. Die Methode der Aufgabenstrukturierung (Aktivitätsplanung)

Die vertikale Aufgabenstrukturierung eines Soll-Systems ist eine statische Gliederung der Aufgaben des geplanten DV-Anwendungssystems. Diese Form der Darstellung eignet sich besonders für Planungszwecke und für eine schrittweise Aufgabenverfeinerung bis auf die Ebene der Elementaraufgaben. Statt Aufgabe wird auch häufig das Wort „Funktion" verwendet. Beispiele von Elementaraufgaben sind:

- Dialogorientierte Verbuchung eines Standardtexts in der Textdatei
- Änderung einer Adresse in einer Adreßdatei
- Verbuchung eines Wareneingangs
- Anzeige des Lagerbestands auf einer Bildmaske und so weiter.

Zur Darstellung der zeitlich-logischen Zusammenhänge kann zusätzlich eine dynamische Integrationsübersicht (auch Aufgabenablaufplan oder Blockschaltbild genannt) vorteilhaft sein. Für Planungszwecke kann sie zum Ausweis von Schnittstellen bedeutsam sein.

Auch außerhalb von DV-Projekten wird für die Planung von Projekten jeder Art eine schrittweise Verfeinerung des gesamten Projekts in einzelne Aufgabenpakete empfohlen. Man nennt die Aufgabenstruktur einen Projektstrukturplan. Der Projektstrukturplan wird in der DIN-Norm über das Thema „Projektmanagement" beschrieben.

In einer Voruntersuchung erstreckt sich die Aufgabenstrukturierung über zwei bis drei Verfeinerungsstufen (auch Auflösungsebenen genannt). Selbstverständlich gehört zur grafischen Aufgabenstruktur auch eine grobe Beschreibung der Aufgaben.

LERNABSCHNITT 10

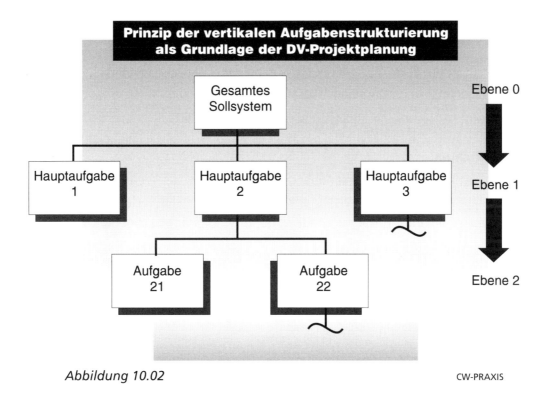

Abbildung 10.02

Erfolgt die Projektplanung erst am Ende der fachlichen Grobkonzeption, liegt eine Aufgabenstrukturierung bis zu den elementaren Aufgaben vor. Zusätzlich liegen hierbei bereits grobe EVA-Diagramme der Aufgaben und detailliertere Lösungskonzepte als in der Voruntersuchung vor. Die EVA-Diagramme stellen eine horizontale Zergliederung einer Funktion in Eingaben, Verarbeitungsschritte und Ausgaben dar.

Neben dem Planungsrückgrat der Aufgabenstrukturierung liegen dem Projektplaner
- die Ergebnisse der Ist-Analyse,
- die gewünschten Integrationszusammenhänge,
- Schnittstellenübersichten zu Nachbarsystemen und
- eine Grobbeschreibung der künftigen Verwaltungs-, Arbeits- und Auswertungsfunktionen

vor. Erhebliche Auswirkungen auf die Planung können sich durch die gewählte Hardwareplattform, die Programmiersprache und die zur Verfügung stehenden Softwaretools ergeben. Auch hierüber muß sich der Projektplaner möglichst früh Kenntnisse verschaffen.

2. Mitlaufendes Planungsbeispiel „Kundenauftragsabwicklung" – Themenstellung und Aktivitätsplanung

Zur Darstellung der Planungsabwicklung wählen wir als Beispiel ein Projekt „Aufbau einer dialogorientierten Kundenauftragsabwicklung" in einem Versandhandelsunternehmen. Das Beispiel ist der Literaturquelle G 3 entnommen.

Themenstellung

In einem mittelständischen Versandhandelsunternehmen für Werbeartikel soll das Arbeitsgebiet der Kundenauftragsabwicklung auf ein Online-Verfahren umgestellt werden. Zur Abteilung Auftragsabwicklung gehören folgende Sachgebiete:

- die Kundenauftragserfassung und -bearbeitung
- die Lagerentnahme der Artikel und die Versandabwicklung
- die Rechnungsabwicklung
- das Berichtswesen der Abteilung

Aus bestimmten Gründen wird eine Individualentwicklung des Online-Auftragsabwicklungssystems geplant. Das geplante neue Anwendungssystem kann auf einem schon vorhandenen Midrange-Rechner ablaufen. Die Projektabwicklung erfolgt nach dem im Unternehmen üblichen Phasenschema.

Auf eine Voruntersuchung als vorangestellte Eventualphase zur Prüfung der „Machbarkeit" des Projekts wird verzichtet. Als Einstiegsphase wird die fachliche Grobkonzeption gewählt. Sie enthält folgende Schwerpunkttätigkeiten:

- Ist- und Bedarfsanalyse
- Fachliches Groblösungskonzept
  - Erarbeitung der Lösungsverfahren und -abläufe
  - Erarbeitung der Integrationszusammenhänge
  - Beschreibung der Groblösung
- Realisierungsplanung für die Folgephasen
  - Zeitaufwandsschätzung
  - Terminplanung
  - Projektbudget und Wirtschaftlichkeitsrechnung

Lernabschnitt 10

Geplante Mitarbeiter für das Projekt

Der Projektleiter ist ein erfahrener Organisationsprogrammierer. Er wirkt voll in allen Projektphasen mit. In der Phase der Benutzerorganisation und Systemeinführung beschränkt er sich allerdings auf einige Überwachungsaufgaben.

In den Projektphasen Programmvorgabe und Programmierung ist zusätzlich ein Anwendungsprogrammierer tätig. Er wirkt bei beiden Phasen fulltime im Projekt mit.

Ein DV-Koordinator des Fachbereichs Kundenauftragsabwicklung arbeitet in allen organisatorischen Projektphasen mit. In der Phase Benutzerorganisation und Systemeinführung übernimmt er den Großteil der anfallenden Aufgaben. Er soll nach Abschluß des Projekts auch die fachliche Systembetreuung vornehmen.

Stand der fachlichen Grobkonzeption

Für die Einstiegsphase der fachlichen Grobkonzeption hat sich der Projektleiter mit einer überschlägigen Schätzung des voraussichtlichen Zeitraums begnügt. Die Dauer der in einem Stück abgewickelten Arbeiten beträgt etwa zwei Kalenderwochen. Die Projektplanung der wesentlich umfangreicheren Folgephasen soll nach Abschluß der Problemanalyse und Grobkonzeption erfolgen. Zu diesem Zeitpunkt liegt eine ausreichende Informationssicherheit für eine fundierte Aufwands- und Terminschätzung vor.

Die fachliche Grobkonzeption ist mit Ausnahme der noch offenen Realisierungsplanung für die Folgephasen abgeschlossen. Für die bevorstehende Projektplanung liegen folgende dokumentierten Ergebnisse vor:

- eine Aufgabenstrukturübersicht der zu realisierenden Geschäftsprozesse
- eine prozeßorientierte Darstellung der Integrationszusammenhänge innerhalb des geplanten Systems mit den Schnittstellen zu den Nachbarsystemen
- EVA-Diagramme zur Verdeutlichung der Eingaben, Ausgaben und der wesentlichen Verarbeitungsschritte der geplanten Softwarefunktionen
- eine verbale Beschreibung der Soll-Aufgaben

Die Aufgabenbeschreibung konzentriert sich entsprechend den Zielsetzungen der fachlichen Grobkonzeption auf die Fragestellungen: „Was soll das neue Systems liefern? Welche Voraussetzungen sind hierfür zu leisten?" Die detaillierte Lösungsmethodik mit Bildmasken, Listbildern und Informationsstrukturen wird erst in der fachlichen Feinkonzeption erarbeitet.

Die Aufgabenstruktur der geplanten Softwarefunktionen ist im Folgebild dargestellt. Auf die Einbeziehung der Lagerwirtschaft und Verfügbarkeitskontrolle mußte wegen fehlender Voraussetzungen verzichtet werden. Erst in einem Folgeprojekt sollen diese Funktionen in die DV-Organisation übernommen werden.

Die Zusammenhänge der geplanten Soll-Funktionen gehen aus der Integrationsübersicht (Abbildung 10.04) hervor. Sie zeigt die Ablauflogik des Soll-Systems und erforderliche Schnittstellen zu anderen manuellen oder DV-organisierten Anwendungssystemen. Eine Integrationsübersicht stellt einen dynamisch-zeitlichen Funktionsablaufplan dar. Sie entsteht bei einer methodischen Anwendungsentwicklung parallel zur statischen Funktionsübersicht.

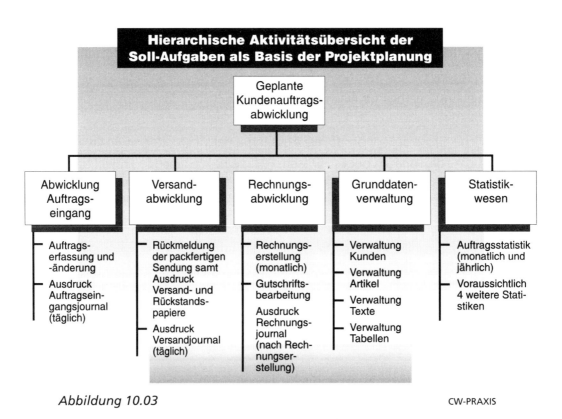

Abbildung 10.03

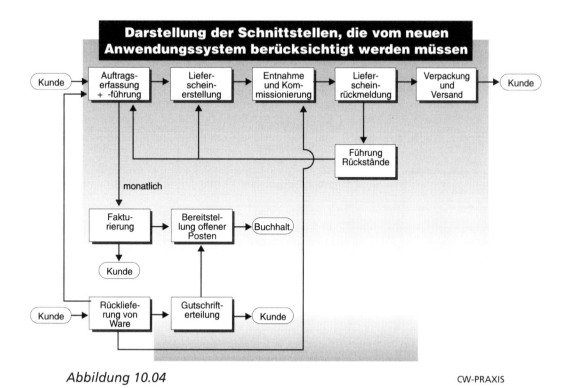

Abbildung 10.04

Für die Schätzung des Projektaufwands sind Art und Umfang der Schnittstellen zu vor- und nachgelagerten DV-Anwendungssystemen von Bedeutung. Durch erforderliche Schnittstellenprogramme kann der Projektaufwand in die Höhe getrieben werden! In unserem Beispielfall liegt allerdings nur eine einzige Schnittstelle zur Buchhaltung vor.

Eine Vertiefung des Funktionsinhalts läßt sich erreichen, wenn hierfür ein horizontaler Informationsflußplan aufgebaut wird. Man nennt diesen in der Fachsprache ein EVA-Diagramm. Es enthält für jede Funktion die erforderlichen fachlichen Eingaben, Ausgaben und Verarbeitungsschritte. Zur Feststellung des Umfangs der aus den fachlichen Funktionen abgeleiteten Dialog- und Stapelprogramme leisten die EVA-Diagramme gute Dienste. Ein Anwendungsbeispiel eines EVA-Diagramms für die Soll-Funktion „Kundenauftragserfassung" finden Sie in der Abbildung 10.05.

EVA-Diagramme haben für den Projektmitarbeiter aus der Fachabteilung den Vorteil, daß sie bei einer anwenderorientierten Gestaltung übersichtlich und leicht lesbar

Lernabschnitt 10

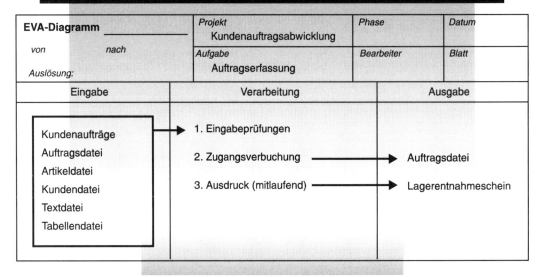

Abbildung 10.05

sind. Sie beziehen sich auf eine selbständige Aufgabe. In unserem Beispielfall ist es die Abwicklung der Tätigkeiten, die mit der Erfassung eines Kundenauftrags zusammenhängen. Im Softwaresystem ergeben EVA-Diagramme überwiegend ein Dialogprogramm oder ein Stapelprogramm. Für die einzelnen EVA-Diagramme müssen in der fachlichen Feinkonzeption bei einer Individualentwicklung die Bildmasken und Listenbilder entworfen werden. Daneben müssen die Verarbeitungsschritte und -formeln festgelegt werden.

Auskunft über die Komplexität und damit den Projektaufwand gibt auch das logische Datenmodell (siehe Abbildung 10.06). In ihm werden die Anforderungen der Anwender zusammengestellt. Am Ende der fachlichen Grobkonzeption steht ein grobes Beziehungsdiagramm zur Verfügung, das dem Projektleiter bei der Aufwandsschätzung nützlich ist. In der Entwicklungsphase der fachlichen Feinkonzeption erfolgt eine weitere Verfeinerung dieses Grobmodells.

Planung der Projektaktivitäten

Aus der systematisch erarbeiteten und dokumentierten Groblösung läßt sich der ge-

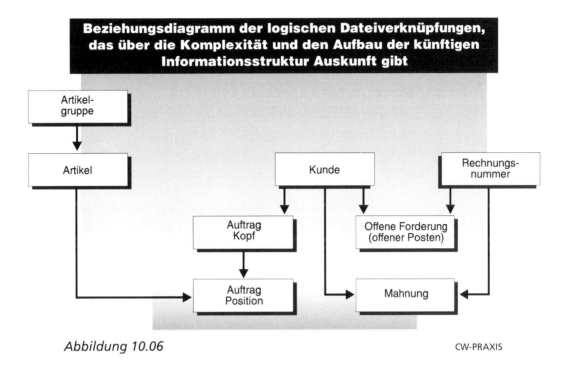

Abbildung 10.06

plante Projektumfang klar erkennen. Als Rückgrat der Projektplanung dient das für ein Projekt verwendete Phasenschema. Innerhalb der Phasen hat die Aufgabenstrukturübersicht als Darstellung der geplanten Softwarefunktionen die größte Bedeutung für die Aktivitätsplanung.

LERNMODUL 10.3 ZEITAUFWANDSSCHÄTZUNG – KERNSTÜCK DER PLANUNGSAKTIVITÄTEN

Die Zeitaufwandsschätzung setzt auf der Aktivitätsplanung auf. Dieser Teil der Projektplanung umfaßt die Aufwandsermittlung für die fachlichen und DV-technischen Projektphasen samt der Organisation des Benutzerumfelds und der Systemeinführung.

Die Zeitaufwandsermittlung in DV-Projekten ist noch immer ein High-Risk-Business. Die Aufwandsschätzung für die Entwicklung von Software ist auch in den 90er Jahren „eine äußerst schwierige

Lernabschnitt 10

Angelegenheit mit vielen teuflischen Ungewißheiten" (Planungsprofi Harry Sneed in S 6). Der Stand der Softwaretechnik sei noch längst nicht so weit gediehen, daß selbst ein Planungsexperte auch nur annähernd risikolos operieren könne.

Um eine brauchbare Zeitaufwandsplanung durchzuführen, muß ein Projektleiter neben den geplanten Fachaufgaben auch die zur Verfügung stehenden Mitarbeiter, vorhandene Softwaretools und die bestehende Hardware- und Softwareumgebung in das Aufwandskalkül einbeziehen.

Ein unerfahrener Planer, der zum ersten Mal eine Projektzeitschätzung vornimmt, wird sich fast immer erheblich verschätzen. Meist setzt er eine normale, wenn nicht gar optimale Projektabwicklung voraus. Es fehlen ihm noch das Gespür und die Praxiserfahrungen, welche Zeitreserven für Nebenarbeiten und Verzögerungen einzuplanen sind.

Ein hoher Schwierigkeitsgrad der Zeitaufwandsschätzung ergibt sich für die organisatorischen Arbeiten eines Business Reengineering, das heute oft zusammen mit der fachlichen Soll-Konzeption oder mit der Reorganisation des Softwareumfelds in einem DV-Projekt durchgeführt werden muß.

Das größte Handicap bei der Zeitschätzung ergibt sich, wenn die Geschäftsleitung oder der Auftraggeber ohne Rücksicht auf den erforderlichen Zeitaufwand und die vorhandene Mitarbeiterkapazität zuerst als Eckwert den Fertigstellungstermin vorgibt. Muß der Projektleiter mit den vorhandenen personellen und sachlichen Ressourcen zurechtkommen, wird er das Projekt zwangsläufig „abspecken" müssen. Das bedeutet nicht selten eine Qualitätsverschlechterung durch mangelnde Dokumentation, weniger Tests und eine geringere Benutzerfreundlichkeit.

1. Lehrbuchverfahren zur Zeitaufwandsschätzung in DV-Projekten

Beim Studium der Projektmanagementliteratur stößt ein Projektleiter auf eine ganze Palette von Methoden, die zur Zeitaufwandsschätzung auf dem Softwaremarkt angeboten werden. Jedes dieser Verfahren hat – sofern es überhaupt noch aktuell ist –

seine Vorzüge und Nachteile. Keines ist perfekt. Die meisten Verfahren sind unvollständig, einseitig und oft völlig unbrauchbar, wie zum Beispiel Noth und Kretschmar bei einem Praxisvergleich häufig genannter Verfahren festgestellt haben (Literaturquelle N 2).

> *Am besten bewährt haben sich stark praxisbezogene Mischverfahren der Zeitaufwandsschätzung, bei denen neben einer geeigneten Methodik auch umfangreiche Eigenerfahrungen des Schätzers und Meßwerte aus früheren Projekten einfließen. Den geringsten Aussagewert haben Verfahren der Zeitaufwandsermittlung, die sich ausschließlich oder überwiegend auf Rechenformeln abstützen.*

Wir stellen in diesem Lernmodul einige in der Literatur häufig zitierte Verfahren vor. Für die in neuerer Zeit oft genannte Function-Point-Methodik bringen wir an späterer Stelle ein Praxisbeispiel.

Bei den Zeitschätzungsverfahren stehen die Analogieverfahren an erster Stelle. Der Projektleiter schließt vom Aufwand früherer Projekte auf das neue Planungsvorhaben. Man unterscheidet

- Pauschalvergleiche und
- differenzierte Verfahren (nach Phasen, Aufgaben- oder Funktionsmoduln und Programmgrößenklassen).

Pauschalvergleiche sind als einziges Schätzungsverfahren nicht ausreichend. Zusätzlich zu einem verfeinerten Schätzverfahren können sie aber gute Anhaltspunkte ergeben. Die differenzierten Verfahren können zu brauchbaren Ergebnissen führen, wenn sie auf unternehmensbezogenen Organisations- und Programmiererfahrungen aufbauen.

Eine erhebliche Bedeutung haben Gewichtungsmethoden, bei denen die Aufwandsermittlung nach einem System von Faktoren erfolgt. In der Zeitschätzung werden sachliche Faktoren (Eingabe in ein Programm, Verarbeitungsumfang, Ausgabeumfang, Zahl der angesprochenen Dateien), persönliche Faktoren und Problemfaktoren

LERNABSCHNITT 10

angesprochen. Das neuerdings häufig in den Vordergrund gestellte Function-Point-Verfahren ist ebenfalls ein Gewichtungsverfahren.

> *Gewichtungsverfahren bauen auf einem Basiswert auf, der von der vorliegenden Arbeitsproduktivität abgeleitet wird. Sie stehen und fallen mit der Richtigkeit und Aktualität dieses Werts.*

Multiplikatormethoden nehmen als Basis eine Schätzung des Programmieraufwands vor und berechnen von diesem Teilstück den Gesamtaufwand mit Hilfe von Zuschlagsätzen (Multiplikatoren). Die Aufwandsschätzung des Programmieraufwands greift auf die voraussichtliche Zahl der Verarbeitungsstatements zurück (Lines of Code). Der Zuschlagprozentsatz für die restlichen Phasen liegt zwischen 40 und 120 Prozent. Da gerade bei den fachlichen Entwurfsphasen eines Projekts große Zeitaufwandsunterschiede festzustellen sind, führt die Multiplikatormethode zu unzulänglichen und unsicheren Ergebnissen.

Prozentsatzmethoden nehmen eine Aufwandsverteilung in Prozent nach den Phasen vor. Wenn eine Basis – so wie bei der Multiplikatormethode – fehlt, sind sie zur Aufwandsschätzung unzureichend. Als Kontrolle der Aufwandsverteilung können dagegen Aufwand-Prozentsätze für die Projektphasen hilfreich sein.

Gelegentlich stößt man auf Relationsmethoden. Bei ihnen wird von einem „Normalprojekt" ausgegangen, das den Basiswert 100 erhält. Das Schätzobjekt wird mit dieser Basis verglichen. Das Verfahren reicht zu einer qualifizierten Aufwandsschätzung nicht aus.

Viele der in Fachbüchern enthaltenen Methoden zur Aufwandsschätzung sind Mischverfahren, bei denen verschiedene Teilstücke der obigen Verfahren eingesetzt werden.

> *Mischverfahren können zu brauchbaren Ergebnissen der Zeitschätzung führen, wenn sie auf einer zweckmäßigen und praxisnahen Grundlage aufbauen. Sie müssen außerdem die verschiedenartigen Arbeiten der Entwurfs- und Realisierungsphasen berücksichtigen.*

Auch die in diesem Lernmodul dargestellte Zeitschätzungsmethodik des Function-Analysis-Verfahrens ist ein typisches Mischverfahren. Es enthält folgende Komponenten:

- Analogiemethode mit analytischen Komponenten (Aufgabenmodulen, Phasen) für die fachlichen Entwurfsphasen
- Programmierung nach voraussichtlichen Programmgrößenklassen und Meßwerten der Vergangenheit
- Zusatzgewichtungen für Zu- und Abschläge aufgrund von Besonderheiten
- Checklisten für die Phasen der Benutzerorganisation und Systemeinführung mit ihren individuellen Aktivitäten

Ein wesentlicher Unterschied zu allen anderen am Markt befindlichen Zeitschätzungsverfahren liegt darin, daß die organisatorischen Entwurfsphasen bei der Planung getrennt von der Programmierseite und der Phase der Benutzerorganisation und Systemeinführung gesehen werden. Wegen der oft erheblichen Aufwandsabweichungen in Projekten zur Schaffung integrierter Informationssysteme bei gleichzeitiger Geschäftsprozeßoptimierung ist diese Betrachtungsweise außerordentlich wichtig.

2. Grundsätze und Praxisregeln zur Zeitaufwandsschätzung

Jeder Projektverantwortliche muß einige Kardinalregeln der Zeitschätzung kennen und sollte sich nach ihnen ausrichten:

(1) Lernen Sie zuerst die Problemstellung kennen!
(2) Schätzen Sie möglichst kleine Aufgabeneinheiten (Mosaikschätzung)!
(3) Gehen Sie zuerst von normalen Bedingungen und durchschnittlichen Mitarbeitern aus und beurteilen Sie Unsicherheiten und Abweichungen erst anschließend!
(4) Eine teilweise Schätzung ist besser als gar keine!
(5) Führen Sie Zeitaufwandsschätzungen unabhängig von einem Terminplan aus!
(6) Zu einer Zeitschätzung gehören unbedingt Planungserfahrungen! Sie wird aber noch besser durch gedächtnisunterstützen-

> de Checklisten und Formeln, die aus Durchschnittswerten der Vergangenheit resultieren!
> (7) Zeitschätzungen müssen im Projektverlauf mehrfach wiederholt werden! Die Genauigkeit kann mit der Entfernung der einzelnen Phasen abnehmen!
> (8) Lassen Sie unabhängige Gegenschätzungen durchführen, wenn Sie einen Partner dazu finden.
> (9) Planen Sie nicht bereits am Anfang Überstunden ein! Diese werden ohnehin noch nötig werden und sind dann eine willkommene Reserve.
> (10) Mit speziellen Arbeitsmethoden und Softwarewerkzeugen kann Entwicklungszeit gespart werden. Es ist aber sicher das Gegenteil der Fall, wenn die Projektmitarbeiter die Anwendung dieser Methoden und Tools erst lernen müssen!

Ein Rückgriff auf Durchschnittswerte früherer Zeitaufwandsschätzungen ist nur erlaubt,

- wenn die Produktivitätsumgebung des Schätzfelds bekannt ist (Tool-Einsatz!)
- wenn Verfügbarkeit und Leistungsgrad der Mitarbeiter geklärt sind
- wenn der Projektplaner über die Anwendungsumgebung – besonders den Schnittstellenumfang zu Nachbarsystemen – Bescheid weiß.

Verhältnis von Organisations- und Programmieraufwand

Bei einfacher und übersichtlicher Organisation und geringen Anforderungen an die Geschäftsprozeßoptimierung beträgt das Verhältnis des Aufwands von Organisation und Programmierung etwa 40:60. Für die Überarbeitung gewachsener Organisationsstrukturen und den Aufbau ergebnisorientierter Prozesse kann das Verhältnis 60:40 betragen. Das gleiche gilt beim Einsatz leistungsfähiger 4-GL-Programmierwerkzeuge.

Bei der Verwendung des in diesem Fachbuch dargestellten Vorgehensmodells ergeben sich bei kommerziellen und administrativen Aufgabenstellungen etwa folgende Prozentsätze der Aufwandsverteilung (siehe Abbildung 10.07).

Typische Aufwandsverteilung in kommerziellen oder administrativen Projekten

Phase	Prozentsatz einfach		schwierig
Voruntersuchung	3	–	5%
Fachliche Grobkonzeption	5	–	10%
Fachliche Feinkonzeption	20	–	30%
Programmvorgaben	10	–	20%
Programmierung und Testarbeiten	40	–	60%
Benutzerorganisation und Systemeinführung	5	–	10%
	(ohne Datenbereinigung und -aufbereitung)		

Abbildung 10.07   CW-PRAXIS

Mitarbeiter der Anwenderseite, die nur gelegentlich bei der fachlichen Spezifikation mitwirken oder für Auskunftszwecke zur Verfügung stehen, werden in der Zeitbedarfsschätzung eines Projekts nicht berücksichtigt. Im Terminplan erscheinen die von ihnen übernommenen Arbeiten als „Begleittätigkeit" innerhalb eines angegebenen Zeitraums.

Planbare und nicht planbare Zeitanteile des Projektaufwands

Aufgrund der geplanten Aktivitäten läßt sich noch nicht der gesamte Zeitaufwand eines DV-Projekts abschätzen. Im Durchschnitt sind 60 bis 80 Prozent des Aufwands planbar. Der planbare Anteil des Projektaufwands ist umso geringer, je komplexer und innovativer ein Projekt ist.

Wird der planbare um den nicht planbaren Aufwand erhöht, ergibt sich der gesamte Projektaufwand. Der nicht planbare Zeitanteil läßt sich am besten aufgrund des Mehraufwands abschätzen, der sich bei Projekten der Vergangenheit ergeben hat. In der Praxis wird der nicht planbare Aufwand meist in einen Zuschlags-Prozentsatz gepackt, der zum geplanten Zeitaufwand dazugeschlagen wird. Er beträgt zwischen zehn und 50 Prozent des geplanten Aufwands.

3. Einfachverfahren der Zeitschätzung für DV-Praktiker: Function-Analysis-Methodik

Wir stellen in diesem Abschnitt ein stark verbreitetes Zeitschätzungsverfahren auf der Grundlage einer phasen- und aufgabenorientierten Planungsmatrix dar. Es handelt sich um ein Mischverfahren, wenn man es mit den vorher erwähnten Spezialverfahren vergleicht.

An ein Planungsverfahren zur Zeitaufwandsschätzung von DV-Projekten müssen hohe Anforderungen gestellt werden, wenn es praxisgerecht sein soll:

- Es muß zu ausreichend genauen Planungsergebnissen führen (abhängig vom Feinheitsgrad der zur Verfügung gestellten Planungsinformationen).

- Es muß sich in grober Form bereits zu einem frühen Zeitpunkt der Projektabwicklung einsetzen lassen, hauptsächlich schon nach einer Voruntersuchung.

- Es muß alle wesentlichen Einflußfaktoren berücksichtigen, also sachliche und personelle Gesichtspunkte.

- Es muß sich an konkrete projektbezogene Sachverhalte anlehnen (was bei mathematischen Formeln nicht immer der Fall ist).

- Durch einen Dritten muß nachvollziehbar sein, wie die Ergebnisse zustande gekommen sind.

- Das Planungsverfahren muß leicht erlernbar sein (wobei vorhandene Projekterfahrungen in einer gleichartigen Entwicklungsumgebung die wichtigste Voraussetzung sind!).

Darüber hinaus muß ein Verfahren zur Zeitaufwandsschätzung eine schrittweise Verfeinerung und Ergebnisverbesserung im Phasenablauf erlauben. Schließlich muß die Planung in einer vertretbar kurzen Zeit durchführbar sein. Alle Teammitglieder – auch aus dem Anwenderbereich – müssen in der Lage sein, die Planungsmethoden und die Planungslogik zu verstehen. Nur in diesem Fall stehen sie hinter den Planungsergebnissen!

Die Basis der analytischen Zeitaufwandsschätzung nach der Function-Analysis-Methodik ist die Feststellung der Sachgebiete, die zum Projektrahmen gehören, und ihre Zergliederung in Aufgabenpakete. Die Aufgaben müssen so stark aufgerissen und beschrieben werden, daß der Aufgabeninhalt dem Planer klar ist. Je genauer die Projektplanung sein soll, umso tiefer muß die Zergliederung vorgenommen werden:

- Für eine Voruntersuchung oder Gesamtkonzeption genügt das Aufreißen eines Sachgebiets in seine Hauptaufgaben.
- Bei einer Projektplanung, die nach einer fachlichen Grobkonzeption vorgenommen wird, müssen die „Elementaraufgaben" vorliegen.

Während beispielsweise in einem Beschaffungsprojekt in einer Voruntersuchung eine Aufgabe „Mahnwesen" zusammen mit einer kurzen verbalen Beschreibung ausreicht, muß in der Projektphase „fachliche Grobkonzeption" eine Unterteilung des geplanten computerunterstützten Mahnwesens in die erforderlichen Such- und Auswahlfunktionen, in die gewünschten Anzeigefunktionen und die Druckfunktion vorgenommen worden sein. Darüber hinaus müssen für die Aufwandsschätzung am Ende dieser Phase im Rahmen grober EVA-Diagramme die Datenbestände der Ein- und Ausgaben vorliegen.

Als Darstellungswerkzeuge der Projektplanung dienen Planungstabellen
- für die fachlich-organisatorischen Entwurfsphasen und zur Gesamtdarstellung der Planungsergebnisse und
- eine Planungstabelle für die Zeitaufwandsschätzung der Programme.

Zur Abwicklung der Planung sind
- eine hierarchische Aufgabenübersicht,
- eine Erfahrungstabelle über die durchschnittlichen Zeiten für die einzelnen Programmkategorien
- und eine Checkliste der Aufgaben der Benutzerorganisation und Systemeinführung

nötig. Schließlich müssen dem Projektplaner die im Unternehmen im Einsatz befindlichen Softwaretools (beispielsweise Entscheidungstabellenübersetzer oder Reportgenerator) mit ihren Auswirkungen auf die Programmierzeit bekannt sein.

Planungstabellen sind Matrixdarstellungen. Sie lassen sich auch als Darstellungsinstrument für die Personalplanung, Hilfsmittelplanung und die Erstellung des Projektbudgets anwenden. Die Personalzuordnung kann in einem getrennten Schritt oder unmittelbar mit der Zeitaufwandsplanung vorgenommen werden, wenn die Mitarbeiter der Zahl und eventuell dem Namen nach bereits festliegen.

Bei der Durchführung der Zeitaufwandsplanung überträgt der Projektplaner die unterste Ebene der erarbeiteten Aufgabenstrukturen in die Zeilen der Planungstabelle für die Projektphasen. Mehrere gleichartige Aufgaben – beispielsweise Auswertungslisten oder Bildanzeigen eines Sachgebiets – können in einer gemeinsamen Spalte zusammengefaßt werden.

> *Bei übersichtlichen und nicht zu umfangreichen Projekten kann für die organisatorischen Arbeitsphasen eine pauschale Zeitschätzung für alle Tätigkeiten einer Phase ausreichen. Im anschließenden Musterbeispiel finden Sie eine solche Pauschalschätzung für die Phasen der fachlichen Soll-Konzeption.*

Die Projektphasen können in der Planungstabelle bereits vorgegeben sein, falls das von uns dargestellte Phasenkonzept angewendet wird. Ob die Planungsergebnisse für eine bereits durchgeführte Voruntersuchung den Planungsergebnissen der Folgephasen zugeschlagen werden sollen, muß unternehmensindividuell geklärt werden. Man findet hier unterschiedliche Auffassungen. Maßgeblich ist in diesem Zusammenhang die Art der Kostenweiterverrechnung einer Voruntersuchung.

Die Zeitschätzung erfolgt nach Mann- oder Personentagen. Es ist unbedingt nötig, daß sich der Projektplaner die durchzuführenden Arbeiten anhand des Phasenschemas vorstellen kann. In der fachlichen Feinkonzeption werden zum Beispiel bei einer Stammdatenverwaltung die Eingabe- und Änderungsmasken entworfen, die Fehlerbehandlung organisatorisch festgelegt, Schlüsselsysteme zur Identifizierung und

Klassifizierung aufgebaut, Stammdateien um weitere Datenfelder ergänzt und erforderliche Ausgaben entwickelt.

Mehr Zeit als die genannten Schritte nehmen bei den Entwurfs- und Dokumentationsarbeiten häufig die Diskussionen und Abstimmungen mit den Sachbearbeitern und die Wartezeiten in Anspruch. Ihr voraussichtlicher Umfang muß den Grundzeiten zugeschlagen werden.

Der Zeitumfang ist schließlich wesentlich von der Projektgruppenzusammensetzung, dem Arbeitsstil in den Projektteams und von der vorherigen Schulung über die Möglichkeiten und Verfahren der Computerunterstützung für ein Arbeitsgebiet abhängig.

Der Hauptvorteil der analytischen Planung der fachlichen Spezifikationsphasen liegt darin, daß die Bausteine bei den Einzelaufgaben auch bei unterschiedlichen Problemstellungen weitgehend gleich sind. Hauptsächlich handelt es sich um Grundbausteine folgender Art:

- Skizzierung von EVA-Diagrammen
- Darstellung von Dialogabläufen
- Entwurf von Masken und Listen
- Zusammenstellung von Fehlertabellen
- Entwicklung einer Entscheidungstabelle zur Darstellung von Verarbeitungsschritten
- der Aufbau eines Schlüsselsystems mit Schema und Nummernplan und ähnliches

Der Zeitaufwand für die Entwicklung und Darstellung dieser Organisationsbausteine läßt sich bei Erfahrungen aus früheren Projekten im Umfang überschauen und in Zeiten umsetzen.

Für die Phase der Programmvorgabe kann eine Aufwandsschätzung
- autonom aufgrund der vorgesehenen Arbeiten vorgenommen werden,
- als Prozentsatz vom Umfang der Programmierung abgeleitet werden.

Programmvorgabe und Programmierung können auch als „programmtechnische Realisierung" zusammengefaßt werden und einer gemeinsamen Zeitschätzung unterzogen werden. Das bietet sich an, wenn in beiden Phasen in derselben Teamzusammensetzung gearbeitet wird.

Für die Schätzung des Programmieraufwands sollten aus früheren Programmen Erfahrungswerte vorliegen. Sie müssen die benutzte Entwicklungsumgebung und die durchschnittliche Qualifikation, Erfahrung und Motivation der Programmierer berücksichtigen.

Als brauchbares Instrument hat sich eine Zeitschätzungstabelle für Programme erwiesen. Sie ist unterteilt in typische Programmkategorien und enthält neben Meßwerten zur Programmgröße passende Programmbeispiele einer bestimmten Programmkategorie. Die Programmgröße kann in Lines of Code (LOC) ausgedrückt werden. Die LOC-Angaben beziehen sich nur auf die Zahl der Verarbeitungsstatements einer Programmiersprache – zum Beispiel auf COBOL – nicht auf den Definitionsteil.

Wir haben in der anschließenden Meßwerttabelle auf die Angabe von Lines of Code verzichtet und nennen zur Programmkategorie nur einige typische Beispiele. LOC-Angaben können durch eine aufwendige Programmierung oder durch den Einsatz von Programmgeneratoren manipuliert werden und verlieren damit ihre Aussagekraft.

Die angegebene Programmierzeit ist die Summe aus den Einzelzeiten für
- den Programmentwurf,
- die Codierung,
- alle anteiligen Testarbeiten und
- die Programmdokumentation.

Nicht enthalten ist der Zeitanteil für die Projektphase „Programmvorgabe", da sie gelegentlich von speziellen Mitarbeitern der Programmierung erstellt wird. Bei der Programmvorgabe wird aus der Funktionenstruktur die Programmstruktur erstellt. Das logische Datenmodell wird in die physische Speicherstruktur unter Berücksichtigung der eingesetzten Datenbank umgesetzt. Zur Programmvorgabe gehört auch die Festlegung von Ergänzungsprogrammen, die in der fachlichen Konzeption über-

LERNABSCHNITT 10

Planungstabelle für alle Projektphasen; Verfeinerungsschritte der Programmierphase siehe Folgeseite

Planungstabelle Projektphasen	Projekt: Phase: Aufgabe:	Datum: Blatt: Bearbeiter:

Phasen und Mitarbeiter \ Aufgaben											Summe Personentage
Voruntersuchung											
Grobkonzeption											
Feinkonzeption											
Programmvorgabe											
Programmierung											
Systemeinführung											
Projektleitung											
Summe											

Abbildung 10.08

LERNABSCHNITT 10

Planungstabelle zur Schätzung des Programmieraufwands

Planungstabelle Programmierung		Projekt: Phase: Aufgabe:		Datum: Blatt: Bearbeiter:			
Zeitschätzung Programme	Programm-kategorie	Grund-aufwand	Zuschläge/Abschläge			Summe Personentage	
Summe							

Abbildung 10.09

LERNABSCHNITT 10

Erfahrungstabelle für den Programmieraufwand bei unterschiedlichen Programmklassen; Ermittlung der Meßwerte aus betriebsspezifischen Vergangenheitserfahrungen

Zeitschätzungstabelle für Programme		Projekt: Phase: Aufgabe:	Datum: Blatt: Bearbeiter:		
Programmkategorie		Beispiel	Programmieraufwand in Tagen		
NR	Bezeichnung		min.	wahrscheinlich	max
A	Minimalprogramm	Listprogramm aus einer Datei Einfaches Erfassungsprogramm Einfache Abfrage	0,5	1	1,5
B	Einfaches Programm	Listprogramm aus zwei Dateien Erfassung mit verschiedenen Prüfungen Einfaches Update-Programm	3	4	5
C	Mittelschweres Programm	Zwei-bis dreistufiger Dialog Stapelprogramm mit 3-4 angesprochenen Dateien Mehrstufige Liste mit Fortschreibung Statistikdatei	6	8	12
D	Schwieriges Programm (oder Programmodul)	Mehrstufiges Dialogprogramm Schwieriges Verarbeitungsprogramm (Programmodul) Verarbeitung von mehreren Dateien	12	16	24

Abbildung 10.10

gangen worden sind, weil sie den Anwender nicht berühren (Beispiel: Programme zur Datensicherung, zur Menüführung, zum Jahreswechsel und ähnliches).

Der Programmieraufwand einer Programmkategorie muß individuell im Unternehmen aufgrund der Vergangenheitsleistungen geschätzt werden. Außerdem muß der Leiter der Programmierung die Meßwerttabelle periodisch – beispielsweise jährlich – auf ihre Aktualität überprüfen. Die in der Tabelle genannten Werte sind zwar für kaufmännische und administrative Projekte beim Einsatz einer 3-GL-Sprache realistisch, dürfen aber nicht unkritisch als Ersatz für eigene Leistungswerte übernommen werden! Durch den Einsatz von Programmierhilfen können sich ins Gewicht fallende Zeitverkürzungen ergeben. Bei einer unterschiedlichen Produktionsumgebung sind gegebenenfalls gleichzeitig mehrere Tabellen zu erarbeiten.

Der Programmieraufwand läßt sich anhand der Programmkategorien aus den Aufgaben der Aufgabenstruktur ableiten. Es ist in der Praxis relativ einfach, Art und Zahl der voraussichtlichen Programme aus den Funktionen gedanklich abzuleiten. Eine wesentliche Verfeinerung ist möglich, sobald neben den Aufgabenkästchen EVA-Diagramme mit den Ein- und Ausgaben erarbeitet worden sind.

Die geschätzten Werte der Programmierung werden in die Planungstabelle für die Programmierung eingetragen. Die Summenzeile wird in die Planungstabelle der Projektphasen übertragen.

Die Durchschnittswerte der Programmierung müssen in besonderen Fällen um Zuschläge oder Abschläge verändert werden:

- Programmkomplexität und -größe
- Schwierigkeit der Materie
- Besonderheiten der Rechnerplattform
- Eigenschaften der Datenbank
- Programmiersprache
- Vorhandene Entwicklungstools
- Benutzte Testwerkzeuge
- Parallele Arbeiten der Programmierer in anderen Projekten

LERNABSCHNITT 10

Checkliste zur Schätzung des Zeitaufwands der Phase Benutzerorganisation/Systemeinführung (Blatt 1)

Aufwand-Checkliste Benutzerorganisation/ Systemeinführung			Projekt: Phase: Aufgabe:	Datum: Blatt: 1 Bearbeiter:
Maßnahme Bezeichnung	Erforderlich	Mitarbeiterkategorie	Zeitaufwand in Personentagen min. wahrscheinlich max.	Letzter Fertigstellungstermin
1. Gesamte Systemeinführung und Terminplanung / -kontrolle				
2. Abstimmung mit Nachbarbereichen Programmierung und Test Nachbar- / Folgeprojekte Rechenzentrum / Datenerfassungsstelle				
3. Arbeitsanweisungen Arbeitsanweisungen Anweisungen Urladung				
4. Stammdatenaufbereitung Vorgehensplan Bereinigung/Aufbereitung Übernahme auf Datenträger Kontrollarbeiten				
5. Übernahme Start- / Bestands- und Bewegungsdaten Übernahme Start- und Bestandsdaten Übernahme Bewegungsdaten Probelauf Parallellauf Kontrolle der Verarbeitungsergebnisse				

Abbildung 10.11   CW-PRAXIS

LERNABSCHNITT 10

Checkliste zur Schätzung des Zeitaufwands der Phase Benutzerorganisation/Systemeinführung (Blatt 2)

Aufwand-Checkliste Benutzerorganisation/ Systemeinführung			Projekt: Phase: Aufgabe:	Datum: Blatt: 2 Bearbeiter:
Maßnahme Bezeichnung	Erforderlich	Mitarbeiterkategorie	Zeitaufwand in Personentagen min. wahr- max. scheinlich	Letzter Fertigstellungstermin
6. Ausbildung 　Führungskräfte Anwender 　Aktive Sachbearbeiter 　Sachbearbeiter 　zur Information 　Datenaufbereitungskräfte				
7. Räume 　Anwender 　Stammdatenaufbereitung 　Schulung				
8. Aufbauorganisation 　Einführung neuer 　Strukturpläne 　Stellenbeschreibungen				
9. Arbeitsplatzorganisation 　Büromöbel / 　Büromaterialien 　Datenerfassungs- und 　-verarbeitungsgeräte 　Arbeitsplatzgestaltung 　Sachbearbeiter 　Informationsfluß- 　gestaltung				
10. Personalfragen 　Umschulung der frei- 　gestellten Mitarbeiter 　Auswahl und Einschul- 　ung neuer Mitarbeiter				
11. Formulare				
12. Sonstiges				

Abbildung 10.12

Der Zeitaufwand für die Tätigkeiten der Phase Benutzerorganisation / Systemeinführung läßt sich auf keinen Fall als Zuschlag zu anderen Phasen ableiten! Am besten bewährt hat sich eine Checkliste. Die voraussichtlichen Zeiten für die dort enthaltenen Aktivitäten können konkret für jede Mitarbeiterkategorie geschätzt oder errechnet werden. Abbildung 10.11 – 10.12 enthält eine Checkliste für die Aktivitätenfestlegung und Zeitschätzung der Phase Benutzerorganisation und Systemeinführung. Meist werden nur die Zeiten für die DV-Mitarbeiter und den DV-Koordinator in die Zeitschätzungstabelle übernommen, dagegen nicht die Zeitanteile für gelegentliche Mitarbeiter der Fachbereiche.

Stimmen die Projektarbeiten nicht mit dem vorgegebenen Phasenschema überein, können individuelle Projektabschnitte in die Planungstabelle der Projektphasen eingetragen werden. Das kann zum Beispiel für Zeitschätzungen im Rahmen eines Prototyping erfolgen, bei dem Tätigkeiten aus unterschiedlichen Phasen gemeinsam durchgeführt werden.

Sollen spezielle Zeiten für Systemtests und einen abschließenden Integrationstest eingeplant werden, kann hierfür ein besonderer Projektabschnitt in der Planungstabelle eingetragen werden.

Ein individuelles Vorgehenskonzept ist auch – vielleicht mit Ausnahme einer Voruntersuchung – bei Restrukturierungsprojekten nötig, die sich meist nicht in ein vorgegebenes allgemeingültiges Phasenmodell pressen lassen.

4. Mitlaufendes Fallbeispiel „Kundenauftragsabwicklung" – Zeitaufwandsplanung

(Themenstellung und vorhergehender Planungsschritt „Aktivitätsplanung" im Lernmodul 10.2, Abschnitt 2: „Aktivitätsplanung")

Vorbemerkungen zur Zeitaufwandsplanung des Projekts „Kundenauftragsabwicklung"

Die Arbeiten für die fachliche Grobkonzeption sind fast abgeschlossen. Entsprechend der am Anfang durchgeführten Schätzung beträgt der Zeitaufwand

LERNABSCHNITT 10

– für den Organisationsprogrammierer zehn Personentage
– für den DV-Koordinator zehn Personentage

Die Arbeiten wurden in einem aneinander hängenden Zeitblock fulltime durchgeführt. Auch die bereits verbrauchten Zeiten werden in die Gesamtaufwandsschätzung einbezogen.

Die Arbeiten der fachlichen Feinkonzeption werden von den zwei gleichen Mitarbeitern im Anschluß an die fachliche Grobkonzeption vorgenommen. Der Projektleiter rechnet für die fachliche Feinkonzeption entsprechend der Aufwandsverteilung in ähnlichen früheren Projekten mit einem Aufwand der Grobkonzeption mal Faktor 3.

Die Programmvorgabe wird vom Organisationsprogrammierer und einem zusätzlichen Anwendungsprogrammierer durchgeführt. Die hierfür erforderliche Zeit läßt sich von der Zahl und der Art der Programme ableiten. Als durchschnittlicher Erfahrungswert hat sich bisher ergeben, daß für die Zusammenstellung der Programmieranweisungen und -vorgaben etwa 25 Prozent der für die Programmierung benötigten Zeit erforderlich sind. Dieser Ansatz wird auch für das vorliegende Projekt verwendet. Vor der Aufwandsplanung für die Programmvorgabe muß also die Programmierzeit geschätzt werden.

Die Programmierung wird vom Organisationsprogrammierer und dem Anwendungsprogrammierer durchgeführt. Die vorgesehene gelegentliche Mitarbeit des DV-Koordinators bei den Testarbeiten wird in der Planung nicht extra ausgewiesen.

In der Phase „Benutzerorganisation und Systemeinführung" will der Organisationsprogrammierer zur Betreuung und Anleitung des DV-Koordinators etwa zehn Tage mitwirken. Aufgrund der Checkliste für die Aktivitäten der Phase Benutzerorganisation und Systemeinführung wird für den DV-Koordinator der Fachabteilung ein Aufwand von etwa 60 Personentagen geschätzt.

Abwicklung der Zeitaufwandsplanung

Die Schätzung des Zeitaufwands wird von den drei Projektmitarbeitern gemeinsam vorgenommen. Federführend ist der Organisationsprogrammierer, der zugleich für die Projektleitung verantwortlich ist. Der DV-Koordinator kann zwar wenig zur Zeitschätzung beitragen. Er soll aber ein Gefühl dafür entwickeln, wie sich die Projektzeiten zusammensetzen. Er bekommt hierbei auch mit, worauf bei der Projektabwicklung geachtet werden muß, damit der geplante Zeitrahmen eingehalten werden kann.

Für die Zeitschätzung verwendet der Projektleiter
- die Planungstabelle Projektphasen,
- die Planungstabelle Programmierung,
- die im Unternehmen vorhandene Zeitschätzungstabelle für Programme und
- die Checkliste für die Aktivitäts- und Zeitaufwandsplanung der Phase Benutzerorganisation und Systemeinführung.

Ausgangspunkt der Zeitaufwandsplanung ist die Zeitschätzung der fachlichen Feinkonzeption. Hier genügt eine Pauschalschätzung der gesamten Phase. Bei Bedarf hätte auch eine Einzelschätzung für jedes Aufgabengebiet vorgenommen werden können. Zu diesem Zweck sind auf der Planungstabelle Spalten vorgesehen. Mit der Schätzung findet eine unmittelbare Zuordnung auf die vorgesehenen Projektmitarbeiter statt (siehe Spalte Mitarbeiter), die bereits namentlich festgelegt wurden.

Die Schätzung der Programmierdauer schließt sich an. Hierfür greift der Projektleiter auf die in der fachlichen Grobkonzeption erarbeitete Aufgabenstruktur, die EVA-Diagramme und die vorliegende Zeitschätzungstabelle zurück. In der „Planungstabelle Programmierung" trägt der Projektleiter die jeweilige Programmkategorie und/oder den Grundaufwand ein. In unserem Beispiel sind keine Zu- oder Abschläge erforderlich. Für den Mehraufwand bei der Programmierung und zusätzliche Programme wird ein Prozentsatz von 20 Prozent für ausreichend gehalten.

Die Summe der Personentage Programmierung wird auf die „Planungstabelle Projektphasen" übertragen. Hierbei nimmt der Projektleiter eine Aufteilung auf die beiden Mitarbeiter vor, welche die Arbeiten dieser Phase durchführen.

Anschließend wird der Aufwand für die Phase „Programmvorgabe" vom Programmieraufwand abgeleitet und in die Planungstabelle eingetragen.

Zuletzt erfolgt anhand der Checkliste die Schätzung des Zeitaufwands für die Tätigkeiten der Benutzerorganisation und Systemeinführung.

LERNABSCHNITT 10

Planungstabelle zur Schätzung des Programmieraufwands

Planungstabelle Programmierung		Projekt: KAA Phase: GK Aufgabe:		Datum: Blatt: Bearbeiter:	
Zeitschätzung / **Programme**	Programmkategorie	Grundaufwand	Zuschläge/Abschläge		Summe Personentage
Auftragserfassung und -änderung		12			
Ausdruck Auftrags-/Eingangsjournal		1			
Rückmeldung und Ausdruck Versandpapiere		8			
Ausdruck Versandjournal		1			
Rechnungserstellung		12			
Gutschriftsbearbeitung		5			
Ausdruck Rechnungsjournal		1			
Verwaltung Kunden 4 Anzeigeprogramme		4 5			
Verwaltung Artikel 4 Anzeigeprogramme		4 5			
Verwaltung Texte 2 Anzeigeprogramme		4 2			
Verwaltung Tabellen Anzeigeprogramme		4 4		Noch nicht definiert	
6 Statistiken		9		Teilweise noch nicht definiert	
Ca. 20% Mehraufwand für zusätzliche Programme		19			
Summe		100			100

Abbildung 10.13

Planungstabelle für alle Phasen eines DV-Projektes

Planungstabelle Projektphasen	Projekt: KAA Phase: GK Aufgabe:	Datum: Blatt: Bearbeiter:

Phasen und Mitarbeiter \ Aufgaben									Summe Personentage
Voruntersuchung									
Grobkonzeption	OP KO	Effektiver Aufwand							10 10
Feinkonzeption	OP KO	Grobkonzeption mal Faktor 3 (300%)							30 30
Programmvorgabe	OP AP	Ca. 25% des Programmieraufwands							15 15
Programmierung	OP AP	Laut Erfahrungstabelle für Programmierzeitschätzung							50 50
Systemeinführung	KO OP	Tätigkeiten aufgrund der Checkliste Systemeinführung							60 10
Projektleitung									
Summe									

Bedeutung der Abkürzungen: OP = Organisationsprogrammierer, AP = Anwendungsprogrammierer, KO = DV-Fachkoordinator

Abbildung 10.14

5. Zeitaufwandsschätzung nach der Function-Point-Methodik

Das Zeitschätzungsverfahren der Function-Point-Methodik stammt aus den USA. Es wurde dort von einem IBM-Mitarbeiter in Anlehnung an das früher verbreitete IBM-Punkte-Verfahren zur Softwarezeitschätzung entwickelt.

Die Function-Point-Methodik ist seit Jahren das am häufigsten diskutierte Verfahren zur Aufwandsschätzung bei einer Software-Individualentwicklung. (Fachliteraturbeispiel: N 2). In zahlreichen Zeitschriftenartikeln wird in positiven oder negativen Stellungnahmen auf das Verfahren verwiesen.

Es gibt heute mehrere Varianten des Verfahrens. Sie unterscheiden sich von der amerikanischen Originalmethode meist dadurch, daß die Verfasser durch eine Reduktion der Bewertungskomponenten den Schwierigkeitsgrad der Anwendung verringern möchten.

Grundlagen des Function-Point-Verfahrens
(teilweise Anlehnung an die Literaturquellen I 2, N 2, S 8)

Das Verfahren geht ebenso wie die in den vorhergehenden Abschnitten dargestellte Zeitschätzmethodik des Function-Analysis-Verfahrens von der Überlegung aus, daß für eine Zeitmessung die von einem Programm geleisteten Funktionen relevant sein müssen. Die Leistungsmessung wird in der Form von Function-Points aus der Sicht eines Programmanwenders ermittelt.

> *Function-Points umfassen im Gegensatz zur Function-Analysis-Methodik keine gesamte Funktion, sondern zerlegen diese in Meßpunkte, die sich aus dem Umfang der Eingaben, Ausgaben, Datenbestände und aus dem Schwierigkeitsgrad der Verarbeitung ergeben. Ein auf diese Weise ermittelter Function-Point entspricht einer bestimmten Programmierzeit.*

Das Function-Point-Verfahren detailliert stärker als die von uns bereits vorgestellte Function-Analysis-Methode. Dadurch kann es bei richtiger Anwendung durch erfahrene Projektzeitschätzer zu exakteren Ergebnissen führen. Ebenso wie das Function-

Analysis-Verfahren greift der Zeitplaner bei Function-Point auf die durchschnittliche Programmierleistung der Vergangenheit zurück. Sie wird in der Form einer Produktivitätskurve zur Verfügung gestellt.

Die Anforderungen an den Projektplaner sind beim Function-Point-Verfahren höher als bei der Function-Analysis-Methodik! Nach Möglichkeit sollten die Zeitschätzungen von spezialisierten DV-Mitarbeitern vorgenommen werden, die das Verfahren nach einheitlichen Grundsätzen einsetzen.

Der Schwerpunkt des Verfahrenseinsatzes liegt bei DV-Anwendungssystemen der Individualentwicklung.

Überblick über die Verfahrensschritte

Eine Analyse- und Programmierzeitmessung nach dem Function-Point-Verfahren ist möglich, wenn eine funktionsorientierte Leistungsbeschreibung vorliegt, die den gewünschten Funktionsumfang und die benutzerbezogenen Ein- und Ausgaben samt Datenbeständen enthält. Dieser Feinheitsgrad eines Systementwurfs der Anwendungsentwicklung liegt am Ende einer fachlichen Grobkonzeption vor, wenn diese neben einer hierarchischen Funktionsstrukturierung und -beschreibung auch EVA-Diagramme mit den Ein- und Ausgabeelementen einer Funktion enthält. Nach Abschluß einer Voruntersuchung ist die Anwendung dieses Zeitschätzungsverfahrens wegen des unzureichenden Feinheitsgrads der Entwicklung noch nicht möglich.

Die Zeitschätzung wickelt sich in mehreren Arbeitsschritten ab:

(1) Schätzung der Zahl der Function-Points aus dem Umfang der
- Eingaben
- Ausgaben
- Datenbestände (auch Referenzdaten),

wobei auf Tabellenwerte zurückgegriffen wird.

(2) Korrektur der ermittelten Roh-Function-Points um spezielle Einflußfaktoren, die zu einer Erschwernis bei der Entwicklung führen können.

(3) Ermittlung der Netto-Function-Points. Ein Funktionspunkt entspricht einer bestimmten Programmierdauer. Zur Umrechnung der ermittelten Funktionspunkte

wird eine Produktivitätstabelle mit Erfahrungswerten der Programmierdauer vergangener Projekte herangezogen.

Wesentliche Komponenten des Function-Point-Verfahrens

Voraussetzung für die Verfahrensanwendung ist ein Entwicklungsstand des Projekts, bei dem

- eine Funktionsstrukturübersicht,
- zugehörige EVA-Diagramme,
- eine fachliche Systemgrobbeschreibung und
- Kenntnisse über die Hardwareplattform, Datenbank und die vorhandenen Softwaretools

dem Zeitschätzer zur Verfügung stehen.

Als Grundlage für die Zeitschätzung greift der Projektplaner auf Bewertungstabellen zur Klassifizierung der

- Eingabedaten,
- Ausgabedaten und der
- Datenbestände

zurück (siehe Tabelle 10.15). Wir lehnen uns bei den Bewertungstabellen inhaltlich überwiegend an die Klassifizierung der IBM an, veröffentlicht im Fachbuch „Aufwandschätzung von DV-Projekten" der beiden Autoren Thomas Noth und Mathias Kretzschmar, Literaturquelle N 2:

In einer Folgetabelle (Tabelle 10.16) werden die Einflußfaktoren auf die Verarbeitung bewertet. Hierbei kann die mit 0 – 30 bewertete Verarbeitungslogik im Vordergrund stehen (Literaturquelle I 2 und S 8).

Die Summe der Einflüsse wird nach der Bearbeitung mit Hilfe eines Korrekturfaktors in bewertete Function-Points umgerechnet. Dabei wird die Zahl der festgestellten Brutto-Function-Points durch die Multiplikation mit dem in der Zeile S2 berechneten Faktor der Einflußbewertung multipliziert. Es ergibt sich die Zahl der Netto-Function-Points.

Mit Hilfe der Tabelle 10.17: „Umrechnung Function-Points in Personenmonate" werden die errechneten Function-Points in Personenmonate der Projektarbeit umgesetzt.

LERNABSCHNITT 10

Die drei Bewertungstabellen zur Datenklassifizierung

KLASSIFIZIERUNG DER EINGABEDATEN

Anforderungen	einfach	mittel	hoch
Datenelementtypen	wenige	mehrere	viele
Logische Eingabegruppen	wenige	mehrere	viele
Komplexität der Bedienerführung	gering	mittel	hoch
Cursorhandhabung	einfach	mittel	schwierig
Spaltengewicht	3	4	6

KLASSIFIZIERUNG DER AUSGABEDATEN

Anforderungen	einfach	mittel	hoch
Listenspalten	wenige	mehrere	viele
Umsetzung von Datenelementen	einfach	mehrfach	komplex
Dateizugriffe und Verknüpfungen	wenige	mehrere	viele
Anforderungen an die Performance	nicht	mittel	hoch
Spaltengewicht	4	5	7

KLASSIFIZIERUNG DER DATENBESTÄNDE

Anforderungen	einfach	mittel	hoch
Zahl der Datensatzformen	eine	mehrere	viele
Performance-Einflüsse	keine	wenige	viele
Wiederanlaufeinflüsse	keine	wenige	viele
Dezentrales Dateihaltungskonzept	nein	–	ja
Spaltengewicht	7	10	16

Abbildung 10.15

LERNABSCHNITT 10

Tabelle zur Bewertung der Einflußfaktoren

Berücksichtigung der Einflußfaktoren	
E1 Verflechtung mit anderen Verfahren 0 – 5	
E2 Konzept der verteilten Datenverarbeitung 0 – 5	
E3 Berücksichtigung einer hohen Transaktionsrate 0 – 5	
E4 Schwierige Verarbeitungslogik 0 – 30	
E5 Geplante Wiederverwendung der Funktion in anderen Anwendungen 0 – 5	
E6 Datenbestandskonvertierungen 0 – 5	
E7 Ansprüche an die Benutzerfreundlichkeit 0 – 5	
S1 Summe der Einflüsse aller Faktoren S2 Faktor Einflußbewertung 0,7 + (0,01 x S1): S3 Bewertete Function-Points: Zahl der FP x S2 =	

Abbildung 10.16 CW-PRAXIS

Die Produktivitätskurve bei der Softwareerstellung steigt mit zunehmender Projektgröße nur unterproportional an. Je umfangreicher ein Projekt ist, umso schwieriger wird aufgrund der wachsenden Komplexität seine Beherrschbarkeit. Entsprechend geringer fällt die in Function-Points gemessene Leistung der Softwerker je Personenmonat aus.

Beurteilung der Einsatzmöglichkeiten

Die Function-Point-Zeitschätzungsmethodik ist trotz des starken Formalismus ein anspruchsvolles Verfahren. Sie läßt sich erst einsetzen, wenn ein hoher fachlicher und DV-technischer Informationsstand vorliegt. Zu einem frühen Projektzeitpunkt – zum Beispiel nach einer Voruntersuchung – läßt sie sich noch nicht anwenden.

Das Function-Point-Verfahren steht und fällt mit der richtigen Tabelleneinstellung aufgrund realistischer und aktueller Produktivitätswerte bei der Softwareerstellung. Dieses Wissen kann nur bei erfahrenen professionellen Planern vorausgesetzt werden.

LERNABSCHNITT 10

Tabelle zur Umrechnung der Function-Points in personen- oder Mannmonate

Umrechnung Function-Points in Personenmonate	
Function-Points	Personenmonate
50	1,6
100	3,9
150	6,6
200	9,7
300	16,5
400	24,1
500	32,3
600	40,1
700	50,0
800	59,7
900	69,7
1000	79,9

Abbildung 10.17

Beim Vorliegen dieser Prämissen sind brauchbare Ergebnisse der Zeitschätzung zu erwarten. In der Praxis ist das Function-Point-Verfahren in größeren DV-Abteilungen und in Softwarefirmen anzutreffen. Zur Unterstützung des Verfahrens werden am Markt Anwendungstools und Erfahrungsdatenbanken angeboten.

6. Mitlaufendes Fallbeispiel „Kundenauftragsabwicklung" – Zeitaufwandsplanung nach dem Function-Point-Verfahren

Im Teilabschnitt 4 dieses Lernmoduls hatten wir eine Aufwandsschätzung nach dem Praxisverfahren der Function-Analysis dargestellt. In diesem Teilabschnitt führen wir parallel dazu mit den gleichen Daten die Aufwandsschätzung nach der Function-Point-Methodik durch.

Die Zeitschätzung baut auf der hierarchischen Aktivitätsübersicht der Sollaufgaben auf, wie sie in Abbildung 10.03 dargestellt ist. Zusätzlich muß für jede Aufgabe (Funktion) ein EVA-Diagramm als horizontale Aufgabenstrukturierung mit den drei

LERNABSCHNITT 10

Zusammenstellung der Ein- und Ausgaben, Abfragen und Datenbestände aufgrund einer funktionalen Strukturierung und der Bildung eines Datenmodells

Zusamenstellung der Anforderungen an Ein- und Ausgaben, Abfragen und Datenbestände

E/A-Komponenten, Datenbestände

Abwicklung Auftragseingang
Eingabe: Aufträge (neu und Änderungen)
Ausgabe: Journal Auftragseingang
Abfrage: Aktuelle Aufträge

Versandabwicklung
Eingabe: OK-Meldung oder Mengenänderungen
Ausgabe: Versandliste, Rückstandsliste

Rechnungsabwicklung
Eingabe: Steuerungsbild
Ausgabe: Rechnung, Rechnungsjournal

Gutschriftsbearbeitung
Eingabe: Gutschriftsdaten
Ausgabe: Gutschrift für Kunden

Auftragsstatistik
Eingabe: Steuerungsbild
Ausgabe: Auftragsstatistik

Vier weitere einfache Statistiken
Eingabe: Steuerungsbild
Ausgabe: Vier Statistiken

Datenbestände
Kunde
Artikelgruppe
Artikel
Auftrag (2 logische Datengruppen)
Rechnungsnummer
Offene Posten
Mahnungen
Standardtexte
Tabellen (2 Datenbestände)

Abbildung 10.18

Säulen Eingabe, Verarbeitungsvorschriften und Ausgaben samt Abfragen erarbeitet werden. Ein Beispiel ist in Abbildung 10.05 enthalten. Schließlich sollten die logischen Datenbestände in einem Datengrobmodell vorliegen. Hierfür finden Sie ein Beispiel des logischen Datenmodells in Abbildung 10.06.

Für die Zeitaufwandsplanung nach dem Function-Point-Verfahren muß der Projektplaner zuerst aufgrund der EVA-Diagramme und des logischen Datenmodells alle Anforderungen an die Ein- und Ausgaben, Abfragen und Datenbestände zusammenstellen. Das Ergebnis dieser Überlegungen finden Sie in Abbildung 10.18. Soweit voraussichtlich benötigte Komponenten noch nicht definiert sind, muß der Planer Schätzungen über die Art und Zahl der zusätzlichen Aufgaben vornehmen.

Der nächste Arbeitsschritt besteht in der Bewertung der Anforderungsübersicht mit Hilfe der Klassifizierungstabellen für Ein- und Ausgabedaten und Datenbestände. Bei dieser Bewertung wird für jede E/A-Komponente die Tabellenspalte ausgewählt, der die Komponente aufgrund ihrer Eigenschaften am besten zugeordnet werden kann. Abfragen werden wie Eingaben bewertet.

Beispiele: Bei der Bewertung der Funktion „Abwicklung Auftragseingang" sind neue Aufträge die erste Eingabekomponente. Sie werden vom Planer wie folgt bewertet:

KLASSIFIZIERUNG DER EINGABEDATEN			
Anforderungen	einfach	mittel	hoch
Datenelementtypen	wenige	mehrere ●	viele
Logische Eingabegruppen	wenige	mehrere ●	viele
Komplexität der Bedienerführung	gering	mittel ●	hoch
Cursorhandhabung	einfach ●	mittel	schwierig
Spaltengewicht	3	4	6

Aufgrund des Schwerpunkts in der mittleren Spalte vergibt der Projektplaner vier Brutto-Function-Points. Die gleiche Punktezahl wird für die Eingabekomponente Auftragsänderungen vergeben.

Die Ausgabe „Versandliste" wird vom Planer aufgrund seiner Kenntnisse wie folgt bewertet:

KLASSIFIZIERUNG DER AUSGABEDATEN			
Anforderungen	einfach	mittel	hoch
Listenspalten	wenige ●	mehrere	viele
Umsetzung von Datenelementen	einfach ●	mehrfach	komplex
Dateizugriffe und Verknüpfungen	wenige ●	mehrere	viele
Anforderungen an die Performance	nicht ●	mittel	hoch
Spaltengewicht	4	5	7

Aufgrund dieser Bewertung erhält diese Ausgabe vier Brutto-Function-Points.

Die Führung von Artikeln bewertet der Planer so:

KLASSIFIZIERUNG DER DATENBESTÄNDE			
Anforderungen	einfach	mittel	hoch
Zahl der Datensatzformen	eine ●	mehrere	viele
Performance-Einflüsse	keine	wenige ●	viele
Wiederanlaufeinflüsse	keine ●	wenige	viele
Dezentrales Dateihaltungskonzept	nein	–	ja
Spaltengewicht	7	10	16

Das Spaltenergebnis beträgt hier sieben Brutto-Function-Points.

Der Zusammenstellung der Brutto-Function-Points folgt die Ermittlung der besonderen Einflußfaktoren mit Hilfe der Tabelle „Berücksichtigung der Einflußfaktoren". Diese Tabelle stellt erhebliche DV-technische Anforderungen an den Projektplaner! Tabelle 10.20 enthält das Ergebnis dieser Schätzungen für den Beispielfall „Kundenauftragsabwicklung".

Der letzte Schritt stellt die Umrechnung der errechneten Netto-Function-Points in Personenmonate aufgrund der Produktivitätstabelle dar (siehe Abbildung 10.17). Es

LERNABSCHNITT 10

Bewertung der Funktionen mit Brutto-Function-Points

Zusamenstellung der Anforderungen an Ein- und Ausgaben, Abfragen und Datenbestände	
E/A-Komponenten, Datenbestände	Brutto-Function-Points
Abwicklung Auftragseingang	
Eingabe: Aufträge (neu und Änderungen)	4+4
Ausgabe: Journal Auftragseingang	3
Abfrage: Aktuelle Aufträge	4
Versandabwicklung	
Eingabe: OK-Meldung oder Mengenänderungen	3
Ausgabe: Versandliste, Rückstandsliste	4+5
Rechnungsabwicklung	
Eingabe: Steuerungsbild	3
Ausgabe: Rechnung, Rechnungsjournal	5+4
Gutschriftsbearbeitung	
Eingabe: Gutschriftsdaten	3
Ausgabe: Gutschrift für Kunden	5
Auftragsstatistik	
Eingabe: Steuerungsbild	3
Ausgabe: Auftragsstatistik	5
Vier weitere einfache Statistiken	
Eingabe: Steuerungsbild	4
Ausgabe: Vier Statistiken	16
Datenbestände	
Kunde	7
Artikelgruppe	7
Artikel	7
Auftrag (2 logische Datengruppen)	7+7
Rechnungsnummer	7
Offene Posten	7
Mahnungen	7
Standardtexte	7
Tabellen (2 Datenbestände)	7+7
Summe	152

Abbildung 10.19

LERNABSCHNITT 10

Ausgefüllte Tabelle „Berücksichtigung der Einflußfaktoren"

Berücksichtigung der Einflußfaktoren	
E1 Verflechtung mit anderen Verfahren 0 – 5	3
E2 Konzept der verteilten Datenverarbeitung 0 – 5	2
E3 Berücksichtigung einer hohen Transaktionsrate 0 – 5	2
E4 Schwierige Verarbeitungslogik 0 – 30	10
E5 Geplante Wiederverwendung der Funktion in anderen Anwendungen 0 – 5	–
E6 Datenbestandskonvertierungen 0 – 5	–
E7 Ansprüche an die Benutzerfreundlichkeit 0 – 5	3
S1 Summe der Einflüsse aller Faktoren	20
S2 Faktor Einflußbewertung 0,7 + (0,01 x S1):	0,9
S3 Bewertete Function Points: Zahl der FP x S2 =	137

Abbildung 10.20

ergeben sich für das Kundenauftragsabwicklungsprojekt aufgrund der Schätzung mit der Function-Point-Methodik etwa 115 Personentage Entwicklungsaufwand.

Eine Verteilung des gesamten Entwicklungsaufwands auf einzelne Projektphasen ist beim Function-Point-Verfahren nicht vorgesehen.

LERNMODUL 10.4 RESSOURCENPLANUNGEN

Nach der Ermittlung des Zeitaufwands muß der Projektplaner einige meist wenig aufwendige Ressourcen- und Kapazitätsplanungen vornehmen:

- die Personalplanung und -zuordnung,
- die Planung der sachlichen Hilfsmittel für Hardware, Software, Räume und anderes,
- die Ausbildungsplanung der Projektmitarbeiter und der späteren Anwender.

Die Testplanung, früher eine der wichtigsten Ressourcenplanungen, hat aufgrund der heute fast immer ausreichenden Rechnerkapazität an Bedeutung verloren.

1. Planung der aktiven Projektmitarbeiter

Aufgrund der erforderlichen Projektaktivitäten und des ermittelten Zeitbedarfs ist der Personalumfang nach Zahl und Qualifikation zu ermitteln. Der Projektleiter muß bei dieser Tätigkeit auch prüfen, ob die Mitarbeiter zum festgelegten Zeitpunkt für das Projekt überhaupt zur Verfügung stehen.

In vielen Fällen kann die Personalzuordnung in mittleren und kleineren Projekten bereits parallel mit der Zeitaufwandsplanung erfolgen (siehe unser Fallbeispiel „Kundenauftragsabwicklung"). Andernfalls ist die Mitarbeiterzuordnung anschließend oder zu einem späteren Zeitpunkt vorzunehmen. Bei einer voneinander getrennten Zeitaufwandsplanung und Zuordnung konkreter Mitarbeiter kann sich ein typisches Kardinalproblem in einem Projekt ergeben: Die später namentlich benannten Projektmitarbeiter entsprechen in der Qualifikation nicht dem Mitarbeiterpotential, das der Zeitaufwandsplanung zugrunde gelegt wurde. Wenn Projektmitarbeiter noch in anderen zeitkritischen Projekten mitwirken, stehen sie für ein neues Projekt oft nur teilweise und mit erheblichen Zeitverzögerungen zur Verfügung.

> *Besonders der Programmier- und Testaufwand ist von der Qualifikation und den Problemkenntnissen der Projektmitarbeiter abhängig. Die Aufwandsdifferenz zwischen Anfängern und erfahrenen Spitzenkräften kann bei der Bewältigung derselben Aufgabe das Verhältnis 5 : 1 aufweisen!*

Eine nicht richtig geschätzte Mitarbeiterqualifikation stellt einen wesentlichen Risikofaktor bei der Zeitaufwandsschätzung dar! Wenn ein Projektleiter bei der Projektplanung die Zusage für einen hochqualifizierten DV-Profi erhalten hat und bekommt stattdessen nur einen Anfänger zugeteilt, muß ihm das Recht zugestanden werden, die Zeitaufwands- und Terminplanung abzuändern!

Bei längerfristigen Planungen, die über ein Kalenderjahr hinausgehen, wird ein Mitarbeiter üblicherweise mit neun produktiven Personen- oder Mannmonaten zu je 20 Tagen in eine Planung eingesetzt, wenn er ganzzeitig zur Verfügung steht. Es ist davon auszugehen, daß im Durchschnitt drei Monate pro Jahr für Urlaub, Krankheit, Schulung und sonstige „unproduktive" Zeiten abgezogen werden müssen.

2. Ausbildungsplanung

Zur Projektplanung gehört auch eine rechtzeitige und ausreichende Ausbildungsplanung. Wegen der manchmal hohen Kosten ist sie ein wesentlicher Bestandteil des Projektbudgets.

Bei der Ausbildungsplanung sind folgende Punkte zu klären:

- Schulungsbedarf
- Art der erforderlichen Ausbildung
- Dauer der Ausbildung
- Schulung im Haus oder außer Haus
- Auswahl des Trainers
- Kosten der Ausbildung
- Räumlichkeiten für die Ausbildung
- Unterlagen
- Schulungssoftware (Teachware)

Ausbildungsmatrix für Projektmitarbeiter

Ausbildungsmatrix			
Trainingsinhalt \ Mitarbeiterart			
Methodentraining			
Projektorganisation			
Teamarbeit			
Entwicklungsmethoden			
Bildschirm-/PC-Training			
Anwendungstraining			
Überblick, Zusammenhänge			
Motivation			

Abbildung 10.21

LERNABSCHNITT 10

Eine Hilfestellung bei der Ausbildungsplanung kann eine Ausbildungsmatrix bieten, in welche der Ausbildungsbedarf eingetragen wird.

Sollen im Projekt eine neue Hardwareumgebung, zum Beispiel eine Client-Server-Plattform, oder erstmals CASE-Werkzeuge der Anwendungsentwicklung eingesetzt werden, muß den Mitarbeitern neben der Schulung eine ausreichende Zeit für ein „Training on the Job" zugestanden werden. Neue Werkzeuge und Softwareumgebungen führen zu einem beachtlichen Leistungsabfall, solange die Projektmitarbeiter die neuen Werkzeuge nicht sicher im Griff haben.

LERNMODUL 10.5 TERMINPLANUNG EINES PROJEKTS

Der Terminplan gehört zu den herausragenden Teilstücken einer Projektplanung und überstrahlt in seiner Bedeutung oft alle weiteren Planungsaspekte.

> *Eine seriöse und fundierte Planung der Zwischen- und Endtermine eines DV-Projekts ist nur möglich, wenn die Ergebnisse der Zeitaufwands-, Personal- und Hilfsmittelplanung vorliegen. Sind die Voraussetzungen für eine Terminplanung geschaffen, bereitet die tabellarische oder grafische Darstellung keine Schwierigkeiten.*

Die Terminplanung geht im Normalfall vom frühest möglichen beziehungsweise festgelegten Starttermin eines Projekts aus. Die Endtermine des Projekts beziehungsweise der Projektphasen werden errechnet, indem dem Zeitaufwand das zur Verfügung stehende Personal gegenübergestellt wird.

Sofern ein Mitarbeiter gleichzeitig in mehreren Projekten beziehungsweise Aufgaben tätig ist, wird er nur zu einem entsprechend geringeren Zeitanteil je Periode in der Terminplanung berücksichtigt (zum Beispiel 40 Stunden je Monat).

Ist für geplante Arbeiten bereits ein Endtermin fest vorgegeben, muß zwangsläufig die Terminrechnung auf diesen Endtermin ausgerichtet werden; das heißt, es ist nur ein Ausweichen auf die Mitarbeiterkapazität möglich.

LERNABSCHNITT 10

Für die Dokumentation der Terminplanung können
- eine tabellarische Terminübersicht,
- ein Balkendiagramm,
- ein manuell erstellter Netzplan
- oder ein maschinell erstellter Netzplan

verwendet werden.

Für kleinere Aufgaben reicht eine tabellarische Übersicht mit Angaben der Anfangs- und Endtermine aus. Für Aufgaben mittlerer Größenordnung haben sich Balkendiagramme und für größere Aufgaben mit umfangreichen Verknüpfungen der Aktivitäten Netzpläne bewährt. Eine tabellarische Terminplanungsübersicht finden Sie im Lernabschnitt 11: „Projektcontrolling und Berichtswesen".

1. Balkendiagramm

Ein Balkendiagramm ist das heute in DV-Projekten gebräuchlichste Hilfsmittel für die grafische Darstellung von Terminplänen. Es erfordert wenig methodische Kenntnisse. Bei einer Gegenüberstellung von Soll- und Ist-Terminen läßt sich das Balkendiagramm bei übersichtlichen Projekten auch als Projektüberwachungsinstrument verwenden.

Ein Balkendiagramm entsteht in folgenden Schritten:

(1) Festlegung der Vorgänge (siehe Aktivitätsplanung)

(2) Schätzung der Zeitdauer jedes Vorgangs unter Berücksichtigung der Personalkapazität (siehe Zeitaufwandsschätzung)

(3) Eintragung der Zeitstrahlen in das vorbereitete Periodenraster unter Berücksichtigung der Abhängigkeiten

(4) Prüfung, ob in den belegten Perioden genügend Kapazität vorhanden ist (fällt weg bei progressiver Eintragung der Zeitstrahlen unter Berücksichtigung der Kapazitäten)

Besonders für Führungskräfte der Fachabteilungen bietet ein Balkendiagramm eine bessere und schnellere Information als ein Netzplan.

Zu jeder Aktivität in einem Balkendiagramm müssen vier Angaben vorhanden sein:
- Bezeichnung
- Kapazität
- Länge (grafische Darstellung)
- Start- oder Endtermin

Ist bei einer Aktivität die Zeitdauer länger, als es nötig ist, spricht man von einer Begleittätigkeit. Die erforderliche Kapazität kann bei der Aktivität vermerkt werden. Typische Begleittätigkeiten sind zum Beispiel eine mitlaufende Projektüberwachung oder Dokumentation.

Balkendiagramme sind als Darstellungsmittel für Terminpläne geeignet, wenn die Zahl der darzustellenden Vorgänge begrenzt ist (maximal 15 – 20), so daß eine ausreichende Übersichtlichkeit gewährleistet ist. Dem Vorteil der einfachen Erstellungsmöglichkeit steht der Nachteil gegenüber, daß Abhängigkeiten zwischen den einzelnen Vorgängen nur in begrenztem Umfang mit senkrechten Verbindungsstrichen darstellbar sind, ohne daß die Übersichtlichkeit verloren geht.

Der Zeitstrahl einer Tätigkeit wird in der frühestmöglichen Lage eingetragen. Hierbei können sich bis zum Start einer Folgetätigkeit Puffer ergeben. Sie werden als „optische Puffer" ausgeworfen (siehe Abbildung 10.22).

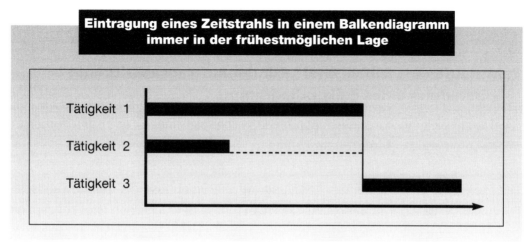

Abbildung 10.22

Lernabschnitt 10

Im Formular Balkendiagramm (siehe Abbildung 10.23) trägt der Projektplaner die Tätigkeiten ein. Zusätzlich können die Kurznamen und die Stellung der Mitarbeiter hinzugefügt werden. Die Zeitachse des Balkendiagramms kann auf die gewünschte Zeiteinheit, zum Beispiel Wochen oder Monate, eingestellt werden. Die Länge des Soll-Zeitstrahls entspricht der Kalenderdauer der Tätigkeit. Bei der Umsetzung des Zeitaufwands in die Kalenderdauer erfolgt eine Division durch die Zahl der Mitarbeiter. Der obere Teil einer Aktivitätszeile dient der Eintragung des Soll-Zeitstrahls, der untere Teil zur Aufnahme des Ist-Zeitstrahls bei der Projektüberwachung. Geht der Zeitstrahl in seiner Länge über die vorhandenen Terminspalten hinaus, wird im Feld „Fortsetzung" ein Hinweis angebracht.

Bei der maschinellen Erstellung eines Balkendiagramms mit Hilfe eines Projektmanagementsystems müssen die gewünschten Tätigkeiten, ihre Zeitdauer und die Abhängigkeiten der Tätigkeiten (Vorgänger und Nachfolger) über Tätigkeitsmasken dem Programm mitgeteilt werden. Meist geschieht die Aufbereitung im System in der Form eines Netzplans. Der Ausdruck kann in der Form eines Balkendiagramms erfolgen. Die Darstellung einer Tätigkeitsübersicht finden Sie im Folgeabschnitt bei der Besprechung der Netzplantechnik.

Es gibt auch Programmpakete – zum Beispiel EXCEL – bei denen eine unmittelbare Erstellung eines Balkendiagramms am PC-Gerät möglich ist. Für Softwareprojekte reicht bei einem Tooleinsatz diese einfache Form der Terminplanerstellung häufig aus.

2. Mitlaufendes Fallbeispiel „Kundenauftragsabwicklung" – Erstellung eines Balkendiagramms

Die Themenstellung für dieses mitlaufende Fallbeispiel finden Sie in den vorhergehende Lernmodulen dieses Lernabschnitts.

Der Projektplaner greift bei der Erstellung auf die Ergebnisse der Zeitaufwandsplanung zurück. Obwohl im Beispielfall die Projektphase der fachlichen Grobkonzeption bereits abgewickelt worden ist, wird sie aus Vollständigkeitsgründen zusätzlich in den Terminplan (siehe Abbildung 10.24) aufgenommen. Als Erledigungsvermerk

Formular eines Balkendiagramms

	Terminplan – Balkendiagramm	Projekt: Phase: Aufgabe:	Datum: Blatt: Bearbeiter:

Aktivitäten	Mitarbeiter ↓ Manntage ↓	Monate/Wochen																																																					Fortsetzung
		1	2	3	4	5	6	7	8	9	10	11	12	13	14	15	16	17	18	19	20	21	22	23	24	25	26	27	28	29	30	31	32	33	34	35	36	37	38	39	40	41	42	43	44	45	46	47	48	49	50	51	52	53	

Abbildung 10.23

CW-PRAXIS

dient die Eintragung des Zeitstrahls in der Ist-Eintragungszeile. Alle Angaben werden in vollen Wochen dargestellt. Ein Monat wird in vier Wochen unterteilt.

Die Folgephase der fachlichen Feinkonzeption wird vom Projektleiter, der zugleich als Organisationsprogrammierer im Projekt arbeitet, zusammen mit dem DV-Fachkoordinator der Fachabteilung abgewickelt. Sie schließt sich unmittelbar an die Grobkonzeption an.

Die Projektphasen der Programmvorgabe und Programmierung sollen durch den Organisationsprogrammierer und einem zusätzlichen Anwendungsprogrammierer, der zum Projekt dazustößt, durchgeführt werden. Beide Phasen folgen unmittelbar aufeinander. Die zwei Mitarbeiter arbeiten jeweils im Team. Eine Unterteilung der Programmierphase in kleinere Überwachungsblöcke soll erst später vorgenommen werden.

Die Projektphasen der Benutzerorganisation und Systemeinführung werden in drei Tätigkeiten aufgeteilt: Benutzerorganisation, Benutzerschulung und Systemeinführung. Tätige Mitarbeiter, Tätigkeitsdauer und Abhängigkeiten werden festgelegt und in die Tätigkeitsliste eingetragen.

Beginn des Projekts ist der 2. Januar. Sein Abschluß soll so früh wie möglich erfolgen. Der Projektleiter führt neben seiner Tätigkeit als Organisationsprogrammierer parallel zu den Projektphasen die Projektüberwachung durch. Der angesetzte Zeitaufwand beträgt eine Woche. Da die Tätigkeit mitlaufend zu den übrigen Aktivitäten durchgeführt werden muß, handelt es sich um eine Begleittätigkeit.

Wegen der Übersichtlichkeit der aufeinanderfolgenden Tätigkeiten wird in diesem Beispielfall auf die vorherige Zusammenstellung einer Tätigkeitsübersicht mit Darstellung der Abhängigkeiten verzichtet.

3. Terminplanung mit Netzplänen

Für die Erstellung umfangreicher Terminpläne und beim Vorliegen vieler voneinander abhängiger Aktivitäten kann die Verwendung eines Netzplans als Terminplanungsinstrument vorteilhaft sein.

LERNABSCHNITT 10

Balkendiagramm für unser mitlaufendes Fallbeispiel „Kundenauftragsabwicklung"

Terminplan – Balkendiagramm

Projekt: Kundenauftragsabwicklung
Phase:
Aufgabe:
Datum:
Blatt:
Bearbeiter:

Aktivitäten	Mitarbeiter	Manntage	Zeitraum (Wochen 1–53)
Fachliche Grobkonzeption	OP / KO	10 / 10	Wochen 1–4
Fachliche Feinkonzeption	OP / KO	30 / 30	Wochen 5–8
Programmvorgabe	OP / AP	15 / 15	Wochen 9–11
Programmierung	OP / AP	50 / 50	Wochen 12–19
Benutzerorganisation	KO	20	Wochen 13–16
Benutzerschulung	KO	30	Wochen 17–20
Systemeinführung	KO / OP	10 / 10	Wochen 21–22
Projektüberwachung	OP	5	Wochen 1–22 (Begleittätigkeit)

Abbildung 10.24

Durch die Verwendung preisgünstiger Personalcomputer zusammen mit einfachen Planungs- und Überwachungsprogrammen wird in neuester Zeit ein Netzplan in Softwareprojekten häufiger angetroffen als in den Jahren zuvor.

Eine Kurzbesprechung solcher Programmpakete finden Sie im Lernabschnitt 11 „Projektcontrolling und -berichtswesen".

In Deutschland hat sich zur Darstellung eines Netzplans der knotenorientierte Plan durchgesetzt. Er wird auch in einer DIN-Norm zur Netzplantechnik empfohlen. Seine Vorteile liegen gegenüber den früher gern benutzten kantenorientierten Netzplänen in der größeren Übersichtlichkeit der Darstellung und der Möglichkeit, Überlappungen und ähnliches in beliebiger Form im Netzplan darzustellen. Außerdem sind keine umständlichen Scheinaktivitäten beim Netzaufbau erforderlich.

Vorteile der Netzplantechnik
Die Vorteile der Netzplantechnik liegen gegenüber einfacheren Planungstechniken bei folgenden Punkten:

- Durch die Trennung der Struktur- von der Zeitanalyse zwingt die Netzplantechnik zu einer logischen Vorgehensweise.

- Ein Netzplan ist bezüglich der Strukturen und Zeiten änderungsfreundlicher als ein Balkendiagramm oder eine tabellarische Terminplanung.

- Ein Netzplan weist eindeutig die Abhängigkeiten der Beziehungen aus, insbesondere die Vorgänge, welche durch das Vorliegen eines Puffers zeitlich verschoben werden können, und die Aktivitäten, die auf dem sogenannten kritischen Weg liegen, das heißt, keine Verzögerungen vertragen.

Verfahrensüberblick
Ein knotenorientierter Netzplan besteht aus Aktivitäten, welche als Kästchen dargestellt werden, und aus Pfeilen, welche die Anordnungsbeziehungen aufzeigen. Sofern am Anfang und Ende eines Netzplans nicht eine einzelne Tätigkeit steht, ist ein Start- oder Endesymbol zu setzen.

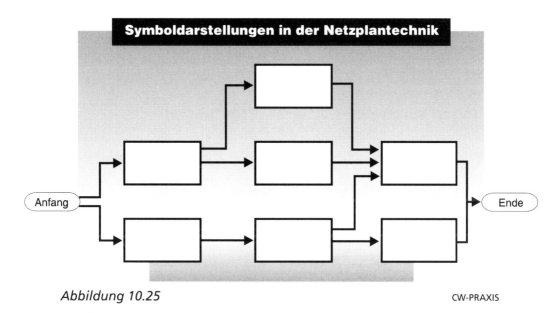

Abbildung 10.25 CW-PRAXIS

Beim Aufbau eines Netzplans sind nacheinander eine Struktur- und eine Zeitanalyse durchzuführen:

Strukturanalyse: Zur Strukturanalyse gehört die Sammlung und Festlegung aller Vorgänge, die im Netzplan aufzuführen sind. Die Darstellung kann in einem hierarchischen Projektstrukturplan oder in einfacheren Fällen unmittelbar in einer tabellarischen Tätigkeitsliste (Beziehungsmatrix) erfolgen.

Im Anschluß an die Festlegung der Vorgänge sind die Abhängigkeiten festzulegen. Es handelt sich um die Bestimmung

- der Vorgänger und Nachfolger eines Vorgangs,
- der möglichen Parallelarbeiten,
- der Restriktionen durch Festtermine, Frühest- und Spätesttermine und
- der Überlappung von Vorgängen.

Als Hilfsmittel der Strukturanalyse kann ein Formular „Tätigkeitsübersicht" dienen (siehe Abbildung 10.26). In der Fachliteratur trifft man auch den Namen „Beziehungsmatrix" an. In diesem Formular werden folgende Eintragungen vorgenommen:

- Nummer der Tätigkeit
- Bezeichnung der Tätigkeit

Lernabschnitt 10

- eventuell eine sprechende Abkürzung
- Mitarbeiter und/oder Stelle, welche die Tätigkeit durchführen
- die Kalenderdauer
- Vorgänger und Nachfolger
- eventuell Bemerkungen (zum Beispiel Begleittätigkeit)

Vorgänger und Nachfolger können vor der Eintragung in die Tätigkeitsliste möglicherweise übersichtlicher als unmittelbar in dieser Darstellung anhand einer grafischen Handskizze der Netzplanstruktur oder mit Hilfe einer speziellen Abhängigkeitsmatrix zusammengestellt werden.

Zeitanalyse: Im Rahmen der Zeitanalyse sind zuerst die Durchführungszeiten für eine Tätigkeit in Abhängigkeit von der eingesetzten Mitarbeiterkapazität zu schätzen, soweit die Zeitschätzung nicht bereits bei der Zeitaufwandsplanung miterledigt wurde. Eventuell müssen terminliche Restriktionen festgelegt werden, wenn Ressourcen erst ab einem bestimmten Zeitpunkt verfügbar sind.

Aufgrund der erarbeiteten Tätigkeitsanalyse mit den Abhängigkeiten der Einzelaktivitäten wird das Netzplan-Layout entworfen. Der Projektplaner sollte darauf achten, den Netzplan möglichst in horizontaler oder vertikaler Hauptrichtung zu zeichnen, sofern die Netzplanerstellung nicht ohnehin durch das System erfolgt.

Aufgrund der Vorgangsliste und als Ergebnis der Netzplanberechnungen werden alle Vorgangskästchen beschriftet (siehe Abbildung 10.27).

Der Puffer eines Teilnetzes ergibt sich aus dem Unterschied zwischen dem Frühest- und dem Spätestarttermin (beziehungsweise den jeweiligen Endterminen) eines Netzknotens. Die Netzplandurchrechnung wird als Vorwärts- und Rückwärtsrechnung durchgeführt. Die Vorwärtsrechnung wird in der Richtung der Knotenfolge durchgeführt. Sie führt zu Früheststart- und Frühestendterminen. Die Rückwärtsrechnung läuft entgegen der Knotenfolge ab.

Als Ergebnis der Berechnung ergeben sich auch die Pufferstrecken und der kritische Weg eines Netzplans. Um die Pufferzeit eines Teilnetzes kann der Beginn der auf die-

LERNABSCHNITT 10

Formular einer Tätigkeitsübersicht als Grundlage einer Terminplanerstellung

Tätigkeitsliste		Projekt: Phase: Aufgabe:				Datum: Blatt: Bearbeiter:		
NR. Tätigkeit	Abkürzung	Stelle Mitarbeiter	Manntage	Kalenderdauer (Wochen)		Vorgänger	Nachfolger.	Bemerkungen

Abbildung 10.26

CW-PRAXIS

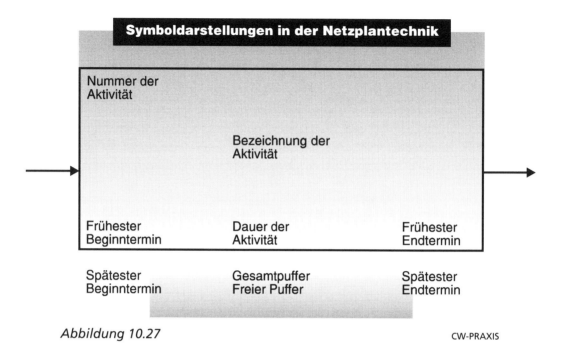

Abbildung 10.27

ser Wegstrecke liegenden Vorgänge verschoben werden, ohne daß der Endtermin des Netzes gefährdet wird. Man nennt den Puffer eines gesamten Teilnetzes einen Gesamtpuffer. Daneben ist noch die Kenntnis einer freien Pufferzeit zweckmäßig. Es ist die Zeit, um die eine Tätigkeit verschoben werden kann, ohne daß der Früheststarttermin der nachfolgenden Tätigkeit verschoben wird.

Die Pufferberechnung erfolgt nach den Formeln:

Gesamtpuffer einer Wegstrecke	=	Spätester Beginntermin	−	Frühester Beginntermin
Freier Puffer einer Aktivität	=	Frühester Beginntermin der Folgeaktivität	−	Frühester Endtermin der Aktivität

Der Netzweg mit der längsten Gesamtdurchlaufzeit wird als „kritischer Weg" oder „kritischer Pfad" bezeichnet. Auf diesem Weg weisen die Tätigkeiten keinen Puffer auf. Von der Länge des kritischen Wegs ist die Gesamtdauer einer Tätigkeitsfolge in einem Netzplan abhängig.

Die Netzplantechnik arbeitet mit absoluten Terminen, welche mit der Ziffer 0 beginnen. Am Ende der Netzplanberechnung sollten die absoluten Termine in einer Kalendertabelle in gregorianische Datumangaben umgerechnet werden. In einem Netzplanprogramm ist dies eine Funktion des Programms aufgrund der eingegebenen Kalenderroutinen.

4. Mitlaufendes Fallbeispiel „Kundenauftragsabwicklung" – Erstellung eines Netzplans

Die Themenstellung für dieses mitlaufende Fallbeispiel finden Sie in den vorhergehenden Lernmodulen dieses Lernabschnitts.

Die Netzplanerstellung geht in zwei Schritten vor sich:

- Erstellung der Tätigkeitsliste
- Layout und Berechnung des Netzplans

Der Projektplaner stellt zuerst die Tätigkeitsliste des Netzplans zusammen (siehe Abbildung 10.28).

Der Netzplan wird in horizontaler Richtung erstellt. Die Berechnungen erfolgen als Vorwärts- und Rückwärtsrechnung. Für die Berechnung wird die Periodeneinheit „Woche" verwendet. Anschließend werden die Puffer und der kritische Weg ausgewiesen.

DV-unterstützte Netzplanerstellung

Ein Projektplaner muß in der Lage sein, einen manuellen Netzplan zu skizzieren und durchzurechnen. Auf diese Weise lernt er die Netzplanlogik kennen.

Eine Erleichterung der Netzplanerstellung und besonders der Netzplanpflege läßt sich durch den Einsatz moderner PC-gestützter Netzplanprogramme zur Projektplanung und -überwachung erreichen. Solche Programme können heute ab einem Preis von DM 300,– am Softwaremarkt erworben werden.

Der Softwareeinsatz zur Netzplanerstellung und -überwachung hat in einer Reihe von Projekten einen „Spielcharakter" angenommen. Netzpläne lohnen sich in DV-

LERNABSCHNITT 10

Tätigkeitsliste für den Netzplan des mitlaufenden Fallbeispiels „Kundenauftragsabwicklung"

Tätigkeitsliste

Projekt: Kundenauftragsabwicklung
Phase: Grobkonzeption
Aufgabe:

Datum:
Blatt:
Bearbeiter:

NR.	Tätigkeit	Abkürzung	Stelle Mitarbeiter	Manntage	Kalenderdauer (Wochen)	Vorgänger	Nachfolger	Bemerkungen
1	Grobkonzeption		OP KO	10 10	2	–	2	Fertiggestellt
2	Feinkonzeption		OP KO	30 30	6	1	3/5	
3	Programmvorgabe		OP AP	15 15	3	2	4	
4	Programmierung		OP AP	50 50	10	3	7	
5	Benutzerorganisation		KO	20	4	2	6	
6	Benutzerschulung		KO	30	6	5	7	
7	Systemeinführung		KO OP	10 10	2	4/6	–	
8	Projektüberwachung		OP	5	1	–	–	Begleittätigkeit

Abkürzungen OP = Organisationsprogrammierer
KO = DV-Koordinator
AP = Anwendungsprogrammierer

Abbildung 10.28

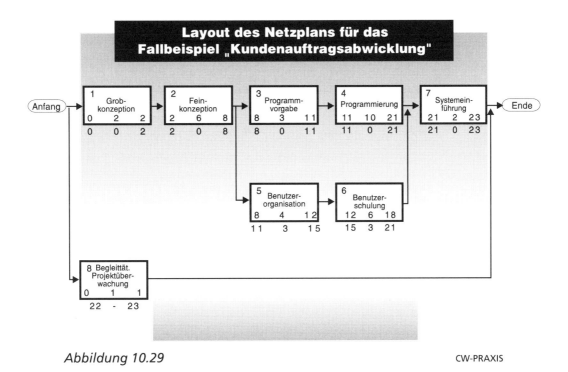

Abbildung 10.29 CW-PRAXIS

Projekten, die übersichtlich nach dem Phasenkonzept strukturiert sind, nur bei einer größeren Anzahl von Aktivitäten und Abhängigkeiten, die sich mit der Balkendiagrammtechnik nicht mehr bewältigen lassen.

Unumgänglich ist der Einsatz der DV-gestützten Netzplantechnik beim Einsatz von Standardsoftware, wenn mehrere Teilprojekte parallel und mit zahlreichen Verzahnungen der Ressourcen abgewickelt werden müssen.

Alle neueren Netzplanprogramme erlauben eine schrittweise Verfeinerung: Grobe „Makropläne" werden bei Bedarf in Teilnetze zerlegt, die eine detaillierte Projektüberwachung zulassen.

5. Hinweise zur Zeitschätzung und Netzplanerstellung bei komplexer Standardsoftware

Den höchsten Schwierigkeitsgrad erreicht die Projektzeitschätzung und Terminplanung beim Einsatz komplexer Standardsoftware. Als Beispiele seien genannt:

- Aufbau eines umfassenden Vertriebsinformationssystems
- Einführung eines integrierten CIM/PPS-Pakets
- Ablösung eines veralteten Warenwirtschaftssystems in einem großen Handelsunternehmen durch ein neues integriertes Paket

Die Schwierigkeit einer realistischen Zeit- und Terminschätzung ist hier deshalb so hoch, weil ein Projektteam gleichzeitig mit einer breiten Palette von Organisationsanforderungen und DV-technischen Neuerungen auf der Software- und Hardwareseite konfrontiert wird: Zusammen mit der gewünschten Optimierung der aktiven Geschäftsprozesse soll im Unternehmen ein anspruchsvolles Fremdpaket (typisches Beispiel: R/3 der Firma SAP) auf einer neuartigen offenen Hardwareplattform unter Nutzung von Client-Server-Komponenten eingeführt werden.

Schwerpunkte der Planungsarbeit bei einer Softwarebeschaffung

Einfach und nach erprobten Regeln ist meist der Zeitbedarf und die terminliche Abwicklung für die Anforderungsanalyse und das Pflichtenheft zu schätzen und festzulegen. Aber schon die Zeitspanne für die Paketevaluation hängt von zahlreichen Faktoren ab, die der Projektleiter schlecht übersehen und nur teilweise beeinflussen kann:

- Stehen mehrere Anbieter zur Wahl, können sich die Demonstrationen, Workshops und Verhandlungen oft über viele Monate hinziehen, bis die Verträge mit der Beraterfirma und dem Software- und Hardwarepartner unter Dach und Fach sind.

- Innerbetrieblich kann die Zusammenstellung von Investitionsplänen für die Geschäftsleitung und ihre Verteilung auf die Folgejahre sich als zeitraubender Job erweisen, bis eine der angebotenen Alternativen genehmigt wird.

Eine meist brauchbare Schätzung von Aufwand und Zeitdauer läßt sich für die Schulung der aktiven Projektmitglieder erreichen, wenn die Mitarbeiter namentlich benannt werden können.

Erheblich unterschätzt wird von einem Projektleiter fast immer der Zeitraum für die Softwareanpassung und die gleichzeitige Geschäftsprozeßüberarbeitung. Der Komplexitätsgrad der Anpassung ist bei den heute angebotenen Softwarepaketen außerordentlich unterschiedlich. Eine zufriedenstellende Zeitschätzung für die Anpassungsarbeiten läßt sich nur dann erreichen, wenn ein Projektplaner die wesentlichen Arbeitsschritte und ihre Abhängigkeiten durchschaut. Zu ihnen gehören:

- das Kennenlernen der betriebswirtschaftlichen Verfahren des Anwendungsgebiets
- eine detaillierte Anforderungsanalyse mit Erarbeitung der gewünschten Abläufe und Verfahren
- die Hardwareinstallation
- die Softwareinstallation mit einem anschließenden „Spielbetrieb", um die Programme kennenzulernen
- die Software- und/oder Organisationsanpassung mit den erforderlichen Abstimmprozessen mit Entscheidungsträgern und Anwendern
- Programm-, Integrations- und Abnahmetests für die angepaßten Programme
- Erstellung, Test und Einführung von Schnittstellenprogrammen zu Altsystemen
- die Schulung der Enduser
- die Datenkonversion für Stamm-, Bestands- und Startdaten
- die Anpassung des Systemumfelds (Aufbau-, Ablauf- und Arbeitsplatzorganisation)
- die Einführung des Produktivbetriebs

Ein schwierig abschätzbarer Risikozuschlag ist anzusetzen, wenn das neue Softwarepaket viele Schnittstellen zu unterschiedlichen Altsystemen aufweisen muß.

Zur Erleichterung der Zeitschätzung und Terminerstellung sollte gegebenenfalls ein erfahrener Berater und nach der Entscheidung für eine bestimmte Anwendungssoftware ein kompetenter Mitarbeiter der Softwarefirma bei der Zeitschätzung und Terminplanerstellung mitwirken. Er muß Erfahrungen aus vergleichbaren Unternehmen mitbringen. Das Know-how eines Softwareexperten beschränkt sich allerdings auf die programmtechnische Anpassung. Das ist aber der kleinere und risikolosere Teil eines Softwarebeschaffungsprojekts!

Lernabschnitt 10

Typische Netzknotenfolge bei der Einführung von Standardsoftware

Der vertikal angeordnete Standardnetzplan zeigt den Arbeitsumfang und typische Vorgangsschritte und -abhängigkeiten bei der Einführung von Standardsoftware.

Die Netzplanskizze hat nur einen mittleren Feinheitsgrad. Sie muß im Individualfall um eine Reihe weiterer individueller Netzplanknoten verfeinert werden.

Die Anforderungsanalyse und die Paketauswahl sind bei einer Softwarebeschaffung die zwei wichtigsten Entscheidungen. Bis zum Vertragsabschluß sind aber nur etwa 20 Prozent des Gesamtaufwands geleistet worden. Die restlichen 80 Prozent folgen in den Arbeitsschritten der Überarbeitung der Arbeitsprozesse, der Softwareanpassung, der Endbenutzerschulung und -einweisung und der Umstellung der Anwendungsgebiete auf die neuen Verfahren.

> *Kritischer Meilenstein der Umstellungsstrategie ist der Aktivitätsblock einer grundlegenden Reorganisation bestehender Strukturen und Arbeitsprozesse. Wenn das Projektteam aus Angst vor befürchteten Widerständen die bestehende Altorganisation nicht antastet, verspielt es sich damit die Chance, zusammen mit der Einführung neuer Software alte Zöpfe abzuschneiden und erforderliche oder wünschenswerte Umstrukturierungsmaßnahmen in Angriff zu nehmen.*

Verzweigte Softwarepakete lassen sich meist nicht in einem „Big Bang" auf einen Schlag einführen. Das wäre nur bei einem vorhergehenden Probebetrieb mit Einschränkungen zu verantworten. Das Risiko eines Fehlschlags wäre bei einer simultanen Totalumstellung zu groß. Häufig muß das Projektteam die Altpakete behutsam ablösen, große Datenbestände überspielen und an neue Konventionen anpassen und die Mitarbeiter an die neuen Verfahren gewöhnen. Besonders die Konversion großer Datenbestände birgt viele Fallstricke in sich, wie die neuere Vergangenheit gezeigt hat.

Bei der Netzplanerstellung ist auch zu berücksichtigen, daß eine Arbeitsgebietsumstellung oft nur an einem Periodenende zweckmäßig ist. Die Softwareeinführung darf außerdem nicht in Spitzenmonaten der Geschäftstätigkeit erfolgen, in denen die Anwendermitarbeiter durch das laufende Geschäft ohnehin voll beansprucht sind.

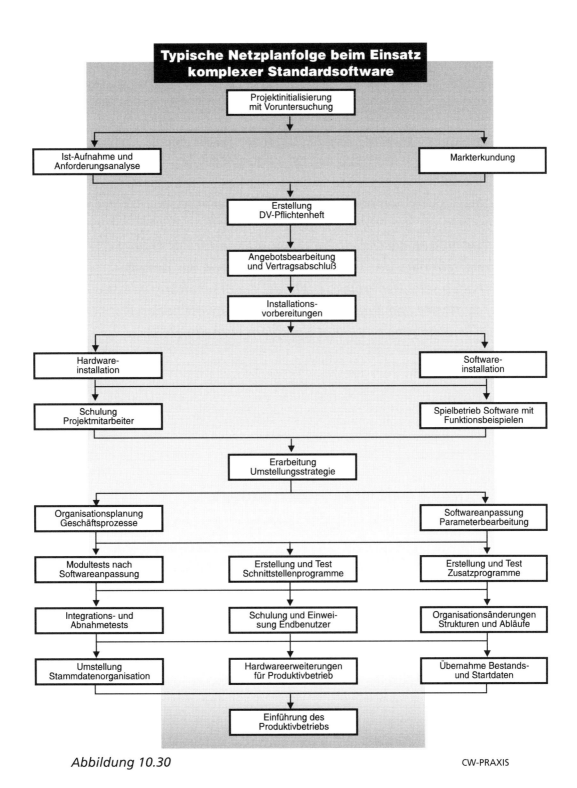

Abbildung 10.30

LERNABSCHNITT 10

LERNMODUL 10.6 PROJEKTKOSTENPLANUNG (PROJEKTBUDGET)

In den meisten Unternehmen und Behörden, in denen DV-Projekte abgewickelt werden, muß im Planungsstadium ein Projektbudget erstellt werden. Während der Projektabwicklung werden den geplanten die aufgelaufenen Kosten gegenübergestellt.

> *Zusätzlich wird von der Geschäftsleitung bei ausgabeintensiven Projekten vor der Projektfreigabe ein Investitionsplan gefordert. In ihm müssen die Out-of-Pocket-Ausgaben für das Projekt – unterteilt nach den voraussichtlichen Jahren des Anfalls – enthalten sein. Der Projektleiter darf die Beschaffung von Standardsoftware und zugehörigen Hardware-Investitionen erst nach der Genehmigung des Investitionsplans vornehmen.*

Die Zusammenstellung der einmaligen Projektkosten in der Form eines Projektbudgets macht einem Projektleiter wenig Mühe, wenn die Voraussetzungen in der Form realistischer Zeitschätzungen, vorhandener Softwareangebote bei Fremdsoftwarebeschaffung und eines Terminplans vorliegen.

1. Aufbau und Inhalt eines Projektbudgets

Ein Projektbudget enthält alle Aufwandspositionen, die in einem DV-Projekt benötigt und kalkuliert werden. Es besteht aus zwei wesentlichen Bestandteilen:

- dem bewerteten Zeitaufwand für die aktiven Projektmitarbeiter und
- dem voraussichtlichen Sachaufwand, der bei der Projektabwicklung anfällt.

Die personellen Entwicklungskosten stellen bei einer Individualentwicklung den größten Posten eines Projektbudgets dar! Die Sachkosten für die Schulung der Projektmitarbeiter, für Fachbücher und so weiter sind demgegenüber sehr gering.

Im Budget eines Softwarebeschaffungsprojekts darf ein Projektleiter neben den einmaligen Lizenz-Gebühren nicht folgende Aufwandspositionen vergessen:

Formularblatt für ein Projektbudget, auf dem die Investitionskosten des Projekts festgehalten werden

Projektbudget		Projekt:		Datum:
		Phase:		Blatt:
		Aufgabe:		Bearbeiter:
Kostenart		Aufwand	Kostensatz	DM
Gesamte Projektkosten				

Abbildung 10.31 CW-PRAXIS

- Datenbank- und Netzkosten (eventuell abhängig von der Zahl der Benutzerstationen)
- Anpassungskosten (für Berater- oder Softwarefirma)
- Schulungskosten
- Datenkonversionssoftware und -kosten
- Kosten für Schnittstellenprogramme
- Projektmanagementkosten für die Inanspruchnahme eines Projektverantwortlichen auf der Seite der Softwarefirma

Bei den Softwarewartungskosten – häufig jährlich zehn bis fünfzehn Prozent der einmaligen Softwarelizenz – gibt es unterschiedliche Möglichkeiten, sie in die Projektkosten einzuberechnen:

- Aufnahme der Wartungskosten der nächsten fünf bis acht Jahre in kumulierter Form in das Projektbudget

– keine Berechnung der Wartungskosten, sondern lediglich ein Hinweis bei den Erläuterungen zum Projektbudget.

Optimierungsüberlegungen lohnen sich bei den Schulungskosten vor der Übernahme dieses Kostenblocks in das Projektbudget. Eine In-House-Ausbildung ist bei mehreren Schulungsteilnehmern meist wesentlich preisgünstiger als die Teilnahme an Schulungen bei der Softwarefirma. Spezielle Gesichtspunkte können außerdem auf die Anwenderfirma abgestimmt werden. Bei sehr knappem Schulungsbudget kann auch eine Schulung nach dem „Schneeballsystem" in Frage kommen. Nur wenige besonders aktive Mitarbeiter besuchen die Lehrgänge außer Haus. Sie vermitteln ihre Kentnisse an die eigenen Mitarbeiter weiter. Am preisgünstigsten kann die Inanspruchnahme von Teachware sein, wenn diese für Unterrichtszwecke zur Verfügung steht.

Nebenamtliche Projektmitarbeiter aus dem Anwenderbereich werden häufig nicht in das Projektbudget übernommen. Anfallende Kleinarbeiten gelten nach Ablauf des geplanten Beschaffungs- oder Arbeitstermins als verbraucht.

Den geplanten Kosten können nach Abschluß einer Phase die angefallenen Ist-Kosten gegenübergestellt werden; sie werden den Arbeitsberichten der Mitarbeiter beziehungsweise den angefallenen Rechnungen und Aufwandsberichten entnommen.

Bei häufigen Veränderungen des Projektbudgets und einer Budgetfortschreibung in der Form einer Gegenüberstellung von geplanten und angefallenen Kostenarten ist jedem Projektleiter eine maschinelle Unterstützung durch ein Projekt-Managementsystem anzuraten.

Nach Abschluß des Projekts kann aufgrund der im Kostenplan enthaltenen Angaben eine Projekt-Abschlußanalyse vorgenommen werden, in der die gesamten geplanten Kosten der Summe der effektiv angefallenen Kosten gegenübergestellt werden.

2. Mitlaufendes Fallbeispiel „Kundenauftragsabwicklung" – Erstellung eines Projektbudgets

Für die Projektbudgetierung zieht der Projektleiter in Absprache mit dem Firmencontroller folgende Kostensätze je Tag heran:

LERNABSCHNITT 10

Ausgefülltes Formular eines Projektbudgets für unser Fallbeispiel „Kundenauftragsabwicklung"

Projektbudget		Projekt: Auftragsabwicklung Phase: Aufgabe:	Datum: Blatt: Bearbeiter:
Kostenart	Aufwand	Kostensatz	DM
Zeitaufwand Organisationsprogrammierer	115 Tage	500,–	58.500,–
Zeitaufwand Anwendungsprogrammierer	65 Tage	400,–	26.000,–
Zeitaufwand DV-Koordinator	100 Tage	300,–	30.000,–
Bildschirme	4		16.500,–
Drucker	2		13.000,–
Spezialschreibtische	3		4.000,–
Sonstige Möbel			1.000,–
Leitungskosten + Installation			14.000,–
Zwischensumme			163.000,–
Sonstiges ca. 10 %			17.000,–
Gesamte Projektkosten			180.000,–

Abbildung 10.32 CW-PRAXIS

- Organisationsprogrammierer DM 500,– /Tag
- Anwendungsprogrammierer DM 400,– /Tag
- DV-Fachkoordinator DM 300,– /Tag

(Hinweis: In bestimmten Branchen sind solche Sätze wesentlich höher.)

An Sachinvestitionen werden folgende Positionen benötigt (Angabe der voraussichtlichen Gesamtkosten):

- 4 Bildschirmterminals DM 16.500,–
- 2 Drucker DM 13.000,–
- 3 Bildschirmschreibtische DM 4.000,–

- Sonstige Möblierung DM 1.000,–
- Kosten der Leitungsverlegung DM 14.000,-

Für sonstige Sachkosten, die noch nicht spezifiziert werden können oder sich in einem niedrigen Kostenbereich bewegen, werden zehn Prozent des Budgets angesetzt.

LERNMODUL 10.7 WIRTSCHAFTLICHKEITSRECHNUNG IN EINEM DV-PROJEKT

DV-Projekte binden in Unternehmen und Behörden erhebliche finanzielle Mittel, die längerfristig festgelegt sind. Das macht eine Berechnung und ständige Überwachung der Wirtschaftlichkeit eines DV-Projekts während der Projektabwicklung und nach der Beendigung eines Projekts nötig. Diesem Zweck dienen bei der Planungsarbeit Wirtschaftlichkeitsrechnungen unterschiedlicher Art. Mit ihrer Hilfe soll geprüft werden, ob den Kosten ein angemessener Nutzeneffekt gegenübersteht.

Von einem DV-Projektleiter wird erwartet, daß er in einem Softwareprojekt eine Wirtschaftlichkeitsrechnung nach den heute üblichen Verfahren durchführen kann.

Nach dem Projektabschluß wird besonders bei Projekten der öffentlichen Hand von der zuständigen Rechnungsprüfungsbehörde eine Projektabschlußanalyse mit einer Wirtschaftlichkeitsnachrechnung gefordert.

Monetäre Wirtschaftlichkeitsrechnungen sind besonders bei Rationalisierungsprojekten im Bereich der operativen Datenverarbeitung anzutreffen. Das Hauptziel solcher DV-Vorhaben liegt in einer Rationalisierung von Geschäftsprozessen durch eine Kostensenkung oder Produktivitätserhöhung.

Heute drängen sich in den Unternehmen immer mehr die typischen IS-Projekte der individuellen Datenverarbeitung in den Vordergrund. Die vorrangigen Zielsetzungen liegen hierbei nicht auf dem monetären Sektor, sondern in der Realisierung von Gewinnpotentialen und der Durchführung innovativer Serviceleistungen. Die Beurteilung des voraussichtlichen Zielerreichungsgrads der einzelnen Nutzenpotentiale er-

LERNABSCHNITT 10

folgt anhand gewichteter Einzelkriterien im Rahmen von Nutzwertanalysen und Portfoliodarstellungen.

1. Verfahren zur Wirtschaftlichkeitsrechnung

Unter einer Wirtschaftlichkeitsrechnung ist die Gegenüberstellung von Aufwand und Nutzen eines DV-Vorhabens zu verstehen. Wird die Wirtschaftlichkeit auf das eingesetzte Kapital (= Investition) bezogen, spricht man von einer Rentabililtäts- oder einer Amortisationsrechnung.

Bei den Methoden zur Durchführung einer Wirtschaftlichkeitsrechnung werden statische und dynamische Verfahren unterschieden. Die statischen Verfahren berechnen die Wirtschaftlichkeit eines Systems für eine Durchschnittsperiode des geplanten Lebenszeitraums einer Investition.

Bei den dynamischen Verfahren der Wirtschaftlichkeitsrechnung werden die gesamten Ausgaben und Einnahmen für den vorgesehenen Lebenszeitraum eines Systems auf den Gegenwartstermin abgezinst.

> *Wegen ihrer Einfachheit und Übersichtlichkeit werden im DV-Bereich bisher überwiegend statische Verfahren einer Wirtschaftlichkeitsrechnung angewendet. Meist ist es eine Kostenvergleichsrechnung, die unter Berücksichtigung eines veränderten Nutzens die Kosten des alten und neuen Verfahrens gegenüberstellt. Das Verfahren berücksichtigt die einmaligen Investitionskosten (Projektbudget) und die laufenden Betriebskosten einer Periode.*

Etwas genauer, aber in der Berechnung aufwendiger sind die sogenannten dynamischen Verfahren der Wirtschaftlichkeitsrechnung. Davon gibt es in der Praxis mehrere Spielarten: die Annuitätsrechnung, die Kapitalwertrechnung und die Methode des internen Zinsfußes. Diesen Verfahren ist gemeinsam, daß sie alle Ausgaben und Einnahmen im Zusammenhang mit der geplanten DV-Investition auf einen Barwert zurückrechnen. Wenn in einem Unternehmen zur Entscheidungsfindung eine dynamische Wirtschaftlichkeitsrechnung nach einem der genannten Verfahren üblich ist, kann ein statisches Verfahren anschließend entsprechend erweitert werden. Die Rechenwerte kann man einschlägigen Fachbüchern entnehmen. Sie sind heute auch in Softwarepaketen zur Projektplanung und -steuerung enthalten.

Darstellung der statischen Wirtschaftlichkeitsrechnung

Die statische Kosten-/Nutzen-Vergleichsrechnung wird von DV-Spezialisten am häufigsten verwendet. In die Berechnung werden folgende Kosten- und Nutzenkomponenten einbezogen:

- die einmaligen Kosten der Anwendungsentwicklung, umgelegt auf eine Periode des Lebenszeitraums des neuen DV-Anwendungssystems,
- die Betriebskosten des neuen Systems, bezogen auf eine Periode (Monat oder Jahr),
- die Einsparungen, die sich durch den Einsatz des neuen Systems ergeben, ebenfalls auf eine Periode bezogen.

Die Wirtschaftlichkeitsrechnung wird auf einem Formular abgewickelt und ist damit leicht durchführbar.

Die einmaligen Kosten einer Wirtschaftlichkeitsrechnung entsprechen dem Projektbudget. Sie können aus dem Budget in das Schema der Wirtschaftlichkeitsrechnung übertragen werden.

In die Umlage werden die jährliche Abschreibung und die jährlichen Zinsen der halben Investition einbezogen. Die geschätzte Systemlaufzeit wird in das Schema der Wirtschaftlichkeitsrechnung eingetragen. Sie beträgt heute im Schnitt acht Jahre. Die halben Zinsen werden angesetzt, da von einer linearen Abschreibung während der Systemlaufzeit ausgegangen wird. Als Zinssatz kann der Marktzins verwendet werden oder ein höherer unternehmensinterner Zinssatz.

Bei einer Individualentwicklung kann die Schätzung der voraussichtlichen Softwarewartungskosten Kopfzerbrechen bereiten. Der Projektplaner sollte hier auf durchschnittliche Vergangenheitswerte seines Unternehmens zurückgreifen (häufig etwa 20 Prozent der Neuentwicklung).

LERNABSCHNITT 10

Schema einer statischen Kosten-/Nutzenrechnung

SCHEMA DER WIRTSCHAFTLICHKEITSRECHNUNG	DM / SFR

1. <u>Einmalige Kosten</u>
   1.1 Organisations-/Programmierkosten
   1.2 Hardwareanschaffung
   1.3 Softwareanschaffung
   1.4 Sonstige einmalige Kosten
   1.5 _____	

1.6 Summe	

2. <u>Umlage der einmaligen Kosten auf ein Jahr</u>
   (Basis _ Jahre Laufzeit und aktueller Zinssatz)
   2.1 Jährliche Abschreibung
   2.2 Jährliche Zinsen aus halber Investition	

2.3 Summe	

3. <u>Laufende Kosten eines Jahres</u>
   3.1 Umlage der einmaligen Kosten
   3.2 Personalkosten für Kontrolle und Bedienung
   3.3 Hardwarewartung
   3.4 Softwarewartung
   3.5 Sonstiges (Energie, Material, Raum usw.)
   3.6 _____	

3.7 Summe laufende Kosten	

4. <u>Laufender Nutzen eines Jahres</u>
   4.1 Personalnutzen
   4.2 Sachliche Nutzenfaktoren (Zinsen, Lagerkosten u.a.m.)
   4.3 Sonstige Nutzenfaktoren
   4.4 _____	

4.5 Summe jährlicher Nutzen	

5. <u>Rechnerische Wirtschaftlichkeit</u>
   5.1 Summe jährlicher Nutzen
   5.2 Summe jährliche Kosten	

5.3 Jährliche Wirtschaftlichkeit	

Abbildung 10.33

Die Nutzenberechnung beschränkt sich auf die quantifizierbaren Nutzenfaktoren. Nicht oder schwer quantifizierbare Nutzenpotentiale werden außerhalb der monetären Wirtschaftlichkeitsrechnung dargestellt.

Dynamische Verfahren der Wirtschaftlichkeitsrechnung

Alle Methoden zur Errechnung einer dynamischen (zeitbezogenen) Wirtschaftlichkeit sind ähnlich und basieren auf einer Abzinsung der Aufwendungen und Leistungen bezogen auf einen Stichtag. Die Abzinsungsfaktoren einer solchen Investitionsrechnung können einer Abzinsungstabelle entnommen werden. Sie ist heute auch in mehreren am Softwaremarkt angebotenen Programmen einer dynamischen Wirtschaftlichkeitsrechnung enthalten.

Annuitätsrechnung: Bei der Anwendung dieser Methode werden die durchschnittlichen jährlichen Ausgaben den durchschnittlichen jährlichen Einnahmen gegenübergestellt. Alle Ausgaben und Einnahmen werden auf den Kalkulationszeitpunkt abgezinst und auf die Jahre der Nutzungsdauer verteilt. Die Investition gilt als wirtschaftlich, wenn die Differenz der durchschnittlichen jährlichen Ausgaben und Einnahmen nicht negativ ist.

Methode des internen Zinsfußes: Bei dieser Methode ermittelt man den Zinsfuß, der zu einem Kapitalwert von Null führt. Auf diese Weise läßt sich die tatsächliche Verzinsung der Investition feststellen.

Beispiel einer Kapitalwertrechnug

Nutzungsjahr	Einnahmen	Ausgaben	Abzinsungsfaktor 8 %	Einnahmen abgezinst	Ausgaben abgezinst
0	–	125.000			125.000
1	55.000	25.000	0,926	50.930	23.150
2	70.000	30.000	0,857	59.990	25.710
3	80.000	35.000	0,794	63.520	27.790
4	60.000	30.000	0,735	44.100	21.950
5	40.000	30.000	0,681	27.240	20.430
				245.780	244.030

Abbildung 10.34

LERNABSCHNITT 10

Kapitalwertrechnung: Aufwendungen und Nutzenbeträge werden durch eine Abzinsung auf den Investitionszeitpunkt berechnet. Der Kapitalwert einer Investition ist die Differenz aller abgezinsten künftigen Einnahmen und Ausgaben. Eine Investition ist umso vorteilhafter, je positiver der Kapitalwert ist.

Der Kapitelwert als Differenz der abgezinsten Einnahmen und Ausgaben ist in unserem Beispiel (Abbildung 10.34) positiv und beträgt DM 1.750,–. Im vorliegenden Fall lohnt sich die geplante Investition.

2. Amortisationsrechnung

Eine Wirtschaftlichkeitsrechnung vergleicht nur den Aufwand und Nutzen eines DV-Anwendungssystems. Sie gibt keinen Aufschluß darüber, ob sich das neue Verfahren im Verhältnis zum eingesetzten Investitionskapital lohnt. Diese Frage wird aber von jedem Unternehmer als Kapitalgeber gestellt! Deshalb führt ein Projektleiter nach einer Wirtschaftlichkeitsrechnung eine Amortisationsrechnung durch. Der hierbei berechnete Amortisationszeitraum zeigt auf, in welcher Zeit das Kapital, das in das Projekt gesteckt worden ist, in das Unternehmen zurückfließt. Man nennt dieses Verfahren Return-on-Investment-Verfahren (ROI-Verfahren).

Der Amortisationszeitraum errechnet sich in einer statischen Wirtschaftlichkeitsrechnung nach folgender Formel:

$$\text{Amortisationszeitraum in Jahren} = \frac{\text{Kapitaleinsatz}}{\text{Jährliche Wiedergewinnung}}$$

Die Summe der jährlichen Wiedergewinnung entspricht der Differenz von Kosten und Nutzen, also der Wirtschaftlichkeit. Nicht berücksichtigt wird bei der Ermittlung des Amortisationszeitraums die kalkulatorische Abschreibung. Ein Beispiel finden Sie in unserem mitlaufenden Fallbeispiel im Anschluß an die Wirtschaftlichkeitsrechnung (nach Abbildung 10.38).

DV-Projekte sollten einen Amortisationszeitraum aufweisen, der zwei bis drei Jahre nicht übersteigt.

3. Nutzenermittlung für ein DV-Projekt

Der Ausweis der Nutzenaspekte gehört zu den Kerntätigkeiten einer Wirtschaftlichkeitsrechnung. Nur bei „Mußprojekten" (zum Beispiel der Kalenderumstellung bei der Jahrtausendwende) kann auf eine Nutzenermittlung verzichtet werden. Die zweckmäßige Art der Nutzenermittlung kann in einem Projekt Probleme bereiten!

Der Nutzen einer Systemumstellung muß von der Fachabteilung geschätzt und für die Wirtschaftlichkeitsrechnung zur Verfügung gestellt werden. Die Fachabteilung muß hinter diesem Nutzen stehen und bereit sein, ihn zu realisieren.

Ein Projektleiter sollte sich hüten, Nutzenpositionen in eine Wirtschaftlichkeitsrechnung einzusetzen, die von der Fachabteilung nicht akzeptiert werden! Dagegen sind die DV-Fachleute des Projektteams für die Berechnung des Projektbudgets und der voraussichtlichen laufenden Kosten des neuen Systems verantwortlich.

Nutzenermittlung in Rationalisierungsprojekten

In Rationalisierungsprojekten kann der Nutzen aufgrund von Kosteneinsparungen oder einer Produktivitätserhöhung auf einfache Weise berechnet oder geschätzt werden. Typische Nutzenfaktoren sind

- Personaleinsparungen
- Einsparungen beim Material- und Zinsaufwand
- Bessere Skontoausnutzung
- Produktivitätserhöhung

Rationalisierungsprojekte erlauben eine „klassische monetäre Wirtschaftlichkeitsrechnung". Darüber hinaus kann sich bei Projekten dieser Art ein zusätzlicher nicht quantifizierbarer Nutzen durch mehr und bessere Informationen ergeben.

Der Nutzen eines Projekts läßt sich in drei Kategorien unterteilen (siehe Abbildung 10.35).

Quantifizierbar sind bei korrekt erarbeiteten Basisinformationen die direkten Nutzenfaktoren Personalreduzierung, Bestandssenkung, Kapazitätsausweitung, Zinsein-

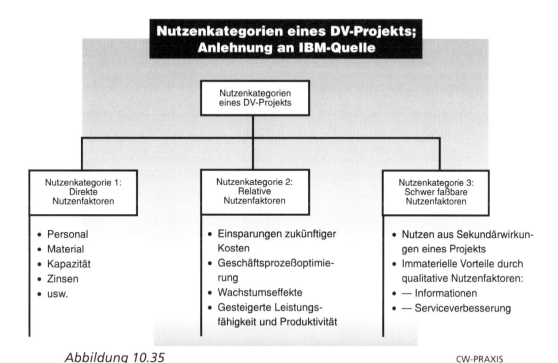

Abbildung 10.35 — CW-PRAXIS

sparungen durch einen früheren Geldeingang und so weiter. Etwas schwieriger und unsicherer sind Nutzenberechnungen auf der Grundlage der Nutzenkategorie 2: „Relative Nutzenfaktoren". Die schwer faßbaren Nutzenfaktoren der Nutzenkategorie 3 lassen sich nur teilweise in quantifizierter Form darstellen.

Die Nutzenerwartungen sind in einem DV-Projekt vom Grad der gleichzeitigen Optimierung der Geschäftsprozesse abhängig. Eine gedankenlose 1:1-Umstellung von Arbeitsgebieten entspricht im Effekt dem Hornberger Schießen! Nur die gleichzeitige Überarbeitung der

- Strukturorganisation,
- Ablauforganisation,
- Arbeitsplatzorganisation,
- Ablageorganisation und
- Informationsorganisation

bringt einem Unternehmen den erwarteten Rationalisierungsnutzen. Wenn kein organisatorisch ausgebildeter Mitarbeiter im Projekt mitwirkt, der das Denken in integrierten Prozessen beherrscht, kommt die Optimierung der vorhandenen Arbeitsorganisation garantiert zu kurz.

Praxisbeispiele für moderne Nutzenschwerpunkte
Beispiel 1: Sachbearbeiter können in einer integrierten DV-gestützten Organisation auf verschiedenartige Informationen zurückgreifen, die sie zur Vorgangsbearbeitung benötigen. Beim Einsatz der Workflow-Technik und optischer Archivierungssysteme muß eine Akte bei ihrer Bearbeitung nicht mehr durch viele Hände wandern. Das führt zu einem geringeren Arbeits- und Transportaufwand und zu kürzeren Bearbeitungs- und Durchlaufzeiten!

Beispiel 2: Bei traditioneller Bearbeitung sind am Schluß meist Kontrollen üblich, die häufig von Führungskräften unterer Hierarchiestufen durchgeführt werden. Die meisten Kontrollprozesse können von einem hochstehenden DV-Anwendungssystem übernommen werden und führen gegebenenfalls zu Fehlerhinweisen oder Warnungen. Totalkontrollen werden überflüssig – und mit ihnen die Stellen, von denen diese Kontrollen durchgeführt werden.

Beispiel 3: Eine integrierte Organisation führt zu einer funktionell eindeutigen Mitarbeiterzuordnung gegenüber einem zuvor vorhandenen gewachsenen Organisationsdickicht. Bei der Neuordnung in der Projektphase „Benutzerorganisation" werden Besitzstände zurechtgerückt, um eine geradlinige „schlanke" Arbeitsorganisation zu erreichen. Viele nebensächliche Arbeitsprozesse werden hierbei aufgedeckt und können gestrichen werden.

Beispiel 4: Ein erhebliches Einsparungspotential ergibt sich durch den Aufbau maschineller – eventuell auch optischer – Dokumenten- und Archivierungssysteme. Sie erlauben es, einen Vorgang nach unterschiedlichen Suchkriterien aufzufinden. Kopien bei der Bearbeitung eines Vorgangs fallen weg und damit auch die zur Ablage verwendeten Arbeitsstunden.

Nutzenermittlung beim Aufbau von Informationssystemen
Immer häufiger sind allerdings Projekte zum Aufbau von Informationssystemen anzutreffen. Ein Unternehmen möchte hierbei strategische Nutzen- oder Gewinnpo-

tentiale realisieren. Dieser Nutzen ist mit Hilfe herkömmlicher Wirtschaftlichkeitsrechnungen nicht nachweisbar. Eine qualitative Wirtschaftlichkeitsanalyse ist nötig. Nutzenfaktoren in IS-Projekten sind

- bessere Transparenz in Abläufen
- Verkürzung von Durchlaufzeiten
- Stärkung der Ertragskraft
- bessere Controllingmöglichkeiten von Geschäftsprozessen und Abläufen
- Verbesserung der Wettbewerbssituation durch mehr und bessere Informationen über die Mitbewerber
- besserer Kundenservice und innovative Serviceleistungen

Werkzeuge und Darstellungsformen des Nutzens bei IS-Projekten sind

- verbale Nutzenbeschreibungen (hoch, mittel, niedrig) in einer Nutzentabelle
- Nutzwertanalysen mit Rangreihen bei alternativen Lösungsmöglichkeiten
- Portfoliodarstellungen in der Form zweidimensionaler Matrizen

Das Informationscontrolling tut sich bisher immer noch schwer, praxisgerechte und allgemein verständliche Methoden der qualitativen Wirtschaftlichkeitsanalyse anzubieten. Das Folgebild zeigt ein Beispiel einer Nutzenanalyse nicht oder schwer quantifizierbarer Nutzenaspekte in der Form einer tabellarischen Nutzentabelle.

Das Beispiel einer Nutzwertanalyse mit Rangreihenbildung finden Sie in Abbildung 7.15 (Evaluationsblatt). Diese Darstellungsform könnte auch zur Gewichtung qualitativer Nutzenfaktoren bei einer mehrstufigen Zielhierarchie angewendet werden.

Die Portfoliomethodik wird in neuerer Zeit immer wieder zur Erstellung von Leistungsprofilen verwendet. Als Darstellungstechnik greift die Portfoliomethodik auf eine zweidimensionale Matrix zurück. Diese läßt sich sehr gut an einem grafischen Bildschirm erstellen. Die Ergebnisse einer Portfolioanalyse ermöglichen es den Projektentscheidern, die Bedeutung von Nutzenkomponenten für ein Unternehmen darzustellen.

Abbildung 10.37 enthält das Beispiel einer Portfoliodarstellung für den erwarteten qualitativen Nutzen eines Einkaufsinformationssystems. Die Nutzenpositionen wer-

LERNABSCHNITT 10

Beispiel einer qualitativen Nutzenanalyse in tabellarischer Form für ein Produktionsinformationssystem

Überblick der angestrebten Nutzenpotentiale			
Nutzenkriterium	Nutzen-höhe	Nutzen-eintritt	Bemerkungen
1 Mehr Flexibilität und schnellere Umplanung von Kunden- und Werkstattaufträgen (auch simulativ) mit Ausweis der Konsequenzen bei Kapazität und Material	XXX	M	Flexibilitätserhöhung erst bei integrierter Lösung!
2 Jederzeitiger Ausweis von Stand und Fortschritt von Werkstatt- und Montageaufträgen	XXX	K–M	Auch hierfür ist die DV-organisierte Material- und Kapazitätswirtschaft Voraussetzung!
3 Verkürzung der Lieferzeiten durch Reduzierung der Durchlaufzeiten	X	M	Durch sofortige Grobeinlastung der Aufträge und prioritätsorientierte Konstruktionsanpassung
4 Produktivitätserhöhung durch verbesserte Mitarbeiter- und Produktionsmittelauslastung	X	M-L	Möglich durch verstärkte Auftragszusammenstellung (Produkt- und Teileklassifizierung)
5 Aktuelleres und umfangreicheres Berichtswesen	X	K–M	Entscheidungs- und Kontrollinformationen
6 Vorteile durch eine Organisationsdurchforstung	XX	K–M	Anpassung der Aufbau- und Ablauforganisation

Bewertung Nutzenhöhe:
- XXX Sehr wichtiges Kriterium
- XX   Wichtiges Kriterium
- X   Weniger wichtiges Kriterium

Bewertung Nutzeneintritt:
- K Kurzfristig erreichbar (ca. 1 Jahr)
- M Mittelfristig erreichbar (ca. 2 Jahre)
- L Langfristig erreichbar (ca. 3–4 Jahre)

Abbildung 10.36   CW-PRAXIS

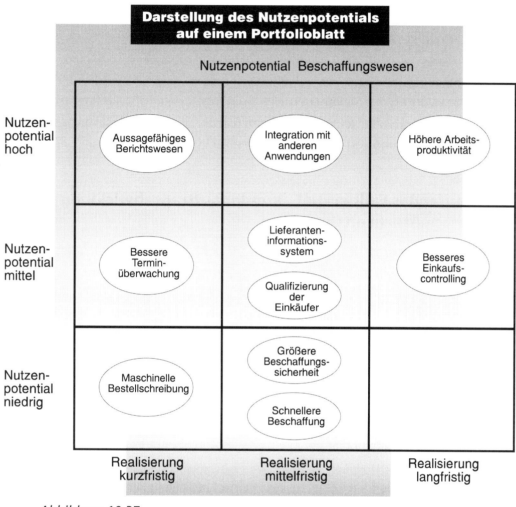

Abbildung 10.37

den in der Portfoliomatrix den vertikalen Potentialebenen niedrig, mittel oder hoch und den horizontalen Potentialebenen einer kurz-, mittel- oder langfristigen Realisierung zugeordnet. Wenn vor der Portfolioerstellung zum Beispiel mit Hilfe einer Nutzwertanalyse bewertete Rangziffern gebildet wurden, können die Nutzenpositionen entsprechend ihrer Bewertung mit unterschiedlicher Blasengröße in die Portfoliomatrix eingezeichnet werden.

Ergebnisse einer qualitativen Nutzenanalyse sind gegenüber einem praktisch veranlagten Entscheidergremium schlechter zu verkaufen als die Aussagen einer monetären Wirtschaftlichkeitsrechnung. Besonders beim Einsatz wissenschaftlich fundierter Methoden zur Aufbereitung solcher Nutzenkomponenten ist gelegentlich Mißtrauen gegenüber der nicht quantifizierbaren Nutzenseite festzustellen. Oft ist es auf mangelhafte Kenntnisse der Nutzenermittlungsverfahren zurückzuführen. In anderen Fällen dürften die reißerischen Übertreibungen von Softwarefirmen über angeblich immense Nutzensteigerungen beim Einsatz ihrer Produkte an der skeptischen Grundauffassung von Linienmanagern mitschuldig sein.

4. Mitlaufendes Fallbeispiel „Kundenauftragsabwicklung" – Wirtschaftlichkeitsrechnung

Die geplante Lebenszeit des Systems wird auf acht Jahre geschätzt. Alle weiteren Kosten- und Nutzenschätzungen ergeben sich aus der Folgedarstellung.

Die Amortisationsdauer des Projekts berechnet sich nach folgender Formel:

$$\text{Amortisationsdauer in Jahren} = \frac{180.000 \text{ DM (Investitionskosten)}}{82.000 \text{ DM (jährliche Wirtschaftlichkeit ohne Abschreibung)}}$$

Das Ergebnis der Berechnung ergibt einen Amortisationszeitraum von etwa 2,2 Jahren.

Bemerkung: Aus den Ergebnissen der Wirtschaftlichkeitsrechnung sind für die Amortisationsrechnung die kalkulatorischen Abschreibungen herausgerechnet worden.

Im Vordergrund des Projekts steht der angegebene Rationalisierungsnutzen. Zusätzlich ergibt sich ein qualitativer Informationsnutzen, den wir in der Übersicht in Abbildung 10.39 dargestellt haben.

Ausgefülltes Formular einer Wirtschaftlichkeitsrechnung für das Fallbeispiel „Kundenauftragsabwicklung"

SCHEMA DER WIRTSCHAFTLICHKEITSRECHNUNG	DM / SFR
1. Einmalige Kosten	
1.1 Organisations-/Programmierkosten	114.500
1.2 Hardwareanschaffung	48.500
1.3 Softwareanschaffung	
1.4 Sonstige einmalige Kosten	17.500
1.5 _____	
1.6 Summe	180.000
2. Umlage der einmaligen Kosten auf ein Jahr (Basis 8 Jahre Laufzeit und aktueller Zinssatz)	
2.1 Jährliche Abschreibung	22.500
2.2 Jährliche Zinsen aus halber Investition (10%)	9.000
2.3 Summe	31.500
3. Laufende Kosten eines Jahres	
3.1 Umlage der einmaligen Kosten	31.500
3.2 Personalkosten für Kontrolle und Bedienung	12.000
3.3 Hardwarewartung	3.000
3.4 Softwarewartung (Schätzung 20 Tage)	8.000
3.5 Sonstiges (Energie, Material, Raum usw.)	3.000
3.6 Umlage Rechenzentrum (geschätzt)	6.000
3.7 Summe laufende Kosten	63.500
4. Laufender Nutzen eines Jahres	
4.1 Personalnutzen	120.000
4.2 Sachliche Nutzenfaktoren (Zinsen, Lagerkosten u.a.m.)	
4.3 Sonstige Nutzenfaktoren	3.000
4.4 _____	
4.5 Summe jährlicher Nutzen	123.000
5. Rechnerische Wirtschaftlichkeit	
5.1 Summe jährlicher Nutzen	123.000
5.2 Summe jährlicher Kosten	63.000
5.3 Jährliche Wirtschaftlichkeit	59.500

Abbildung 10.38

Überblick der qualitativen Nutzenpotentiale in unserem Fallbeispiel „Kundenauftragsabwicklung"

Nutzenpotentiale – Qualitativer Nutzen –	Projekt: Kundenauftragswicklung				Nr. Phase/Geb.: Fachliche Grobkonz.		Datum
	Aufgabe				Bearbeiter		Blatt
Nutzenkomponente	Gewichtung				Fristigkeit der Auswirkungen		Erläuterungen
	0	+1	+2	+3	Kurzfristig	Langfristig	
Besserer Kundenservice			X		X		
Genauere Informationen über den Kunden			X			X	
Höhere Arbeitsproduktivität der Sachbearbeiter			X			X	
Geringerer Forderungsausfall		X				X	
Bessere Controllingmöglichkeiten		X			X		
Integration der DV-Anwendungen		X				X	
Reduzierung des Verwaltungsaufwands		X			X		

Abbildung 10.39

LERNMODUL 10.8 RISIKOANALYSE BEI DV-PROJEKTEN

Neben der Prüfung der voraussichtlichen Wirtschaftlichkeit sollte der Projektleiter im Planungsstadium auch den Risikoumfang des Projekts unter die Lupe nehmen. Es berührt die Eigeninteressen des Projektleiters, daß er schon bei der Projektinitialisierung auf spezifische Projektrisiken und ihre möglichen negativen Auswirkungen hinweist. Das Risikomanagement ist umso bedeutsamer, je umfangreicher und innovativer ein Informatikprojekt ist. Eine kompetente Risikoanalyse setzt beim Projektleiter und den Teammitarbeitern gute Kenntnisse der fachlichen Problemseite, der systemtechnischen Umgebung und der Teamqualifikation voraus.

Die folgenden Fragen müssen bei der Risikountersuchung eines Projekts im Vordergrund stehen:

- Welche Risiken stehen bei Hardware, Systemsoftware, Anwendungssoftware, Aufbau- und Ablauforganisation und den Projektinstanzen im Vordergrund?
- Wie können Projektleiter und -mitarbeiter und die weiteren Projektgremien diese Risiken in den Griff bekommen?

Prüfpunkte für übliche Risiken sind standardmäßig in der Form von Checklisten und speziellen Aktivitäten in einem Phasenkonzept einer DV-Projektabwicklung enthalten.

Typische Sonderrisiken in einem Projekt können zum Beispiel folgende Faktoren sein:

- Zahlreiche und unübersichtliche Schnittstellen zu Altsystemen
- Schlecht dokumentierte Altsysteme, auf die zurückgegriffen werden muß
- Erstmaliger Aufbau dezentraler oder objektorientierter Datenbanken
- Erstmaliger Einsatz einer Client-Server-Plattform
- Anpassung eines anspruchsvollen Anwendungs-Softwarepakets
- Erhebliche Veränderungen der Struktur- und Arbeitsplatzorganisation
- Erster Praxiseinsatz einer 4-GL-Sprache
- Erstmalige Verwendung bestimmter CASE-Tools zur Anwendungsentwicklung
- Erheblicher personeller Streß der Projektmitarbeiter durch einen extrem kurzen Projektfertigstellungstermin

Was gehört zu einem Risikomanagement?
Ein professionelles und aufeinander eingespieltes Projektinstrumentarium ist das beste Vorbeugungsmittel gegen die meisten Projektrisiken! Dazu gehören:
- ein übersichtliches Vorgehenskonzept und projektspezifische Arbeitsmethoden und -tools
- eine konsequente mitlaufende Qualitätskontrolle

Lernabschnitt 10

  – eine Prüfung des Kenntnisstands der Projektmitarbeiter und Anwender und eine gezielte Ausbildung bei der Festlegung von Kenntnisdefiziten
  – ein der Projektkomplexität angepaßtes Change-Management für Ablauf-, Software- und Versionsänderungen.

Drohende oder eingetretene Risiken lassen sich in einem Projekt häufig durch Status- und Qualitäts-Reviews erkennen.

Legen Sie als Projektleiter Wert darauf, den Komplexitätsgrad eigenerstellter Software, der geplanten Geschäftsprozesse und fremdbeschaffter Softwaremodule möglichst gering zu halten. Sie erhöhen dadurch die Transparenz und den Durchblick durch das System. Das reduziert den Fehlerumfang und beugt Unsicherheiten vor.

Risikoanalyse als Basis eines effizienten Risikomanagements

Nutzenpotentiale – Qualitativer Nutzen –	Projekt Kundenauftragsabwicklung	Nr. Phase/Geb. Fachliche Grobkonz.	Datum
	Aufgabe	Bearbeiter	Blatt

Nr.	Risikofaktor	Ursachen	Maßnahmen
1	Performance im lokalen Netz	Bisher keine Erfahrungen!	Leistungsreserven vorsehen! Spezialberatung nötig
2	Erstmaliger GUI-Einsatz kann Verzögerungen bringen	Erhebliches Umdenken der DV-Mitarbeiter nötig	Intensive Schulung durch GUI-Spezialisten
3	Realisierung des gewünschten Personalnutzens kritisch	Sonderaufgaben werden durch System nicht abgedeckt	Nur niedriger Nutzenansatz auf diesem Sektor
4	Einkauf wünscht höhere Priorität	Mitarbeiter scheidet aus	Migrationsstrategie muß neu festgelegt werden

Abbildung 10.40

Eine ausreichende Risikovorbeugung ist nur möglich, wenn ein Projektleiter aufgrund eigener Erfahrungen die Risikoschwerpunkte der Projektabwicklung kennt. Wenn dieser Überblick fehlt, sollte ein erfahrener unternehmensinterner ORG-/DV-Fachmann oder ein einschlägiger Fremdberater dem Projektleiter als Coach zur Seite stehen.

Bekannte Risikoklippen lassen sich am besten umgehen, wenn sie möglichst früh erkannt und geeignete Vorbeugungsmaßnahmen ergriffen werden. Es empfiehlt sich, die voraussichtlichen Projektrisiken samt ihren Ursachen aufzulisten und gemeinsam im Projektteam Maßnahmen zu ihrer Ausschaltung zu erarbeiten. Abbildung 10.40 enthält einen Ausschnitt aus einer Risikoauflistung.

LERNMODUL 10.9 PROJEKTFREIGABE UND CHANGE-MANAGEMENT

Planungsergebnisse dienen zwei Zwecken:

- Der Projektleiter überträgt die Planungsdaten in das Projektauftragsformular, das der Projektgenehmigung und -freigabe dient. Zuvor stimmt er es mit dem Fachabteilungsleiter und dem DV-Management ab.

- Die Planungsergebnisse sind die Grundlage für das „Projektdrehbuch". Der Projektleiter verwendet die erarbeiteten Planungsergebnisse zur Projektsteuerung und -überwachung. Die Projektakte wird bei Planungsänderungen fortgeschrieben, so daß sie ständig auf dem neuesten Stand ist und den Lebenslauf eines Projekts widerspiegelt.

1. Schrittweise Projektfreigabe

Größere Projekte werden häufig schrittweise freigegeben. Das gilt besonders für Softwarebeschaffungsprojekte, wobei nach der Anforderungsanalyse und Evaluation vor einem Vertragsabschluß mit den Software- und Hardwarefirmen die endgültige Projektgenehmigung erfolgt.

Bei periodischen Sitzungen des Lenkungsausschusses wird von diesem Entscheidungsgremium aufgrund der Zwischenberichte des Projektleiters grünes Licht für die Projektfortsetzung gegeben.

2. Planrevision und Planungsänderungen

Änderungen von Projektinhalt und Umfang sind bei umfangreichen Vorhaben aufgrund der Dynamik einer Organisationsentwicklung unvermeidbar. Sie können im schlimmsten Fall den gesamten Terminplan durcheinanderbringen und das Projektbudget hochtreiben.

Die Überarbeitung einer ursprünglichen Planung kann aus unterschiedlichen Ursachen nötig sein:
- Die Erstplanung war zu oberflächlich.
- Wesentliche Voraussetzungen haben sich verändert.
- Erarbeitete Problemlösungen erwiesen sich als untauglich.
- Die Softwarefirma führt während der Projektabwicklung eine Versionsänderung durch.

Erweist sich die ursprüngliche Planung aus Termin- und Kostengründen als unzulänglich, muß der Projektleiter eine Änderung des Projektinhalts und der Planungsdaten vornehmen.

Zu den Werkzeugen der DV-Abwicklung gehört ein geregeltes Änderungsverfahren (Change-Management). Seine Abwicklung muß aus dem DV-Projekthandbuch hervorgehen. Eine erleichterte Abwicklung von Änderungen läßt sich durch die Führung einer Development Workbench erreichen.

Nachteilig für den Projektablauf sind besonders solche Änderungswünsche, die zu einem sehr späten Zeitpunkt vom Fachbereich geäußert werden. Im Phasenkonzept ist deshalb an geeigneter Stelle im fachlichen Feinkonzept ein „Redaktionsschluß" festgelegt. Den Benutzern sollte dieser Termin vom Projektleiter rechtzeitig mitgeteilt werden. Änderungswünsche nach diesem Termin müssen offiziell beantragt werden und führen zu Terminplan- und Budgetänderungen. Handelt es sich um keine lebenswichtigen Änderungen, werden sie gesammelt und nach Projektabschluß in einer „Optimierungsphase" in das DV-Anwendungssystem eingearbeitet.

SUMMARY

Die Durchführung der Projektplanung und Softwarekalkulation gehört zu den Kernaufgaben des Projektleiters. Die Bedeutung einer Projektplanung liegt darin, daß sie den realistischen Bedarf an Projektmitarbeitern, die Projekttermine und die Wirtschaftlichkeit des Projekts ermittelt.

Die Hauptplanung findet in einem Projekt der Individualentwicklung häufig nach dem Abschluß der Voruntersuchung statt. Bei einem Softwarebeschaffungsprojekt kann eine grobe Meilensteinplanung nach der Anforderungsanalyse durchgeführt werden. Eine detaillierte Planung ist nach der Auswahl des Softwarepakets und der Feststellung der Umstellungs- oder Migrationsstrategie möglich.

Eine Projektplanung kann manuell mit Planungstabellen oder mit Hilfe eines Projekt-Managementsystems erfolgen.

Im Mittelpunkt der Projektplanung stehen die Aktivitätsplanung, Zeitaufwandsplanung, Terminplanung, die Zusammenstellung des Projektbudgets und die Wirtschaftlichkeitsrechnung.

Der Einstieg in die Projektplanung geschieht über die Projektdefinition und die Zusammenstellung der Soll-Funktionen. Als Darstellungsinstrument dient eine hierarchische Aktivitätsübersicht.

Die Zeitaufwandsplanung ermittelt die zur Projektabwicklung benötigten Arbeitszeiten der Projektmitarbeiter. Sie kann nach verschiedenen Methoden und unterschiedlichen Feinheitsgraden durchgeführt werden.

Die Terminplanung läßt sich in der Form einer tabellarischen Terminübersicht oder mit Hilfe eines Balkendiagramms oder Netzplans durchführen.

LERNABSCHNITT 10

Aus dem zeitlichen Aufwand der Projektmitarbeiter für die Projektarbeiten und den anfallenden Sachkosten ergibt sich das Projektbudget. Es enthält alle Investitionskosten eines Projekts.

Durch die Gegenüberstellung von Aufwand und Nutzen eines DV-Projekts unter Berücksichtigung der einmaligen Investitionskosten ergibt sich eine Wirtschaftlichkeitsübersicht. Es werden statische und dynamische Wirtschaftlichkeitsberechnungen unterschieden.

Bei Rationalisierungsprojekten läßt sich eine monetäre Wirtschaftlichkeitsrechnung durchführen. Beim Aufbau von Informationssystemen ist eine zusätzliche qualitative Wirtschaftlichkeitsanalyse erforderlich. Werkzeuge für eine qualitative Nutzenermittlung sind die Nutzwertanalyse und die Portfoliomethodik.

Nach der Wirtschaftlichkeitsrechnung führt der Projektleiter eine Amortisationsrechnung (ROI-Berechnung) durch. Der hierbei ermittelte Amortisationszeitraum zeigt auf, in welchem Zeitraum das in das Projekt gesteckte Kapital in das Unternehmen zurückfließt.

Zusätzlich zur Wirtschaftlichkeitsrechnung sollte ein Projektleiter eine Risikoanalyse durchführen. Zum Risikomanagement gehört die Feststellung der Spezialrisiken, die in einem Projekt auftreten können und die Erarbeitung von Maßnahmen zur Risikovorbeugung, -minderung und -ausschaltung.

Lernabschnitt 11
Projektcontrolling und Berichtswesen

Neben der Projektplanung gehört die Projektsteuerung und -überwachung zu den Kernaufgaben des Projektleiters. Planung ist ohne nachfolgende Kontrolle wertlos. Eine wirkungsvolle Steuerung und -Überwachung muß ihr folgen. Effiziente Überwachungsmethoden greifen allerdings nur dann, wenn festgestellte Planabweichungen analysiert werden und zu wirksamen Kontrollmaßnahmen führen.

Das Instrumentarium des Projektcontrolling kann im Verhältnis zu den Planungswerkzeugen mit wenigen methodischen Hilfsmitteln abgewickelt werden. Trotzdem ist die Projektüberwachung für den Projektverantwortlichen schwieriger als die Planungsseite und kann wegen der Projektdynamik außerordentlich anstrengend sein. Der Projektleiter muß nicht nur ständig selbst den Überblick behalten und „am Ball bleiben", sondern auch die Projektmitarbeiter zu einer termingerechten Arbeitsabwicklung motivieren und bei Arbeitsschwierigkeiten unterstützen, damit „das Projekt nicht aus dem Ruder läuft".

Neben Minimalregelungen der Projektüberwachung, die für kleinere und mittlere DV-Projekte ausreichen können, wenn eine überschaubare Projektorganisation vorliegt, gibt es auch komfortable Projektcontrollingsysteme mit umfangreichen Auswertungskomponenten. Leicht kann dabei allerdings der Überwachungsaufwand eines Softwareprojekts in ein reziprokes Verhältnis zum erreichten Nutzen geraten!

> *Ein Kardinalfehler der Projektüberwachung liegt häufig darin, daß ein Unternehmen die oft wenig komplexen DV-Anwendungsprogramme mit ihrer klaren Phasenstrukturierung mit aufwendigen und völlig unpassenden Projektsteuerungssystemen zu überwachen versucht, die für langfristige Bau- und Entwicklungs-*

Lernabschnitt 11

projekte geschaffen worden sind und auch nur hierfür adäquat sind.

Die Projektsteuerung und -überwachung umfaßt für Softwareprojekte alle Funktionen vom Abschluß der Projektplanung bis zur Projektfertigstellung. Dazu gehört die Überwachung von

- Zeitaufwand und Terminen
- Mitarbeitern
- Kosten
- Leistungen und Systemqualität

Die Steuerung erfolgt soweit wie möglich durch Soll- Ist-Vergleiche. Die Sollangaben basieren auf den Planungsergebnissen, die in der Planungsdokumentation enthalten sind. Ihnen werden zur Feststellung der Out-of-line-Situationen die ermittelten Ist-Ergebnisse gegenübergestellt.

Die Projektüberwachung des Projektleiters kann bei kleinen Projektteams und einem engen persönlichen Kontakt informell erfolgen. Nur die Berichterstattung an den übergeordneten Lenkungsausschuß oder die Geschäftsleitung wird schriftlich mit Hilfe periodischer Berichte abgewickelt. Neben der Termin- und Kostenüberwachung muß die Qualitätskontrolle des im Aufbau befindlichen Anwendungssystems einen breiten Raum einnehmen. Die Überwachung der Qualitätskomponente hat im Verhältnis zur Aufwands- und Terminseite den höchsten Schwierigkeitsgrad!

Wir legen das Schwergewicht dieses Lernabschnitts auf die Fragen:

- Welche Verfahren des Projektcontrolling haben sich für DV-Anwendungsprojekte der Individualentwicklung und der Softwarebeschaffung bewährt?

- Wie bekommt ein Projektleiter die Qualitätsaspekte in den Griff?

- Wann lohnt es sich, eine PC-gestützte Projektüberwachung aufzubauen und durchzuführen?

Das Projektcontrolling ist keine ausschließliche Angelegenheit des Projektleiters. Als weitere Träger der Steuerung und Kontrolle für diese anspruchsvolle Aufgabe sind auch ein übergeordneter DV- oder Projektlenkungsausschuß, das DV-Management, der betroffene Anwenderbereich und ein eventuell vorhandener Informationscontroller eingeschaltet.

LERNMODUL 11.1 EINFACHVERFAHREN DES PROJEKTCONTROLLING

Die Spanne der Projektcontrollingverfahren reicht von einfachen Übersichtsblättern bis zu zeitaufwendigen und komplexen Komfortsystemen mit DV-Unterstützung.

Der Projektleiter muß sich aufgrund der im Unternehmen angebotenen Wahlmöglichkeiten für ein Überwachungsverfahren entscheiden, das der Größe und dem Schwierigkeitsgrad des Vorhabens entspricht.

Bei Kleinprojekten wickelt er möglicherweise zeitgleich mehrere Vorhaben ab. Hier könnte eine Checkliste für jedes Projekt auf einem Arbeitsblatt mit wichtigen Soll-/Ist-Terminen für Leittätigkeiten angemessen sein. Nach außen reicht für die Projektüberwachungsgremien die Nennung des geplanten und erreichten Fertigstellungstermins aus.

Bei Projekten mit mehr als 100 und vielen zeitkritischen Aktivitäten bietet sich ein PC-orientiertes Netzplanpaket mit Überwachungsfunktionen an. Seine Vorteile zeigen sich besonders, wenn häufige Planänderungen zu bewältigen sind oder verschiedene Projekte auf dieselben Ressourcen zurückgreifen.

Die überwiegende Zahl der Unternehmen und Verwaltungsbehörden setzt immer noch bei vielen Projekten manuelle Überwachungssysteme ein. Der Einsatz von Personalcomputern mit einfachen Projektverwaltungs- und Überwachungssystemen ist allerdings in einem starken Aufwärtstrend!

Lernabschnitt 11

1. Tabellarisches Projektüberwachungssystem

Für kleine und wenig komplexe DV-Projekte, die im Rahmen eines Standard-Phasenkonzepts abgewickelt werden, reicht ein einfaches tabellarisches Projektüberwachungssystem aus. Abbildung 11.01 zeigt das Schema eines Projektkontrollblatts mit einer Soll-Ist-Gegenüberstellung von Aufwand und Terminen.

Das Projektkontrollblatt wird vom Projektverantwortlichen nach der Projektplanung ausgefüllt. Die Ist-Angaben liegen nach der Beendigung der Arbeiten eines Projektabschnitts vor. Die Größe der Arbeitsabschnitte sollte zwei bis drei Kalenderwochen nicht überschreiten. Andernfalls ist es zweckmäßig, daß der Planer einen Projektabschnitt sinnvoll in Teilstücke unterteilt, um diese besser überwachen zu können.

Die ideale Größe der Projektüberwachungseinheiten hängt vom Vertrauen ab, das der Projektleiter in seine Projektmitarbeiter setzt. Als idealer Durchschnittswert gilt, daß ein Überwachungsblock etwa zwei Wochen betragen sollte. Ein voller Monat kann bereits zu lang sein, weil Zeitverzögerungen aufgrund der größeren Zeitspanne schlechter korrigiert werden können. Bei erfahrenen und vertrauenswürdigen Mitarbeitern, die an ein selbständiges Arbeiten gewöhnt sind, können die festgelegten Überwachungsperioden länger sein als bei Anfängern, die leicht aufgrund einer aufgetretenen Arbeitsschwierigkeit „stecken bleiben". Hier sind kurze Überwachungsfristen anzusetzen.

Wenn bei der Projektplanung längere Planungsaktivitäten (zum Beispiel ganze Projektphasen) ausgewiesen worden sind, werden sie für die Projektüberwachung in handliche Teilstücke zerlegt. Doch muß der Projektleiter berücksichtigen, daß Abschnitte gewählt werden sollten, an deren Ende ein meßbares Ergebnis vorliegt. Nur in diesem Fall kann ein Soll-Ist-Vergleich durchgeführt werden!

Bei einem begrenzten Projektumfang wird meist auf die Führung von Zeitaufschrieben verzichtet, sofern die Arbeitsrapporte nicht zusätzlich für Verrechnungszwecke benötigt werden.

Das Projektkontrollblatt kann als Kopie periodisch oder am Ende einer Projektphase auch an ein übergeordnetes Projektüberwachungsgremium versandt werden, dem der Projektleiter berichtspflichtig ist.

LERNABSCHNITT 11

Tabellarisches Projektkontrollblatt für kleine DV-Projekte

Projekt-kontrollblatt	Projekt-bezeichnung:		Mitarbeiter:				P. Nr: Datum: Blatt: Bearb.:		
	Projekt-leiter:								
Projektabschnitt	Aufwand (Manntage)	Soll-Termin		Ist-Aufwand (Manntage)			Ist-Termin		Bemerkungen
		Beginn	Ende	Verbrauch	Abweichung	Kum. Abw.	Beginn	Ende	
Summenwerte									

Abbildung 11.01

Anstelle einer manuellen Führung ist die Verwaltung des Projektkontrollblatts in einer PC-Datei möglich. Zur Erstellung des Projektüberwachungssystems wird ein im Unternehmen vorhandenes Tabellenkalkulationsprogramm verwendet.

2. Fortschreibung des Terminplans

Zusätzlich zu einem Projektkontrollblatt kann als ergänzende grafische Untermalung ein Balkendiagramm mit Soll-Ist-Zahlen erstellt werden. Es erlaubt einen schnelleren optischen Überblick über den Projektstand und -fortschritt als eine tabellarische Darstellung.

Meist wird ein Balkendiagramm monatlich als Soll-Ist-Übersicht fortgeschrieben und für Präsentationszwecke vor dem Projektüberwachungsgremium verwendet.

Der Zeitstrahl zur Darstellung des Projektstands entspricht dem effektiven Zeitverbrauch einer Aktivität. Sie wird vom Projektmitarbeiter dem Projektplaner mitgeteilt. Sofern die verbrauchte Zeit nicht dem Fertigstellungsgrad der Aktivität oder dem Leistungsfortschritt entspricht, muß eine Korrekturmaßnahme ergriffen werden. Drei Möglichkeiten sind gegeben:

- Erhöhung der Kapazität zur Durchführung der Aktivität,
- geringere Funktionalität oder Leistung des betroffenen Vorgangs,
- Korrektur des Soll-Zeitstrahls der Aktivität, damit Soll-Zeitstrahl, Zeitverbrauch und Projektfortschritt wieder übereinstimmen.

An einem Beispiel soll die erforderliche Korrektur des Soll-Zeitstrahls dargestellt werden, wenn Zeitverbrauch und Projektfortschritt nicht übereinstimmen.

> Geplante Tätigkeit: Dauer 100 Tage
> Zeitverbrauch bisher: 75 Tage
> Erreichter Projektfortschritt: 50 Prozent
> (Auch Schätzung des erforderlichen Restbedarfs möglich!)

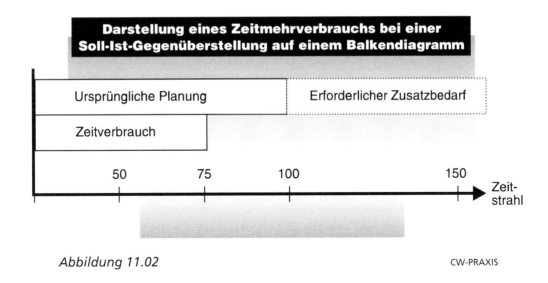

Abbildung 11.02 CW-PRAXIS

Mit TEAMWORKS, EXCEL und anderen einfachen Darstellungswerkzeugen kann ein Balkendiagramm auf PC-Basis maschinell erstellt und geführt werden.

3. Arbeitsblatt eines Teammitarbeiters

Innerhalb eines Projektabschnitts, der als Aktivität in den Terminplan übernommen wird, fallen Einzelaktivitäten an, die von Projektmitarbeitern durchgeführt und auf ihre rechtzeitige Erledigung überwacht werden müssen. Am einfachsten hat sich erwiesen, solche Tätigkeiten auf einem Arbeitsblatt je Mitarbeiter oder Durchführungsteam aufzulisten. Aus Motivationsgründen empfiehlt sich, diese Arbeits-Checklisten gemeinsam mit den Mitarbeitern zusammenzustellen und mit diesen die erforderlichen Fertigstellungstermine festzulegen. Eine Ausfertigung erhält der verantwortliche Mitarbeiter, die andere behält der Projektleiter.

Liegt ein Projekthandbuch mit einem detaillierten Phasenkonzept vor, liefert dieses gute Anhaltspunkte für viele in diesem Projektabschnitt anfallenden Einzelaktivitäten. Darüber hinaus stellen die für die aktuelle Projektarbeit anstehenden Tätigkeiten und Probleme die Basis für die Arbeitsvergabe dar.

Im vorliegenden Beispiel der Abbildung 11.03 sollen vor dem Aufbau eines Prototyping-Schemas von den beiden Projektmitarbeitern des Fachbereichs Vertrieb bis zur

Arbeitsblatt für jeden Projektmitarbeiter				
Arbeitsblatt Abteilung:	Mitarbeiter: Kübler Hartmann	Projektnummer: KAA Bezeichnung: Phase: Prototyping	Datum: Blatt: von Aussteller: GPP	
Vorgangs-nummer	Beschreibung	Planungs-aufwand (Stunden)	Fertig-stellungs-datum	Bemerkungen zur Abwicklung und zum Arbeitsergebnis
	Zusammenstellung und Abgleich Kundenstammdaten und Kunden-informationssystem		17. Mai	
	Zusammenstellung und Abgleich Artikelstammdaten Vertrieb und Artikelinformationssystem		17. Mai	
	Gewünschter Umfang Standard-texte und gespeicherte Formulare		17. Mai	
	Zusammenstellung und Abgleich Auftragsdaten (Kopfinformationen und Positionsinformationen)		Möglichst 17. Mai	

Abbildung 11.03

nächsten Teamsitzung Datenkataloge aufgrund der Anwenderforderungen vorbereitet werden. Die Ergebnisdurchsprache und weitere Aufbereitung sollen in der Folgesitzung erfolgen.

4. Mitlaufendes Fallbeispiel „Kundenauftragsabwicklung" – Projektüberwachung

In unserem Projektbeispiel benutzt der Projektleiter zur Projektsteuerung und -überwachung ein Projektkontrollblatt und ein Balkendiagramm. Aufgrund der niedrigen Anzahl der Projektaktivitäten und ihrem geringen Verflechtungsgrad reichen diese Instrumente aus.

Der Projektleiter füllt das Projektkontrollblatt nach dem Abschluß einer Aktivität aus. Das Balkendiagramm wird monatlich aufgrund des geschätzten Projektfortschritts

LERNABSCHNITT 11

Ausgefülltes Projektkontrollblatt zur tabellarischen Überwachung des Aufwands und der Terminsituation

Projektkontrollblatt

Projektbezeichnung: Kundenauftragsabwicklung
Projektleiter: Grupp (OP)
Mitarbeiter: Kern (AP), Fiedler (KO)

P. Nr:
Datum:
Blatt:
Bearb.:

Projektabschnitt	Sollaufwand Mitarbeiter	Mannwoch.	Soll-Termin (Wo.) Beginn	Ende	Ist-Aufwand (Manntage) Verbrauch	Abweichung	Ist-Termin Beginn	Ende	Bemerkungen
Grobkonzeption	OP / KO	2 / 2	1	2	4	–	1	2	
Feinkonzeption	OP / KO	6 / 6	3	8	12	–	4	9	Krankheit H. Fiedler
Programmvorgabe	OP / AP	3 / 3	9	11	6	–	10	12	
Programmierung	OP / AP	10 / 10	12	21	24	4	13	24	Erhöhter Testaufwand
Benutzerorganisation	KO / OP	4 / 1	9	12	5	–	10	13	
Benutzerschulung	KO	6	13	19	6	–	14	20	
Systemeinführung	KO / OP	2 / 1	22	23	3	1	25	27	
Projektüberwachung	OP	1*)	1	23	1		1	27	
Summenwerte				23		5		27	

*) Begleittätigkeit

Abbildung 11.04

CW-PRAXIS

LERNABSCHNITT 11

Balkendiagramm des Fallbeispiels „Kundenauftragsabwicklung" mit Gegenüberstellung von Soll- und Ist-Zeitstrahlen

Terminplan – Balkendiagramm

Projekt: Kundenauftragsabwicklung
Phase:
Aufgabe:

Datum:
Blatt:
Bearbeiter: Fiedler

Aktivitäten	Mitarbeiter	Mannwoch.	JAN	FEB	MAR	APR	MAI	JUNI	JULI	Bemerkungen
Fachliche Grobkonzeption	OP / KO	2 / 2								
Fachliche Feinkonzeption	OP / KO	6 / 6								
Programmvorgabe	OP / AP	3 / 3								
Programmierung	OP / AP	10 / 10								
Benutzerorganisation	KO	4								
Benutzerschulung	KO	6								
Systemeinführung	KO / OP	2 / 1								
Projektüberwachung	OP	1								Begleittätigkeit

Abbildung 11.05

fortgeschrieben. Beide Projektfortschritts- und Überwachungsblätter dienen hauptsächlich der mitlaufenden Projektsteuerung des Projektleiters. Daneben dienen sie als Nachweis des Projektstands und -fortschritts bei den periodischen Sitzungen des Projektlenkungsausschusses.

Abbildung 11.05 enthält das zugehörige Balkendiagramm abgebildet, wie es nach dem Projektabschluß aussieht. Den breiteren Soll-Zeitstrahlen sind die schmäleren Ist-Zeitstrahlen gegenübergestellt. Durch Verzögerungen haben sich Verschiebungen zwischen den Soll- und Ist-Zeitstrahlen ergeben.

LERNMODUL 11.2 PROJEKTCONTROLLING FÜR UMFANGREICHE DV-VORHABEN

Dieses Lernmodul enthält ein umfassendes Projektüberwachungssystem, das aus mehreren miteinander verbundenen Bausteinen besteht. Das Projektsteuerungssystem baut auf einer vollständigen Projektplanung auf. Es erlaubt die Soll- und Ist-Gegenüberstellung von Projektaufwand, -terminen und -kosten.

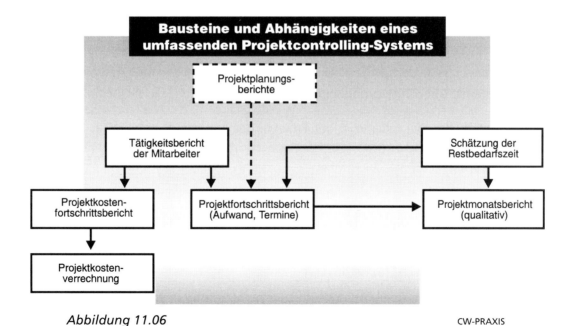

Abbildung 11.06

LERNABSCHNITT 11

Wir zeigen die wesentlichen Teilstücke eines solchen Steuerungs- und Überwachungssystems mit den Kernbestandteilen:

- Mitarbeiter-Tätigkeitsbericht
- Projektfortschrittsbericht

Zu einem kompletten Projektcontrolling-System gehört auch ein Projektmonatsbericht, der zukunftsorientiert sein sollte.

1. Periodischer Tätigkeitsbericht jedes Projektmitarbeiters

Den Übergang von der Projektplanung zur Steuerung und Überwachung kann ein Arbeitsblatt für jeden Projektmitarbeiter darstellen. Arbeitsblätter werden bei einer Projektstatussitzung als Arbeitsvorgabe für jedes Projektmitglied ausgestellt. Sie dienen als Checkliste, welche Arbeiten in der Periode bis zur nächsten Projektstatussitzung abzuwickeln sind. In der Praxis sind auch Kombinationen zwischen einem Arbeitsvorgabeblatt und einem Mitarbeitertätigkeitsbericht anzutreffen, wenn in das Vorgabeblatt die Ist-Zeiten einer Tätigkeit eingetragen werden.

In vielen größeren Unternehmen, Behörden und Softwarefirmen wird von jedem Projektmitarbeiter ein periodischer Tätigkeitsbericht verlangt. Er wird meist wöchentlich erstellt und bildet einen Nachweis der vom Mitarbeiter im Berichtszeitraum durchgeführten Tätigkeiten und der dafür aufgewendeten Arbeitszeiten. Das Formular eines typischen Tätigkeitsberichts ist in Abbildung 11.07 dargestellt. Für einen Mitarbeiter ist es ausreichend, seine Arbeitszeiten in vollen Stunden anzugeben und entsprechende Auf- und Abrundungen vorzunehmen.

Projektmitarbeiter, die fulltime in der Projektarbeit tätig sind, nehmen in einen Arbeitsrapport auch die verbrauchten Stunden für nicht projektbezogene Organisations- und Programmiertätigkeiten und Gemeinkostenzeiten auf. Mitarbeiter, die nur zeitweilig im Projekt mithelfen, tragen nur ihre projektbezogenen Zeiten ein – sofern von ihnen überhaupt ein Tätigkeitsbericht erwartet wird.

2. Projektfortschrittsbericht

Die wichtigste Unterlage über den Status und Fortschritt eines DV-Projekts ist der Projektfortschrittsbericht. Als Eingabeinformationen werden für einen Fortschrittsbericht

LERNABSCHNITT 11

Typischer Aufbau eines periodischen Arbeitsrapports für Projektmitarbeiter

TÄTIGKEITSBERICHT		Personal-Nr.:
		Kostenstelle:
Name:		Kalenderwoche:
Abteilung:		Datum:

Tag	Aufgaben-Nr. Projekt-Nr.	Tätigkeits-Nr.	Tätigkeitsbezeichnung	Stdn.	Über stdn.
MO					
DI					
MI					
DO					
FR					
SA					
SO					

Nicht projektbezogene Zeiten:
91 Urlaub   95 Verwaltung
92 Militärdienst 96 Besprechungen
93 Krankheit   97 Sonstiges
94 Schulung

Spaltensumme

Summe Stunden
+ Überstunden

Abbildung 11.07   CW-PRAXIS

die Planungsergebnisse je Projektabschnitt und die Tätigkeitsberichte der Projektmitarbeiter benutzt. Ein einfach gestalteter Projektfortschrittsbericht (siehe Abbildung 11.08) stellt je Arbeitsperiode den Soll-Zeiten die Ist-Zeiten gegenüber. In einer Folgezeile je Projektabschnitt werden zusätzlich die kumulierten Ist-Zeiten eingetragen.

Das abgebildete Formular läßt Eintragungen für Projektabschnitte unterschiedlichen Feinheitsgrads zu. Auf der Programmebene kann eine Zeile für ein Programm verwendet werden.

Im Formularkopf werden neben den üblichen Kopfinformationen Planungsangaben der Projektmitarbeiter eingetragen. In das vorgesehene Termingitter trägt der Projektplaner die Periodennummern oder Kurzbezeichnungen ein (Beispiel Monat und Jahr: 11/95, 12/95).

Eine Präzisierung der Projektsteuerung und -überwachung läßt sich erreichen, wenn zusätzlich zum angefallenen Ist-Aufwand für jede Projektaktivität der sogenannte Restbedarf des Aufwands für diese Aktivität geschätzt wird. Man versteht unter dem Restbedarf den für einen Projektabschnitt noch erforderlichen Zeitaufwand. Solange eine Aktivität entsprechend der Planung abläuft, gilt die Gleichung: Planbedarf = Zeitverbrauch und Restbedarf. Ist der Restbedarf größer als der bereits erfolgte Zeitverbrauch plus dem noch offenen Planbedarf, ergibt sich als Differenz eine Abweichung. Diese voraussichtliche Zeitabweichung eines Projektabschnitts muß vom Projektverantwortlichen analysiert werden. Er muß versuchen, sie durch geeignete Maßnahmen aufzufangen.

3. Projektkostenkontrolle und -verrechnung

In ähnlicher Form wie der Projektzeitstatus und -fortschritt läßt sich der Projektkostenfortschritt darstellen. Wenn das Projektbudgetblatt für jede Position in die drei Bestandteile

- Soll-Kosten
- Ist-Kosten der Periode
- kumulierte Ist-Kosten der Perioden

LERNABSCHNITT 11

Projekt-Fortschritts-Bericht

Darstellungsschema eines Projektfortschrittsberichts mit Soll-Ist-Gegenüberstellung des Zeitaufwands je Projektabschnitt

Projekt-bezeichnung _____		Projektbeginn _____	Projektnummer _____
Projektleiter _____		Soll-Abschluß _____	Blatt ___ von ___
Länge Überwachungs-periode _____	Zeit-Einheit _____	Änderungs-Nr. _____	Ausstellungs-datum _____
		Änderungsdatum _____	

Projekt-Abschnitt		Vorgabe-zeit	Soll-Beginn	Ist-Beginn	Soll-Ende	Ist-Zeiten											Mitarbeiter	Anteil	von	bis	Ist-Ende
Nummer	Bezeichnung																				
Summenwerte																					

Abbildung 11.08

CW-PRAXIS

aufgespalten ist, kann dieses Blatt für eine Kostengegenüberstellung verwendet werden. Wenn das Projektüberwachungsgremium periodisch detaillierte Projektkosten-Fortschrittsberichte wünscht, ist wegen des Aufwands die Anschaffung eines Softwarepakets zur Projektüberwachung auf einem Personalcomputer vorteilhaft.

Eine Projektverrechnung an Projektträger ist hauptsächlich bei fremden Auftraggebern erforderlich. Sie besteht im Kern aus den bewerteten Aufwandspositionen, die in eine Projektverrechnungsliste übernommen und den Empfängerstellen belastet werden.

4. Periodischer Projektbericht

Für Projektkontrollstellen und übergeordnete Entscheidungsträger reichen die Ergebnisse der Zeitaufwands-, Termin- und Kostenkontrolle nicht aus. Von einem Projektleiter wird deshalb ein zusätzlicher periodischer Projektbericht gewünscht. Er wird monatlich von diesem erstellt.

In einem Projektbericht ist vom Projektleiter das Zahlenwerk der Projektüberwachung zu kommentieren. Daneben muß er auf Ausnahmesituationen und Besonderheiten hinweisen. Im Gegensatz zu Aufwands- und Terminberichten ist ein Projektbericht zukunftsorientiert. Läuft das Projekt voll nach Plan ab, reicht im Projektbericht ein „O.K."-Hinweis. Andernfalls ist darauf hinzuweisen wenn

- Personalprobleme,
- Konzeptionsprobleme,
- Datenbankprobleme,
- Netzprobleme,
- Terminprobleme,
- Wirtschaftlichkeitsprobleme oder
- Koordinationsprobleme

befürchtet werden. In solchen Fällen ist eine Besprechung mit der übergeordneten Projektüberwachungsstelle zur Ausschaltung der Störfälle durchzuführen.

LERNMODUL 11.3 PROJEKTMANAGEMENT-SOFTWARE

Die Verwaltung und Fortschreibung der Planungsergebnisse, die Zeit- und Kostenüberwachung und die Weiterverrechnung der Projektleistungen sind in größeren Projekten eine zeitaufwendige Angelegenheit.

Wenn der Umfang der Projektmitarbeiter acht bis zwölf Personen überschreitet, kann es sich lohnen, zur Unterstützung der Projektplanung und zur Projektsteuerung und -verwaltung Softwareprogramme einzusetzen.

> *Überlegungen zum Einsatz eines Projektmanagement-Programms haben nur dann einen Sinn, wenn zuvor anhand eines einfachen manuellen Projektüberwachungssystems „getestet" worden ist, ob überhaupt die Voraussetzungen und die Disziplin für den Einsatz eines Softwarepakets gegeben sind!*

Manches Projektverwaltungsprogramm, das von einem Unternehmen beschafft worden ist, liegt heute im Programmarchiv. Für DV-Projekte erwies es sich als überdimensioniert, oder es ist nicht gelungen, es zweckmäßig einzusetzen.

Für mittlere oder gar kleinere DV-Projekte, die nach einem Standardphasenschema und im Rahmen einer übersichtlichen Projektstruktur von zwei bis drei Mitarbeitern abgewickelt werden, bringt der Einsatz von Projektmanagement-Systemen nur geringe oder überhaupt keine Vorteile. Ein Programmeinsatz ist erst lohnend, wenn von unterschiedlichen Teams mehrere Teilprojekte parallel abgewickelt werden und eine terminliche Abstimmung nötig ist.

Projektmanagement-Systeme für DV-Projekte werden heute weit überwiegend auf der PC-Ebene angeboten. Sie sind bei einem Anschaffungspreis ab etwa DM 2.000,– preisgünstig. Die meisten Pakete sind heute Windows-orientiert. Weit unterschätzt wird fast immer die Ausbildung und Einweisung von Mitarbeitern in Projektverwaltungssysteme! Neben der Kenntnis der zahlreichen Programmfunktionen muß ein Projektplaner auch fundierte betriebswirtschaftliche Kenntnisse der Projektorganisation vorweisen.

Lernabschnitt 11

Programme, die ausschließlich einer Netzplanverwaltung dienen, reichen zur Projektabwicklung nicht aus.

1. Funktionen und Leistungsmerkmale eines Programmpakets für die Projektverwaltung

Ein Programmpaket der Projektorganisation sollte das Projektteam
- bei der Dokumentation der Projektplanung,
- bei der Projektüberwachung,
- beim Projektberichtswesen und
- bei der Archivierung des Zeitaufwands von Projekten

unterstützen. Der Schwerpunkt der Pakete liegt bei der Projektsteuerung und -überwachung. Sie muß folgende Funktionen enthalten:

- Überwachung von Zeitaufwand, Terminen und Projektfortschritt
- Überwachung der Projektmitarbeiter (Arbeitseinsatz, Auslastung)
- Überwachung der Projektkosten und die Projektkostenverrechnung

Die Steuerung erfolgt durch Soll-Ist-Vergleiche. Pakete, die speziell auf die besondere Situation bei DV-Projekten Rücksicht nehmen, packen in die Gegenüberstellung auch die Restbedarfswerte einer Aktivität hinein.

Die Planungs- und Kontrollstrategie eines ausgereiften Projektmanagement-Systems ist in Abbildung 11.09 dargestellt.

Nur ein Teil der angebotenen Pakete kann neben den Soll- und Ist-Werten auch den Restbedarfswert berücksichtigen. Das liegt hauptsächlich daran, daß die meisten Pakete nicht speziell für DV-Projekte entwickelt worden sind. Gegenüber Projekten anderer Art ist hier das Risiko von Aufwands- und Terminfehlschätzungen besonders groß. Die fehlende Berücksichtigung des Restbedarfs schränkt den Aussagewert der Ergebnisberichte ein.

Laufen mehrere Projekte parallel mit zahlreichen Aktivitäten und Abhängigkeiten ab, kann die Anschaffung eines Projektverwaltungssystems vorteilhaft sein. Der Merkmals- und Leistungskatalog sollte die folgenden Punkte umfassen:

LERNABSCHNITT 11

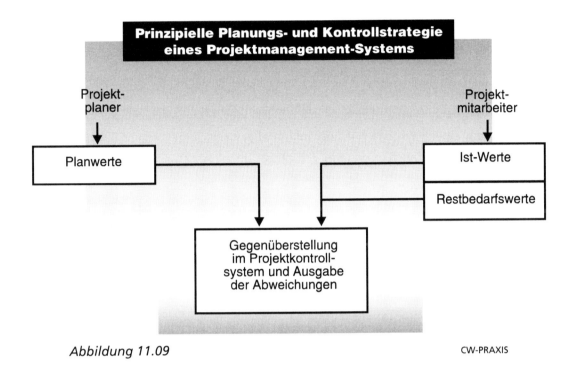

Abbildung 11.09   CW-PRAXIS

1) Unterstützung der vorgangsknotenbezogenen Netzplantechnik (MPM-Technik)
2) Multiprojektplanung, damit ein Rückgriff auf gemeinsame Ressourcen möglich ist
3) Führung von Datenbeständen für die Standardvorgänge eines Phasenkonzepts und für die Einsatzmittelkapazitäten (samt Mitarbeitern)
4) Dialogeingabe der Planungsdaten und der Rückmeldewerte
5) Anzeige aktueller Projektstatus- und Projektfortschrittswerte
6) Reportgenerator zur Erzeugung flexibler Berichte mit zielgruppenspezifischer Verdichtungsmöglichkeit
7) Nach Möglichkeit Verarbeitung von Restbedarfsschätzungen neben Soll- und Ist-Werten und Durchführung von Terminprognosen
8) Unterteilung der Vorgänge in übergeordnete Hauptvorgänge und normale Vorgänge (Makro- und Mikrovorgänge). Auf diese Weise läßt sich eine schrittweise Netzplanverfeinerung erreichen.
9) Meilensteindarstellungen mit unverrückbaren Projektterminen (Meilensteinvorgang mit Dauer „0")
10) Simulationsmöglichkeiten verschiedener Art
11) Führung eines Archivs mit Projekt-Aufwandsübersichten früherer Projekte

12) Führung von Standardnetzen für wiederkehrende Abläufe und Zusammenhänge gleicher Art

Das Anwenderunternehmen sollte bei der Beschaffung eines Projektmanagement-Pakets nur solche Punkte fordern, die es bei der Projektabwicklung tatsächlich benötigt. Vor einer Paketbeschaffung sollten aber unbedingt folgende Punkte getestet werden, die sich auch in neuerer Zeit oft als unzulänglich erwiesen haben:

- Anwenderfreundliche Benutzeroberfläche und einfache Bedienerführung
- Flexibler Berichtsgenerator
- Spezielle Eignung der Pakete für DV-Projekte
- Verbindung zu einer Textverarbeitung und zum Rechnungswesen
- Deutsch als Dialogsprache
- Qualifizierter Support und taugliche Hotline
- Übersichtliche Grafikfunktionen

Stark unterschätzt wird von Laien der Projektmanagement-Szene der Umfang der Pflege- und Erfassungsarbeiten. Gepflegt werden müssen beim Einsatz eines Systems
- der Projektkalender
- Ressourcendateien für die Einsatzmittel samt den Zeiten ihrer Verfügbarkeit
- die Mitarbeiterdatei samt Kostensätzen
- Standardaktivitäten im Rahmen eines Phasenkonzepts

Projektbezogen einzugeben sind die in einem Projekt durchzuführenden Tätigkeiten samt ihren Abhängigkeiten und die anfallenden Ist-Werte (Zeitverbrauch und Restbedarf). Mit zunehmendem Feinheitsgrad der im System geführten Aktivitäten nimmt der Eingabe- und Änderungsaufwand überproportional zu. Besonders zeitaufwendig sind nach den Erfahrungen der Anwender die Rückmeldungen zu Einzeltätigkeiten.

Das Berichtswesen wird von Paketanwendern häufig negativ beurteilt, weil es unübersichtlich und schwerfällig aufgebaut sei.

2. Projektmanagement-Software

Weitaus die meisten Projektmanagement-Pakete sind heute Windows-orientiert. Einige benutzen die UNIX- oder noch eine Mainframe-Plattform.

Einen jeweils aktuellen Überblick über Projektmanagement-Software können Sie den ISIS-Softwarekatalogen der Firma Nomina Services, München, entnehmen (siehe Literaturquelle N1).

Anbei eine Übersicht über die bekanntesten Pakete der Projektmanagement-Software:

Überblick über typische Pakete der Projektmanagement-Software

Paketname	Lieferfirma
ACOS PLUS.EINS Projektmanagementsystem	ACOS, Algorithmen, Computer & Systeme GmbH München
ARTEMIS (mehrere Versionen)	Lucas Management Systems GmbH Neuss
CA-Super Project (mehrere Versionen)	CA ComputerAssociates GmbH Darmstadt
GRANEDA	NETRONIC Aachen
Microsoft Project (MS-Project)	Microsoft GmbH Unterschleißheim
Open Plan Projektmanagement-System	Welcom Software Technology International GmbH Planegg
PLANTA PPSS	PLANTA-Projektmanagement Systeme GmbH Karlsruhe
PMW Project Manager Workbench	Applied Business Technology Corporation Hamburg
Project Scheduler	Scitor GmbH Frankfurt
QWIKNET Professional	PSDI Deutschland GmbH Neubiberg
R/3-PS-System	SAP AG Walldorf
Timeline	Symantec/Consilium GmbH Karlsruhe
Visual Planner	Produtec Ingenieurgesellschaft Bremen

Abbildung 11.10

Lernabschnitt 11

Die Projektmanagement-Software wird von den Entwicklungsfirmen ständig verbessert und erweitert, so daß laufend neue Releases und Versionsnummern am Markt angeboten werden. Abbildung 11.11 enthält ein Beispiel einer Bildmaske eines Projektmanagement-Systems.

Typische Funktionen und Leistungsstand der angebotenen Projektmanagement-Software

In einem Programmpaket der Projektmanagement-Software sind heute überwiegend die Funktionen und Leistungswerte enthalten, die wir in diesem Abschnitt zusammengefaßt haben (Quelle teilweise O 5):

1) Systemtechnische Gesichtspunkte:
- Windows-Technik
- Menüsteuerung mit ausschaltbaren Menüfunktionen und Pull-down-Menüs
- LAN-Fähigkeit und Eignung für Client-Server-Plattformen
- Projektverwaltung mit Hilfe einer relationalen Datenbank oder Unterstützung einer Datenbankschnittstelle
- Datenaustausch (Import und Export) in gängigen Standardformaten
- Deutsche Version des Produkts
- Modularer Systemaufbau, damit der Anwender ein auf den Anwendungsfall zugeschnittenes Individualsystem zusammenstellen kann

2) Stammdatenpflege:
- Für Projekte, Tätigkeiten, Mitarbeiter und Ressourcen
- Möglichkeit zur Einführung von Userfeldern und Projekttexten
- Unterstützung unterschiedlicher Betriebs- und Projektkalender, Vorgangskalender, Ressourcenkalender
- Führung und Rückgriffsmöglichkeit auf Standardnetze generell möglich
- Berechtigungsprüfungen
- Projektstatusverwaltung

3) Gliederungsmöglichkeiten des Projekts:
- Hierarchischer Projektstrukturplan und hierarchische Netze (Makro- und Mikronetze)

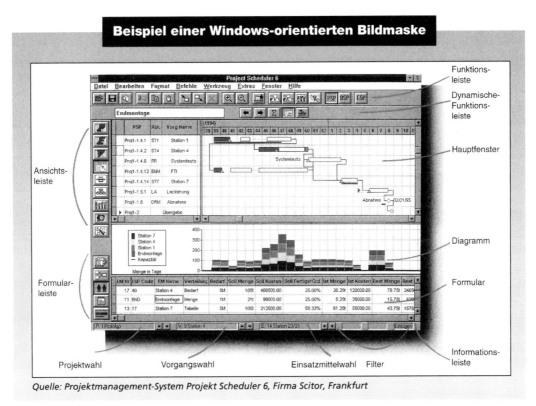

Abbildung 11.11 CW-PRAXIS

- Balkendiagramm; eventuell mit Darstellung der Abhängigkeiten
- Unterteilung in eine beliebige Anzahl von Unterprojekten
- Einsatzmittel- und Kostenstrukturen, Arbeitsplatzhierarchie
- Multiprojektplanung

4) Möglichkeiten der Netzplantechnik:
- Alle gängigen Anordnungsbeziehungen (Anfangs-, End-, Normal- und Sprungfolge)
- Überlappung und Minimalabstände absolut und prozentual
- Netzübergreifende Anordnungsbeziehungen
- Vorlauf- und Wartezeiten
- Eingabemöglichkeit von Anfangs-, End- und Meilensteinterminen
- Berücksichtigung von Fixterminen und Frühest-/Spätestterminen
- Gegenüberstellung von Wunschterminen und errechneten Terminen

- Verkürzung von Durchlaufzeiten zur Einhaltung des Endtermins im Rahmen der Netzplanpuffer
- Prioritätensetzung für Projekte

5) Analysen:
- „Was wäre, wenn?"-Simulation zur Entscheidungsfindung
- Critical-Path-Analyse
- Auslastungsanalyse

6) Kostenplanung und Budgetverwaltung:
- Frei definierbare Kostenarten
- Gegenüberstellung von Soll-Kosten und Ist-Kosten
- Unterteilung nach fixen und variablen Kosten
- Projektabrechnung und Abschlußanalyse

7) Ausgabe- und Informationsmöglichkeiten:
- Bereitstellung verschiedener Terminplanansichten: Balkenplan, Vorgangsnetze und ähnliches.
- Auslastungsdiagramme
- Berichtsgenerator
- Häufig gewünschte Ausgaben in Standardlistenform
- Output-Gestaltung nach Benutzerwünschen mit frei definierbaren Feldern
- Trendanalysen
- Komprimierte Managementberichte
- Grafische Darstellungen (Businessgrafik, Histogramme, Managementgrafiken)

8) Sonstiges:
- Schnittstellen zu Abrechnungsprogrammen, Tabellenkalkulationsprogrammen und anderes.
- Integriertes Hilfesystem
- Teachware
- Statistikbildung aus abgeschlossenen Projekten zur Plan- und Richtwerterzeugung
- Spezielle Statistikprogramme

Lernabschnitt 11

Beurteilung der Projektmanagement-Software

Die meisten Anwendungserfahrungen konzentrieren sich auf wenige Projektmanagementpakete, die weltweit fünf- bis sechsstellige Verkaufsziffern erreicht haben. Dazu gehören Super Project, MS/Project, PMW und andere.

Besonders interessiert sind die DV-Anwender von Projektmanagement-Systemen an
- einer anwenderfreundlichen Benutzeroberfläche,
- einer einfachen Bedienerführung,
- einem qualifizierten Support und
- einer tauglichen Hotline.

Die hauptsächliche Kritik, die zum Beispiel in Projektleiterseminaren geäußert wird, bezieht sich auf die aufwendige Eingabe von Projekt- und Rückmeldedaten. Die Schuld liegt allerdings oft bei den Anwendern, die eine zu detaillierte Vorgangsstruktur in das System eingegeben haben! Gegenüber der Arbeit am PC kommt die Analyse von Projektverzögerungen vielfach zu kurz.

Anwender, die nur ein einfaches Steuerungsinstrument für die Verwaltung und Überwachung von Informatikprojekten benötigen, klagen oft darüber, daß das von ihnen benutzte Projektmanagement-System so viele – überhaupt nicht benötigte – Funktionen enthalte, daß sie „vor lauter Bäumen den Wald nicht mehr sehen".

Von DV-Unternehmensberatern und Anwenderfachleuten wird mit Recht darauf hingewiesen, daß die Anschaffung eines solchen Pakets noch lange nicht einen problemlosen Projektverlauf garantiere, auch wenn dies von den Anbietern suggeriert werde. Nur wenn die organisatorischen und methodischen Rahmenbedingungen geschaffen worden seien, mache ein Softwareeinsatz bei einer ausreichenden Projektgröße einen Sinn.

3. Einsatz von Einfachpaketen zur Terminplanung

Wenn zur Steuerung von Informatikprojekten nur ein Minimum an maschineller Unterstützung gewünscht wird und insbesondere auf die Netzplantechnik verzichtet werden kann, reichen bereits einfache Softwarepakete auf PC-Basis zur Projektunterstützung aus. Damit kann ein Projektverantwortlicher zum Beispiel einen tabellarischen Terminplan oder ein Balkendiagramm erstellen und mit Hilfe von Rückmeldedaten fortschreiben.

Bei den PC-Programmen handelt es sich um Planungssysteme, Tabellenkalkulation, Kommunikationssoftware und Terminverwaltungsprogramme. Solche Programmpakete sind in jedem Unternehmen anzutreffen. Anbei einige von vielen Namen auf diesem Softwaresektor:

- Microsoft Excel
- Lotus
- Framework
- Quattro Pro
- TeamWorks

Im Vergleich zu Projektmanagement-Software ist der Einarbeitungsaufwand in solche Standardprogramme einfach und die Benutzung für tabellarische Darstellungen und Balkenpläne problemlos.

Lernmodul 11.4 Projektreviews

Zum Instrumentarium einer wirkungsvollen Projektsteuerung gehören die Werkzeuge Review, Walkthru und Audit.

- **Reviews** haben die weitaus größte Bedeutung. Es handelt sich um Besprechungen des Projektleiters mit seinen Mitarbeitern. Ziele eines Reviews können die Statusfeststellung sein, eine Problemdurchsprache oder die Sicherstellung der Systemqualität.

- Ein **Walkthru** kann die gleichen Ziele wie ein Review verfolgen. Es wird hauptsächlich vom Projektlenkungsausschuß veranlaßt und besteht aus einer Befragung der Projektmitglieder und einem Dokumentationsstudium durch eine Fachkraft außerhalb des Projekts.

- **Audits** werden von der DV-Revision des Unternehmens oder dem Informationscontroller durchgeführt. Auch ihr Ziel besteht in einer Sicherung des Projekterfolgs. Wenn Audits in der Form einer Revision aufgezogen werden, können sie demotivierend wirken.

1. Review des Projektstatus

Projektreviews dienen hauptsächlich der periodischen gemeinsamen Durchsprache des Projektstands zwischen dem Projektleiter und seinen Mitarbeitern. Sie können sich mit Fragen des Projektmanagements beschäftigen oder auf die technischen Aspekte eines Projekts beschränken.

Ein Statusreview dient nicht der Problemlösung, sondern der Feststellung des Projektstands und der Erörterung möglicher Probleme! Für Problemlösungen reicht die begrenzte Zeit eines Reviews nicht aus.

Im einzelnen können Reviews der Klärung folgender Fragen dienen:
- Schaffung eines gleichen Informationsstands für alle Projektbeteiligten
- Aufdecken von Abhängigkeiten im Projekt und Schnittstellen zu Nachbargebieten
- Durchsprache von Planungs-und Kontrollfragen
- Durchsprache von Verantwortlichkeiten und Zuteilung neuer Aufgaben
- Förderung des Gruppenbewußtseins

Wichtige Reviews sind vom Projektleiter rechtzeitig festzulegen und den Projektmitarbeitern anzukündigen. Überraschungsreviews während der Projektabwicklung sind zu vermeiden.

Reviews können durchgeführt werden:
- periodisch, zum Beispiel monatlich
- an bestimmten Checkpoints (Projektmeilensteinen)

Bei der Durchführung eines Reviews sollte der Projektleiter auf einige psychologische Gesichtspunkte achten. Beispielsweise dürfen Reviews von Mitarbeitern nicht zur

Lernabschnitt 11

Rechtfertigung von Rückständen oder Schwierigkeiten benutzt werden. Sie sollen aber vom Projektleiter auch nicht gegenüber den Projektmitarbeitern als „Strafgericht" aufgezogen werden.

Der Projektleiter muß darauf drängen, daß bei einem Review jeder Mitarbeiter frei und ungezwungen seine Meinung äußern kann. Achten Sie auch darauf, daß bei einem Review keine Polarisierung zwischen Projektteam und Fachabteilung aufkommt.

Ein Review besonderer Art, das eine erhebliche Bedeutung hat, ist das Kick-off-Meeting (Projektgründungsreview). Es handelt sich um die erste gemeinsame Besprechung des ganzen Projektteams am Beginn eines Projekts. Schwerpunkte dieses Reviews sind folgende Punkte:

- Erarbeitung gemeinsamer Vorstellungen
- vorbeugende Ausschaltung von Mißverständnissen über Projektziele, Realisierung, Prioritäten, personelle und sachliche Hilfsmittel
- Schaffung eines gemeinsamen Informationsstands
- Hinweis auf die Regeln der Zusammenarbeit (Gruppendynamik)

2. Review zur Qualitätssicherung

Die Bedeutung der Qualitätssicherung wird zwar bei jedem Projekt betont, ist aber in der Praxis häufig ein Opfer des Zeitdrucks. Eine Software-Qualitätssicherung klappt nur dann, wenn sie fest in den Projektablauf eingebaut wird. Für die Qualitätskontrolle in einem DV-Projekt gibt es mehrere Ansatzpunkte:

- den Einsatz eines Qualitätsbeauftragten
- Checklisten zur Qualitätssicherung, eingebaut in das Vorgehensmodell
- Qualitätsreviews oder Walkthru-Sitzungen mit einem externen Fachmann

Als erfolgreichste Methode hat sich die Qualitätssicherung in der Form von Qualitätsreviews erwiesen. Die gewünschte Softwarequalität soll sich durch einen Verständigungsprozeß zwischen Projektleiter und -mitarbeitern ergeben.

Die Qualitätsreviews finden häufig am Ende eines Projektabschnitts statt, wenn ein fachliches oder DV-technisches Zwischenergebnis vorliegt.

Verantwortlichkeit für das Qualitätsmanagement
Der Projektleiter trägt als Projektinsider die Hauptverantwortung für eine ausreichende fachliche und DV-technische Softwarequalität. Er wird unterstützt vom DV- und Fachmanagement, speziellen DV-Qualitätsbeauftragten und eventuell dem DV-Revisor und Informationscontroller.

Der Projektleiter muß seine Mitarbeiter zu einer einwandfreien Qualität der von ihnen erstellten Produkte (Anwendungsentwürfe, Pflichtenhefte, Problemlösungen, Programmodule, Benutzerhandbücher und so weiter) anhalten.

Das Qualitätsmanagement in einem DV-Projekt kann nur funktionieren, wenn die Zielsetzungen und gewünschten Ergebnisse klar formuliert sind und die Hilfsmittel zur Zielerfüllung den Projektmitarbeitern zur Verfügung stehen. Im Projekthandbuch sollte deshalb beschrieben sein, welche Verfahren, Checklisten und Tools zur Qualitätssicherung zu benutzen sind und an welchen Stellen des Projektablaufs in geeigneter Form Qualitätskontrollen angesetzt werden müssen.

Fachliche Qualitätssicherung
Die fachliche Qualitätssicherung ist eine Gemeinschaftsaufgabe von Projektteam und den Führungskräften und Sachbearbeitern der Fachabteilung, die bei der Projektabwicklung aktiv mitwirken.

Aufhänger der fachlichen Qualitätskontrolle sind die Zwischen- und Endprodukte, die im Phasenverlauf eines Projekts anfallen:

1) Ergebnisse der Ist-Erhebung, Problemanalyse und Anforderungsanalyse:
   – Sind nach Auffassung der Fachabteilung die Hauptprobleme erfaßt worden?
   – Geben die zusammengestellten Anforderungen die Wünsche und Zielsetzungen an die Softwareerstellung – oder -beschaffung – vollständig und richtig wider?
   – Ist in ausreichender Tiefe untersucht worden, in welchem Umfang und in wel-

cher Richtung mit der Softwareeinführung eine Reorganisation der Geschäftsprozesse erfolgen muß? Kann dieser Punkt realisiert werden?

2) Lösungsvorschläge der Voruntersuchung und der fachlichen Soll-Konzeption:
   – Sind Lösungsalternativen gegenübergestellt und mit dem Fachbereich besprochen worden?
   – Werden die erarbeiteten Fachkonzepte von der Anwenderseite voll akzeptiert?
   – Lassen sich das geplante Organisationsniveau und der Integrationsgrad der Lösung in die Praxis umsetzen?
   – Können alle fachlichen Schnittstellenprobleme mit Nachbarbereichen praxisgerecht gelöst werden?
   – Sind schwierige Lösungspunkte im Rahmen eines Prototyping-Vorgehens auf eine ausreichende Benutzerakzeptanz und -freundlichkeit geprüft worden?

3) Testpläne und -strategien für die erstellten Programme und die angepaßte Fremdsoftware:
   – Hat der Fachbereich in ausreichendem Umfang praxisgerechte Testfälle für den Modul-, Integrations- und Abnahmetest geliefert?
   – Sind die Testergebnisse zusammen mit dem Fachbereich analysiert und von diesem abgenommen worden?

4) Benutzerhandbuch und Schulungskonzepte für die Anwender:
   – Liegt ein Benutzerhandbuch vor, das eine ausreichende Hilfestellung für die Anwender darstellt?
   – Ist bei Softwarefremdbezug und anschließender Anpassung die Benutzerdokumentation überarbeitet worden?
   – Sind die Benutzer genügend geschult und in das neue DV-Anwendungssystem eingewiesen worden? Sind sie in der Lage, das neue System selbständig zu bedienen? Steht ihnen bei Arbeitsschwierigkeiten ein qualifizierter Benutzerservice der DV-Stelle und/oder ein DV-Fachkoordinator zur Verfügung?

5) Systemabnahme und -freigabe für den Produktivbetrieb:
   – Ist das DV-Anwendungssystem erst freigegeben worden, nachdem alle Entwicklungs- beziehungsweise Anpassungstätigkeiten abgeschlossen worden sind?

- Sind auch alle Nebenarbeiten (Dokumentation, Datenkonversion von Altsystemen, Schnittstellen zu Fremdsystemen unter anderem abgeschlossen worden?
- Können sich Probleme ergeben, weil das neue System noch nicht vollständig eingeführt worden ist?
- Sind alle Reorganisationsarbeiten zur Überarbeitung und Anpassung der Geschäftsprozesse abgeschlossen worden?
- Ist das neue Hardware- und Softwaresystem offiziell vom Projektteam an den Fachbereich und den Benutzerservice übergeben worden?
- Liegen noch offene Punkte vor, die im Zusammenhang mit dem Projekt einer Regelung bedürfen? Sind hierfür die Verantwortlichkeiten, Mitarbeiterkapazitäten und Fertigstellungstermine festgelegt worden?

DV-technische Qualitätssicherung

Für die DV-technische Qualitätsüberwachung liegt die Gesamtverantwortung ebenfalls beim Projektleiter. Ist er persönlich nicht in der Lage, Qualitätsreviews durchzuführen, sollte er einen fachkundigen DV-Spezialisten für die Qualitätskontrolle heranziehen. In größeren Unternehmen steht hierfür ein DV-Qualitätscontroller zur Verfügung.

Die DV-technischen Qualitätsüberprüfungen finden bei einer Individualentwicklung an folgenden Stellen statt:

- eventuell bereits bei der Übergabe der fachlichen Dokumentation an die Programmierseite
- nach dem Abschluß der Programmvorgabe mit Erstellung des systemtechnischen Konzepts und dem physischen Datenbankschema
- nach der Fertigstellung wesentlicher Programmmodule
- nach dem Abschluß der Systemintegration und der Integrations- und Abnahmetests
- nach der Ablieferung der Programmdokumentation beziehungsweise Fertigmeldung an den Projektleiter

Bei einem Softwarefremdbezug liegt der geeignete Zeitpunkt für die DV-technische Qualitätskontrolle am Ende der Anpassungsarbeiten des Softwarepakets und den sich anschließenden Abnahmetests. Eventuell muß der Projektleiter zusammen mit DV-Spezialisten bereits vor dem Abschluß des Softwarevertrags die angebotene System-, Anpassungs- und Installationsdokumentation auf Verständlichkeit und Vollständigkeit prüfen.

Ist mit dem Softwareprojekt in größerem Umfang auch eine Hardwarebeschaffung verbunden, muß der Hardware nach dem Eingang des Angebots ein wichtiges Qualitätsreview gewidmet werden. Eine solche Prüfung ist besonders bedeutsam, wenn im Unternehmen eine neuartige Hardwareplattform, zum Beispiel eine Client-Server-Umgebung, eingeführt wird. Über folgende Fragen muß sich das Unternehmen bei diesem Review Klarheit verschaffen:

- Können mit der von der Lieferfirma angebotenen Hardware, dem LAN und dem Betriebssystem die Anforderungen des Unternehmens optimal erfüllt werden?
- Ist das Angebot weder über- noch unterdimensioniert?
- Entsprechen die Hardwarekomponenten dem gegenwärtigen State of Art?
- Ist eine ausreichende Kompatibilität zum bestehenden Hardwareequipment gegeben?
- Ist die Hardware entsprechend dem Bedarf unseres Unternehmens ausbaufähig und zukunftsorientiert?

Die DV-technische Qualitätssicherung wird erleichtert, wenn hierfür Richtlinien und Checklisten vorliegen. Prüfungsschwerpunkte sind die folgenden Themenblöcke:

- Dokumentation (Vollständigkeit, Einheitlichkeit, ausreichende Kommentierung, Verständlichkeit)
- Modularität der Programmodule, Änderungs- und Ausbaufreundlichkeit, Wartungsfreundlichkeit (zum Beispiel durch externe Tabellen)
- Bildmasken- und Dialogführungstechniken
- Benutzerfreundlichkeit und -komfort (zum Beispiel bei Suchprozessen)
- Antwortzeitverhalten (auch bei Vollast)
- Schnittstellentechniken zu Nachbar- und Altsystemen
- Ausreichender Testumfang, Testsystematik, Testdokumentation

In jedem mittleren und größeren Unternehmen sollten die Qualitätsnormen, die in einheitlicher Form für jedes Projekt gelten, in einem Projekt- oder DV-Verfahrenshandbuch samt konkreten Beispielen und einer Musterdokumentation als Unterlage für die Reviewabwicklung zur Verfügung stehen. Eventuell kann der Qualitätsbeauftragte auf Ausführungen im Qualitätshandbuch der ISO-Norm 9001 zurückgreifen.

Damit die Qualitätssicherung nicht nebenbei und oberflächlich geschieht, muß der Durchführungsverantwortliche ein Qualitätssicherungsprotokoll erstellen, um den Umfang und die Art der Qualitätskontrolle nachweisen zu können.

Im Protokoll des Qualitätsreviews muß enthalten sein,
- wer die Qualitätsbesprechung verantwortlich geleitet hat,
- welche Mitarbeiter teilgenommen haben,
- welche Punkte geprüft wurden,
- welche Qualitätsmerkmale untersucht wurden und
- welche Ergebnisse festgestellt wurden.

Bei festgestellten Mängeln muß das Qualitätsprotokoll außerdem darüber Aufschluß geben, wer bis zu welchem Zeitpunkt diese Mängel beheben muß.

SUMMARY

Die Projektsteuerung und -überwachung gehört zu den Kernaufgaben des Projektleiters. Der Projektplanung muß eine wirkungsvolle Steuerung und Überwachung folgen.

Neben Einfachlösungen der Projektüberwachung, die für kleinere DV-Projekte ausreichen, gibt es komfortable Projektcontrollingsysteme mit umfangreichen Auswertungskomponenten.

Die Projektsteuerung und -überwachung umfaßt die Kontrolle von Zeitaufwand und Terminen, Kosten und Systemqualität. Zur Feststellung der Out-of-line-Situationen wird ein Soll-Ist-Vergleich durchgeführt.

LERNABSCHNITT 11

Neben der Aufwands-, Termin- und Kostenüberwachung nimmt die Qualitätskontrolle der Projektprodukte (Systementwurf, Programme) einen breiten Raum ein. Die Überwachung der Qualitätskomponente hat in einem Projekt den höchsten Schwierigkeitsgrad.

Die wichtigste Unterlage über den Status und Fortschritt eines DV-Projekts ist der Projektfortschrittsbericht mit einer Soll-Ist-Gegenüberstellung des Zeitaufwands und der Termine je Projektabschnitt.

In gleicher Weise wie der Projektzeitstatus und -fortschritt läßt sich der Projektkostenfortschritt darstellen.

Zum Instrumentarium einer wirkungsvollen Projektsteuerung gehören Status- und Qualitätsreviews, die der Projektleiter durchführt.

Statusreviews dienen der gemeinsamen Durchsprache des Projektstands und der Schaffung eines gleichen Informationsniveaus für alle Projektbeteiligten. Sie fördern das Gruppenbewußtsein und sind ein Motivationsinstrument des Projektleiters.

Qualitätsreviews finden meist am Ende eines Projektabschnitts statt, wenn ein fachliches oder DV-technisches Zwischenergebnis vorliegt. Die mitlaufende Qualitätssicherung ist eine Gemeinschaftsaufgabe von Projektmitarbeitern, Anwendern und DV-Bereich.

Damit die Qualitätssicherung nicht nebenbei und oberflächlich geschieht, muß der Projektleiter ein Qualitätssicherungsprotokoll erstellen, das über Inhalt und Art der Qualitätskontrolle Auskunft erteilt.

Aktuelle Ergänzungsliteratur

Benötigen Sie zusätzliche Vertiefungsliteratur über Spezialthemen des DV-Projektmanagements? – An Fachbüchern und Zeitschriftenartikeln über diese Thematik besteht kein Mangel. Trotzdem werden Sie bei gezielten Problemstellungen zu kritischen aktuellen Themenkreisen der Projektorganisation nicht immer fündig:

- Ein Großteil der Projektliteratur entstand in Hochschulen und ist zu theorielastig.

- Viele Autoren betrachten das Projektmanagement einseitig durch eine DV-Brille. Themen der Anwenderorientierung und Benutzerakzeptanz kommen zu kurz.

- Fachliteratur für das Projektcontrolling beim Einsatz integrierter Standardsoftware ist noch selten anzutreffen. Hier besteht ein erheblicher Nachholbedarf!

Der größte Teil der Projektliteratur stammt aus dem Bereich der technischen Projekte. Gegenüber Informatikprojekten stehen hier andere Schwerpunkte – zum Beispiel die Netzplantechnik – im Vordergrund. Fachliteratur dieser Art ist für DV-Projektleiter weniger geeignet.

In der anschließenden Übersicht finden Sie wichtige aktuelle Buchtitel und ausgewählte andere Literaturquellen, die sich für eine ergänzende Weiterbildung eignen.

A

A1 Arzdorf, K.: Entwicklung von Anwendungssystemen. Vogelverlag, Würzburg, 1990.
A2 Aggteleki, B., Bajna, N.: Projektplanung. Hanser Verlag, München, 1992.

Aktuelle Ergänzungsliteratur

B

B1   Becker, M. u.a.: EDV-Wissen für Anwender. CW-Publikationen, München, 1982 (und Folgeauflagen).

B2   Barthel, R.: Projektmanagement mit Super Project Expert. Expert Verlag, Renningen, 1992.

B3   Barkow, G.: Prototyping bringt Anwendungsentwicklung auf den Punkt. In: CW EXTRA 1 vom 10.02.1989.

B4   Brenner, W., Österle, H.: Wie Sie die Informationssysteme optimal gestalten. In: Harvard Business Manager. 16. Jahrgang. S. 46 – 52. Hamburg, 1994.

C

C1   CDI (Hrsg.): Praxistrainer SAP R/3. Verlag Markt und Technik, Haar, 1994.

C2   Coad, P., Yourdon, E.: Objektorientierte Analyse. Prentice Hall, deutsche Version 1994. Bezugsquelle Verlag Markt & Technik, Haar, 1994.

C3   Coad, P., Yourdon, E.: Objektorientiertes Design. Prentice Hall, deutsche Version 1994. Bezugsquelle Verlag Markt & Technik, Haar, 1994.

C4   Cave, W.C., Maymon, G.W., Deutsche Bearbeitung von Raysz, P.: Leitfaden des Softwareprojektmanagements. Forkel Verlag, Wiesbaden, 1988.

D

D1   Dier, M., Lautenbacher, S.: Groupware. DV-Werkzeuge für Arbeiten im Team. Computerwoche Verlag, München, 1994.

D2   Diemer, W.: Lokale Netzwerke kurz und bündig. 2. A., Vogel Verlag, Würzburg, 1989.

D3   Diemer, W.: Relationale Datenbanken kurz und bündig. 2. A., Vogel Verlag, Würzburg, 1989.

D4   Diekow, S.: DV-Anwendungsprojekte. Planung, Durchführung, Steuerung. Oldenbourg-Verlag, München, 1981.

D5   Dworatschek, S., Hayek, A.: Marktspiegel Projektmanagement-Software. 3. A., Verlag TÜV Rheinland, Köln, 1992.

E

E1   Eiff, W. von (Hrsg.): Organisation – Erfolgsfaktor der Unternehmensführung. Verlag Moderne Industrie, Landsberg, 1991.

Aktuelle Ergänzungsliteratur

G

G1 Grupp, B.: Standardsoftware richtig auswählen und einführen. TAW-Verlag, Wuppertal, 1994.

G2 Grupp, B.: Anwenderorientierte Istanalyse und Sollkonzeption. 2. A., Verlag TÜV Rheinland, Köln, 1993.

G3 Grupp, B.: Methoden und Techniken der EDV-Organisation. 2. A., Verlag TÜV Rheinland, Köln, 1993.

G4 Grupp, B.: Zusammenarbeit zwischen Fachabteilung und EDV. Verlag TÜV Rheinland, Köln, 1989.

G5 Grupp, B.: Methoden der Istaufnahme und Problemanalyse. CW-Verlag, München, 1987.

G6 Grupp, B.: Ausbildung zum EDV-Koordinator der Fachabteilung. CW-Verlag, München, 1991.

G7 Grupp, B.: Darstellungstechniken. Forkel Verlag, Wiesbaden, 1990.

G8 Grupp, B.: EDV-Projekte in den Griff bekommen. 4. A., Verlag TÜV Rheinland, Köln, 1993.

G9 Grupp, B.: EDV-Projekte richtig dokumentieren. Verlag TÜV Rheinland, Köln, 1991.

G10 GPM Gesellschaft für Projektmanagement Internet Deutschland: Projekte erfolgreich managen. Loses-Blatt-Werk. GPM, München, 1994.

G11 Götzer, K.: Workflow. CW-Edition, München, 1995.

H

H1 Hirschberger-Vogel, M.: Die Akzeptanz und die Effektivität von Standardsoftwaresystemen. Duncker & Humblot Verlag, Berlin, 1990.

H2 Hammer, M., Champy, J.: Reengineering the Corporation. Harper Business, Stanford, 1993.

H3 Hallmann, M.: Prototyping komplexer Softwaresysteme. Ansätze zum Prototyping und Vorschlag einer Vorgehensweise. Teubner, Stuttgart, 1990.

H4 Hansel, J., Lomnitz, G.: Projektleiter-Praxis. Erfolgreiche Projektabwicklung durch verbesserte Kommunikation und Kooperation. Springer-Verlag, München, 1987.

H5 Haschke, W.: DV-Controlling. CW-Edition, München, 1994.

Aktuelle Ergänzungsliteratur

I

I1 IABG: Studie: V-Modell (Vorgehensmodell) für Software-Entwicklungsumgebung. Firmenveröffentlichung IABG, Ottobrunn, o.J.

I2 Die Function-Point-Methode. IBM Form-Nr. GE 12-1618, 1985.

K

K1 Kummer, W.A. u.a.: Projektmanagement. Leitfaden zu Methode und Teamführung in der Praxis. Verlag Industrielle Organisation, Zürich, 1985.

K2 Klebert, K. u.a.: Kurzmoderation. Windmühle-Verlag, Hamburg 1985.

K3 Kupper, H.: Zur Kunst der Projektsteuerung. Qualifikation und Aufgaben des Projektleiters bei DV-Anwendungsentwicklungen. 7. A. Oldenbourg-Verlag, München, 1993.

K4 Klein, K.: Saubere Aufwandskalkulation als solides Planungsfundament. In: Computerwoche Nr. 48 vom 29.11.1991, S. 45 – 48.

K5 Keplinger, W.: Erfolgsmerkmale im Projektmanagement. Was Sie von erfolgreichen Projekten lernen können. In: zfo – Zeitschrift für Organisation 2/1992, S. 99 – 105.

L

L1 Ludewig, J. (Hrsg.): Software- und Automatisierungsprojekte – Beispiele aus der Praxis. Teubner Verlag, Stuttgart, 1991.

L2 Lichtenberg, G.: Risikomanagement bei EDV-Projekten. Expert Verlag, Renningen, 1992.

M

M1 Mahnke, H.: Projektmanagement mit dem PC. 2. A., Vogel Verlag, Würzburg, 1990.

M2 Mahnke, W.: Projektmanagement unter Windows. Vogel Verlag, Würzburg, 1991.

M3 Maeck, H.: Arbeitshandbuch der Lehr- und Trainingstechniken. Verlag Moderne Industrie, München, o.J.

M4 Michel, R.M.: Projectcontrolling und Reporting. Sauer-Verlag, Heidelberg, 1989.

M5 Madaus, B.J.: Handbuch Projektmanagement. 3. A. Poeschl-Verlag, Stuttgart, 1990.

N

N1 Nomina Services (Hrsg.): ISIS-Produkte: Windows NT Report. OS/2 Report. UNIX Report. Software Report (für Mini / Mainframes). Engineering Report (CAD, CAM, PPS). PC-Report. Halbjährliche Aktualisierung. Hansastraße 28, 80686 München. Fax (089) 57831-111.

N2 Noth, Th., Kretzschmar, M.: Aufwandschätzung von DV-Projekten. Springer-Verlag, Berlin 1984.

O

O1 Oberascher, A.: Methodik der EDV-Anlagenauswahl. Verlag TÜV Rheinland, Köln, 1989.

O2 Österle, H. (Hrsg.): Integrierte Standardsoftware: Entscheidungshilfen für den Einsatz von Softwaresystemen. Band 1: Managemententscheidungen. Band 2: Auswahl, Einführung und Betrieb von Standardsoftware. AIT-Verlag, Hallbergmoos, 1990.

O3 O.V.: Praxishandbuch Client-Server-Projekte. Loses-Blatt-Werk. INTEREST-Verlag, Augsburg, 1994.

O4 Mit Informationstechniken das Unternehmen bewußt gestalten. Erfahrungsbericht der Nähmaschinenfabrik G.M. Pfaff AG. In: INA Heft 308 (1992), S. 46 – 49.

O5 O.V. CIM-Recherche: Leistungsstand von Projektmanagement-Software. In: CIM-Management 6/93, S. 27 – 31.

P

P1 Page-Jones, M. – Deutsche Übersetzung von Schumacher, M.: Praktisches DV-Projektmanagement. Hanser-Verlag, München, 1991.

R

R1 Reichel, E.-E., Sigrist, N.H.: EDV-Verträge richtig gestalten. FBO-Verlag, BadenBaden, 1990.

R2 Rudzki, Th.: Projektmanagement mit dem Harvard Project Manager (HPM). 2. A. Vieweg, Wiesbaden, 1990.

R3 Rudolphi, M.: Client-Server-Konzept. In: Diebold Management Report, Nr. 8/9 – 92, S. 3 – 6.

Aktuelle Ergänzungsliteratur

S

S1 Steinbuch, P.A.: Organisation. 8.A., Kiehl-Verlag, Ludwigshafen, 1990.

S2 Schlereth, Th.: Projektmanagement am PC – MS-Project 4.0. Verlag Markt & Technik, Haar, 1994.

S3 Schmidt, G.: Methode und Techniken der Organisation. Verlag Dr. Götz Schmidt, 6. A. (und Folgeauflagen), Gießen, 1986.

S4 Sattler, A., Sanft, E.: So führen Sie erfolgreich Gespräche und Verhandlungen. Expert-Verlag, Renningen, 1992.

S5 Surenjan, G., Hinterholzer, S.: Um eine Nummer kleiner. Voest-Alpine M.C.E. setzt auf Midrange-System. In: CW Extra vom 11.12.1992, S. 32 – 34.

S6 Sneed, H.: Erfolgreiche Projektkalkulation beruht vor allem auf Erfahrung. In: Computerwoche 43 vom 28.10.1994. S. 22.

S7 Schwarze, J.: Netzplantechnik. Verlag Neue Wirtschaftsbriefe, Herne, o.J.

S8 Seibt, D.: Die Function-Point-Methode: Vorgehensweise, Einsatzbedingungen und Anwendungserfahrungen. In: Angewandte Informatik 1/87, S. 3 – 11.

V

V1 Vetter, M.: Aufbau betrieblicher Informationssysteme mittels konzeptioneller Datenmodellierung. 6. A., Verlag Teubner, Stuttgart, 1990.

V2 Voßbein, R.: Organisation. 3. A., Oldenbourg-Verlag, München, 1989.

W

W1 Wojcicki, M.: Client-Server. Praxis der verteilten Datenverarbeitung. Computerwoche Verlag, München, 1994.

W2 Wallmüller, E.: Software-Qualitätssicherung in der Praxis. München, 1990.

W3 Wiedemann, H.: Mitarbeiter richtig führen. 3. A., Kiehl-Verlag, Ludwigshafen, 1991.

W4 Wohlleben, H.-D.: Techniken der Präsentation. 2. A., Verlag Dr. Götz Schmidt, Gießen, 1979.

W5 Weltz, F., Ortmann, F.: Projektmanagement in der Praxis. Artikelserie Teil 1 – 27. In: Computerwoche, März bis September 1992.

Verzeichnis der Abbildungen und Tabellen

1.01: Schwerpunkte des DV-Projektmanagements **29**
1.02: Diese drei Schwerpunkte muß jedes DV-Projektmanagement aufweisen! .. **32**
1.03: Projektmanagement Alternative 1 .... **33**
1.04: Projektmanagement Alternative 2 .... **34**
1.05: Projektmanagement Alternative 3 .... **34**
1.06: DV-Projektmanagement Alternative 4 .... **35**
1.07: Tätigkeitszeitraum des Gesamtprojektteams und der Teilteams
bei einer zweistufigen Projekthierarchie **36**
1.08: Zusammensetzung eines DV-Lenkungsausschusses in einem
Industrieunternehmen **37**
1.09: Projektausschuß als Dispositions- und Abstimmpartner für
die Projektarbeitsgruppe **41**
1.10: Schwerpunkte des funktionellen Projektmanagements in
den Etappen der Projektabwicklung **45**

2.01: Einfaches Beispiel einer Matrixorganisation im Projektbereich **57**
2.02: Leistung und Klima lassen sich beim kooperativen Führungsverhalten
optimieren! **60**
2.03: Nach dieser Motivationsformel muß der Projektleiter vorgehen! **63**
2.04: Bedürfnispyramide (nach Maslow) zur Darstellung der aufeinander
aufbauenden Kriterien einer Mitarbeitermotivation **64**
2.05: Typische Motivationsfaktoren im DV-Projekt **65**
2.06: Typische DV-Ängste von Anwendern **76**

4.01: Vorteile der Teamarbeit **90**
4.02: Vor- und Nachteile verschiedener Teamgrößen **93**
4.03: Abwechslung zwischen Teamarbeit und Hausaufgaben **94**

Verzeichnis der Abbildungen und Tabellen

4.04: Wichtige Regeln der Gruppenarbeit im Team **95**
4.05: Arbeitstechniken für eine erfolgreiche Teamarbeit **97**

5.01: Standardgliederung einer Projektsitzung **101**
5.02: Flipchartbild zur optischen Unterstützung eines Diskussionspunkts (Fallbeispiel: Ablaufkette des technischen Einkaufs) **107**
5.03: Dem Projektleiter sitzen unterschiedliche Mitarbeitertypen gegenüber **111**
5.04: Diese Punkte muß ein Projektleiter bei einer Präsentation berücksichtigen! **118**
5.05: Logische Gedankenkette der Präsentation einer Problemlösung **119**
5.06: Optischer Aufhänger als Gag einer Präsentation! **125**

6.01: So sieht das logische Vorgehensschema für jedes DV-Anwendungsprojekt aus **134**
6.02: Phasenschema für ein mittleres Projekt **134**
6.03: Unterteilung eines Projekts in Phasen und Aktivitäten **135**
6.04: Jede Projektphase zerfällt in die dargestellten Arbeitsblöcke **136**
6.05: Beispiel eines verzweigten Phasenkonzepts **137**
6.06: Standardphasenkonzept mit Einzelaktivitäten bei Individualprogrammierung **139**
6.07: Ablaufschema des Prototyping **143**
6.08: Schwerpunkte eines Prototyping-Vorgehenskonzepts **145**
6.09: Risikoschwerpunkte bei Softwarefremdbeschaffung **147**
6.10: Phasenkonzept zur Beschaffung und Einführung von Marktsoftware **148**

7.01: Tabellarische Aufgabenstrukturierung als Einstieg in die systematische Ist-Analyse eines Anwendungsgebiets **155**
7.02: Einfacher tabellarischer Ablaufplan, wie er zum Beispiel von Anwendermitarbeitern im Projekt erstellt werden kann **156**
7.03: Problemkatalog mit den dokumentierten Schwachstellen eines Anwendungsgebiets **157**
7.04: Schrittweise Aufgabenverfeinerung als Grundprinzip der hierarchischen Entwurfsstrategie **159**

Verzeichnis der Abbildungen und Tabellen

7.05: Schema einer ablauforientierten Entwicklungsstrategie mit einer schrittweisen Verfeinerung der Aufgabenblöcke **160**

7.06: Darstellungselemente einer benutzerorientierten fachlichen Systemspezifikation, die eine Vorgehensweise vom groben zum feinen erlauben **163**

7.07: Hierarchischer Aufgabenüberblick des geplanten Softwaresystems in tabellarischer Darstellungsform **164**

7.08: Darstellung der Systemzusammenhänge und Schnittstellen zu Nachbarsystemen **165**

7.09: Grafische Abbildung eines logischen Datenmodells **166**

7.10: EVA-Diagramm als horizontale Strukturierung der Gesamtaufgabe „Wareneingangsabwicklung" **167**

7.11: Beispiel einer hierarchischen Programmstruktur nach DIN 66001 .... **169**

7.12: Checkliste der möglichen systemtechnischen Anforderungen an Standardsoftware **173**

7.13: Standardgliederung eines übersichtlichen DV-Pflichtenhefts **175**

7.14: Kriterienübersichten als Methodikbaustein einer Feinevaluation **179**

7.15: Fallbeispiel eines Auswahlblatts auf der Basis einer Nutzwertanalyse **180**

7.16: Denkmodell bei der gegenseitigen Anpassung von Geschäftsprozessen und Softwarepaket **182**

8.01: Unterteilung der Projektdokumentation nach logischen Gesichtspunkten **187**

8.02: Unterteilung der Programmdokumentation **189**

8.03: Gliederung eines Benutzerhandbuchs **191**

8.04: Für eine manuelle Dokumentation gelten diese Grundsätze! **194**

8.05: Überblick über typische Dokumentationswerkzeuge in den Phasenabschnitten **196**

8.06: Die beiden Komponenten der Dokumentationsnummer eines DV-Projekts **197**

8.07: Projektordner für die übersichtliche Ablage der Projektunterlagen, solange keine maschinelle Projektbibliothek vorhanden ist. **198**

8.08: Dokumentationsnummer für die verschiedenen Dauerdokumentationsarten eines Projekts **199**

Verzeichnis der Abbildungen und Tabellen

8.09: Ordnungs- und Ablagebegriffe im Kopf- und Fußteil eines Dokumentationsblatts für die Programm-, RZ- oder Benutzerdokumentation **200**
8.10: Überblick über die Arten der Dokumentationssoftware **204**
8.11: Einsatzschwerpunkte der Dokumentationssoftware in DV-Projekten **206**

9.01: Die zwei Auslösertypen zur Eröffnung eines konkreten Einzelprojekts **211**
9.02: Eine langfristige Investitionsplanung ist mindestens alle zwei Jahre zu aktualisieren! **215**
9.03: Darstellung der Integration und der Abhängigkeiten von Aufgabengebieten eines Industrieunternehmens in einem Blockschaltbild **217**
9.04: Beispiel einer Meilensteinplanung in der DV-Langfristkonzeption **218**
9.05: Abwicklungsschritte eines Antrags auf DV-Arbeiten **220**
9.06: Formularbeispiel für einen DV-Antrag **221**
9.07: Formularbeispiel für die Stellungnahme zu einem DV-Antrag **222**
9.08: Formularblatt zur Durchführung eines Organisationsauftrags **225**
9.09: Projektantrag / Projektauftrag mit den wesentlichen Eckdaten eines Projekts **227**
10.01: Zeitpunkte der Projektplanung und Planungsrevision **234**
10.02: Grundprinzip der vertikalen Aufgabenstrukturierung als Grundlage der DV-Projektplanung **241**
10.03: Hierarchische Aktivitätsübersicht der Sollaufgaben als Basis der Projektplanung **244**
10.04: Darstellung der Schnittstellen, die vom neuen Anwendungssystem berücksichtigt werden müssen **245**
10.05: Beispiel eines EVA-Diagramms, das eine Aufgabe in die Komponenten Eingabe, Verarbeitung und Ausgabe zerlegt **246**
10.06: Beziehungsdiagramm der logischen Dateiverknüpfungen, das über die Komplexität und den Aufbau der künftigen Informationsstruktur Auskunft gibt **247**
10.07: Typische Aufwandverteilung in kommerziellen oder administrativen Projekten **253**

Verzeichnis der Abbildungen und Tabellen

10.08: Planungstabelle für alle Projektphasen **259**

10.09: Planungstabelle zur Schätzung des Programmieraufwands **260**

10.10: Erfahrungstabelle für den Programmieraufwand bei unterschiedlichen Größenklassen; Ermittlung der Meßwerte aus betriebsspezifischen Vergangenheitserfahrungen **261**

10.11: Checkliste zur Schätzung des Zeitaufwands der Phasen Benutzerorganisation/Systemeinführung (Blatt 1) **263**

10.12: Checkliste zur Schätzung des Zeitaufwands der Phasen Benutzerorganisation/Systemeinführung (Blatt 2) **264**

10.13: Planungstabelle zur Schätzung des Programmieraufwands **268**

10.14: Planungstabelle für alle Phasen eines DV-Projekts **269**

10.15: Die drei Bewertungstabellen zur Datenklassifizierung **273**

10.16: Tabelle zur Bewertung der Einflußfaktoren **274**

10.17: Tabelle zur Umrechnung der Function-Points in Personen- oder Mannmonate **275**

10.18: Zusammenstellung der Ein- und Ausgaben, Abfragen und Datenbestände aufgrund einer funktionalen Strukturierung und Bildung eines Datenmodells **276**

10.19: Bewertung der Funktionen mit Brutto-Function-Points **279**

10.20: Ausgefüllte Tabelle „Berücksichtigung der Einflußfaktoren" **280**

10.21: Ausbildungsmatrix für Projektmitarbeiter **282**

10.22: Eintragung eines Zeitstrahls in ein Balkendiagramm immer in der frühestmöglichen Lage **285**

10.23: Formular eines Balkendiagramms **287**

10.24: Balkendiagramm für unser mitlaufendes Fallbeispiel „Kundenauftragsabwicklung" **289**

10.25: Symboldarstellungen in der Netzplantechnik **291**

10.26: Formular einer Tätigkeitsübersicht als Grundlage der Terminplanerstellung **293**

10.27: Legende des Inhalts der Vorgangskästchen des Netzplans **294**

10.28: Tätigkeitsliste für den Netzplan des mitlaufenden Fallbeispiels „Kundenauftragsabwicklung" **296**

10.29: Layout des Netzplans für das Fallbeispiel „Kundenauftragsabwicklung" **297**

10.30: Typische Netzplanfolge beim Einsatz komplexer Standardsoftware **301**

Verzeichnis der Abbildungen und Tabellen

10.31: Formularblatt für ein Projektbudget, auf dem die Investitionskosten eines Projekts festgehalten werden **303**

10.32: Ausgefülltes Formular eines Projektbudgets für unser Fallbeispiel „Kundenauftragsabwicklung" **305**

10.33: Schema einer statischen Kosten-/Nutzenrechnung **309**

10.34: Beispiel einer Kapitalwertrechnung **310**

10.35: Nutzenkategorien eines DV-Projekts **313**

10.36: Beispiel einer qualitativen Nutzenanalyse in tabellarischer Form für ein Produktionsinformationssystem **316**

10.37: Darstellung des Nutzenpotentials auf einem Portfolioblatt **317**

10.38: Ausgefülltes Formular einer Wirtschaftlichkeitsberechnung für das Fallbeispiel "Kundenauftragsabwicklung" **319**

10.39: Überblick der qualitativen Nutzenpotentiale in unserem Fallbeispiel „Kundenauftragsabwicklung" **320**

10.40: Risikoanalyse als Basis eines effizienten Risikomanagements **322**

11.01: Tabellarisches Projektkontrollblatt für kleinere Projekte **331**

11.02: Darstellung eines Zeitmehrverbrauchs bei einer Soll-Ist-Gegenüberstellung auf einem Balkendiagramm **333**

11.03: Arbeitsblatt für jeden Projektmitarbeiter **334**

11.04: Ausgefülltes Projektkontrollblatt zur tabellarischen Überwachung des Aufwands und der Terminsituation **335**

11.05: Balkendiagramm des Fallbeispiels „Kundenauftragsabwicklung" mit Gegenüberstellung von Soll- und Ist-Zeitstrahlen **336**

11.06: Bausteine und Abhängigkeiten eines umfassenden Projektcontrolling-Systems **337**

11.07: Typischer Aufbau eines periodischen Arbeitsrapports für Projektmitarbeiter **339**

11.08: Darstellungsschema eines Projektfortschrittsberichts mit Soll-Ist-Gegenüberstellung des Zeitaufwands je Projektabschnitt **341**

11.09: Prinzipielle Planungs- und Kontrollstrategie eines Projektmanagementsystems **345**

11.10: Überblick über typische Pakete der Projektmanagement-Software **347**

11.11: Beispiel einer Windows-orientierten Bildmaske **349**

Stichwortverzeichnis

A Ablauforientierte Entwicklungsstrategie 159
Aktivitätsplanung 239, 240
Amortisationsdauer 318
Amortisationsrechnung 307, 311, 318
Amortisationszeitraum 311
Analogieverfahren 249
Änderungsverfahren (Change-Management) 324
Annuitätsrechnung 307, 310
Anonyme Meinungsabfragen 123
Antrag für DV-Arbeiten 223
Antragsverfahren 219, 220
Anweisungsbefugnisse 56
Anwenderorientierte Projektabwicklung 138
Arbeitsblatt 333
Arbeitssitzungen 104, 115
Arbeitsteam 42, 91
Audits 353
Aufgabenstrukturierung (Modulplanung) 236
Ausbildungsplanung 236, 282

B Balkendiagramm 284, 285
Befugnisrahmen des Projektleiters 56
Begleittätigkeit 253
Benutzerakzeptanz 72, 73, 74, 77
Benutzerdokumentation 186, 190

Benutzerfachausschuß 40
Benutzerhandbuch 190, 356
Berater 86
Beraterauswahl 86
Beratungsausschuß 33
Berichtserstellung 127
Berichtsgestaltung 127, 128
Berichtstechniken 126
Berichtswesen 346
Bewertungsskala 179
Big Bang 300
Blockschaltbild 165
Brainstorming 68, 97
Brutto-Function-Points 278
Budgetänderungen 324
Budgetfortschreibung 304
Büroorganisatoren 83
Business Reengineering 27

C CA-Super Project 347
CASE-Arbeitssysteme 204
CASE-Tools 151
CASE-Werkzeuge 283
Change-Management 322
Client-Server-Architekturen 174
Client-Server-Plattformen 30
Client-Server-Prinzip 174
Client-Server-Umgebung 211
Coach 53, 86, 323

Stichwortverzeichnis

D Data Dictionary 190
Dauerkonflikte 71
DELTA 207
Development Workbench 324
Diskussionsspielregeln 105
Disziplinarische Weisungsbefugnis 56
Dokumentation 184, 185
Dokumentationsabnahme 194
Dokumentationsbestandteile 186
Dokumentationsgenerator 206
Dokumentationshilfen 185
Dokumentationsmethodik 185
Dokumentationsnummer 199
Dokumentationspaket 202, 203
Dokumentationsprogramme 201, 204
Dokumentationsschwerpunkte 193
Dokumentationssoftware 201, 202, 205
Dokumentationssystem 185
Dokumentationstools 202
Dokumentationswerkzeuge 195
DV-Ängste 75
DV-Berater 86
DV-Fachkoordinator 84
DV-Gesamtkonzeption 210, 216
DV-Kleinarbeiten 219
DV-Kommission 38
DV-Koordinator 4, 84, 243
DV-Langfristplanung 210, 213, 214
DV-Langfriststrategie 213
DV-Lenkungsausschuss 37, 39
DV-Pflichtenheft 171, 174, 176
DV-Projekthandbuch 48, 49
DV-Projektmanagement 28, 29, 30, 31, 33
DV-technische Qualitätskontrolle 357

Dynamische Wirtschaftlichkeitsrechnung 310

E Ein-Mann-Team 80
Entscheidungsgremium 32
Entscheidungsmethoden 123
Entwicklungsdokumentation 187, 196
Entwicklungsstrategie 160, 161
Entwurfsstrategie 161
Entwurfsstrategien 158
Entwurfswerkzeuge 161
EVA-Diagramm 165, 166, 167, 241
EXCEL 286

F Fachentwurf 165
fachliche Grobkonzeption 243
Fachliche Qualitätssicherung 355
fachliche Soll-Konzeption 158
fachliche Spezifikationsphasen 257
Feinauswahl 178
Feinevaluation 177
Feinheitsgrad 231
Flipcharts 122
Fragetechniken 108
Freier Puffer 294
Führungstechniken 59, 61
Function-Analysis-Methodik 254, 271
Function-Point-Verfahren 270, 272, 274
Function-Points 270, 271
Funktionelles Projektmanagement 44
Funktionsablaufplan 164
Funktionsstruktur 240

Stichwortverzeichnis

G Gesamtkonzeption 212, 213, 214
Gesamtpuffer 294
Geschäftsprozeßanalysen 216
Geschäftsprozeßmodell 171
Geschäftsprozeßoptimierung 46
Gewichtungsmethoden 249
Gewichtungsverfahren 250
Grobevaluation 177
Grobkonzeption 243
Gruppenarbeit 95, 96
Gruppenkonflikte 98
Gruppenprobleme 106

H Hardwareplattform 174
Hierarchieplan 169

I Investitionsplan 302
In-House-Ausbildung 304
INDOGEN 207
Informationscontrolling 315
Informationsnutzen 318
Installationsdokumentation 186
Interdisziplinäre Projektteams 42
ISIS-Kataloge 193
ISO 9000 151
ISO-Norm 9001 359
Ist-Analyse 153

K Kapazitätsplanungen 280
Kapitalrückflußzeit 226
Kapitalwertrechnung 307, 311

Kick-off-Meeting 82, 98
Killerphrasen 106
Kleinaufträge 219
Kleinprojekte 25
knotenorientierter Plan 290
knotenorientierter Netzplan 290
Konfliktauslöser 70
Konflikte 70, 71
Konfliktlösung 71
Konfliktmanagement 69
Konfliktsituationen 70
Konfliktursachen 70
Konfliktverhütung 71, 72
kooperativer Führungsstil 57, 59
kooperatives Führungsverhalten 55, 60
Kriterienübersichten 178
kritischer Pfad 294
kritischer Weg 294

L Langfristkonzeption 210
Langfristplanung 212, 214
Lean Management 30
Lean Organisation 46
Lenkungsausschuß 38
Lines of Code 258
LOC 258
logisches Datenmodell 165

M Machbarkeitsanalyse 224
MAESTRO 207
Makropläne 297
MANTIS 207

Stichwortverzeichnis

Matrix-Projektmanagement 56
Meilenstein 300
Meilensteindarstellungen 345
Methode des internen Zinsfußes 307, 310
Microsoft Excel 352
Microsoft Project (MS-Project) 347
Mischverfahren der Zeitaufwandsschätzung 249
Mitarbeiterängste 75
Mitarbeitermotivation 57, 62
Moderation 106
Moderatorenrolle 104
Moderationsgrundsätze 104
Moderationstechnik 59, 100
Moderator 104, 105
Motivation 61, 62, 63, 66
Motivationsfaktoren 64, 65, 67
Motivationskette 62
Motivationskriterien 65
Motivationsprobleme 66
Motivationstechnik 55, 62
Motivkategorien 63
Multiplikatormethode 250
Multiprojektplanung 349

N *Nachdokumentation 47, 202*
NATURAL 207
Netto-Function-Points 271, 278
Netzdokumentation 186
Netzplan-Layout 292
Netzplanpaket 329
Netzplanprogramme 295
Netzplan 288

Netzplantechnik 349
nicht planbare Zeitanteile 253
Nutzenberechnung 310
Nutzenermittlung 312
Nutzenerwartungen 313
Nutzenschwerpunkte 314
Nutzwertanalyse 176, 178, 307, 315

O *Optimierungsphase 325*
Organisationsdokumentation Systemdokumentation 188
Organisationsprogrammierer 243
Overheadfolien 122

P *Paralleldokumentation 47*
Parametertabellen 149
Pauschalplanung 232, 236
personelles Projektmanagement 32
Petrinetze 161
Phasenkonzept 44, 45, 132, 138
Phasenkonzept bei Individualentwicklung 133
Phasenplanung 135
Phasenunterteilung eines DV-Projekts 133
Planrevision 324
Planungsänderungen 324
Planungsmethoden 232, 238
Planungsrevision 234
Planungsschritte 235
Planungstabellen 256, 267
Portfolioanalyse 315
Portfoliodarstellung 315

STICHWORTVERZEICHNIS

Portfolioerstellung 317
Portfoliomatrix 317
Portfoliomethodik 315
Präsentation 116, 117, 118, 123
Präsentationsregeln 119
PREDICT 207
Problemanalyse 152
Problemlösungsprozesse 98
Produktdokumentation 185, 186, 188, 199
Produktivitätskurve 274
Programmablaufpläne 170
Programmbaum 169
Programmentwicklung 168
Programmgenerator 170
Programmgliederung 169
Programmhierarchieplan 169
Programmieraufwand 262
Programmpaket
der Projektorganisation 344
Programmrestrukturierung 27
Project Scheduler 347
Projekt-Abschlußanalyse 304, 306
Projektablaufdokumentation 187
Projektantrag 226
Projektarbeitsgruppen 32
Projektarten 23, 26
Projektauftrag 226, 228
Projektauslösung 46, 218
Projektausschuß 34, 39, 41
Projektbericht 342
Projektbibliothek 198
Projektbudget 237, 303
Projektcontrolling 47, 327, 329
Projektdefinition 24, 236

Projektdefinitionsphase 210
Projektdokumentation 47, 184, 195, 198
Projektdrehbuch 323
Projektentstehungsphase 210
Projekteröffnung 209
Projektfortschrittsbericht 338
Projektfreigabe 228
Projektfreigabe und Change-
Management 323
Projekthandbuch 333
Projektinitialisierung 46, 209, 210
Projektkontrollblatt 330
Projektkoordination 54
Projektkostenfortschritt 340
Projektkostenkontrolle 340
Projektkostenplanung (Projektbudget) 302
Projektleiter 51, 52
Projektmanagement 28, 29
Projektmanagement-Paket 346
Projektmanagement-Software 203, 343, 346, 351
Projektmängel 21
Projektmitarbeiter 81
Projektplanung 231
Projektprobleme 22
Projektreviews 352
Projektrisiken 19, 20, 321
Projektsitzungen 101
Projektsteuerung 327, 328
Projektsteuerungssysteme 327
Projektstrukturplan 348
Projektstudie 224
Projektteams 42, 43
Projektüberwachung 328

CW-PRAXIS 377

Stichwortverzeichnis

Projektüberwachungsgremium 332
Projektüberwachungssystem 330, 332
Projektverrechnung 342
Projektverwaltungssystem 344
Projektzeitstatus 340
PROMOD 207
Protokollart 129
Protokollerstellung 129
Protokolltechniken 126
Prototyping 142, 144
Prototyping-Equipment 147
Prototyping-Software 45
Prototyping-System 146
Prototyping-Vorgehensweise 132, 142, 143
Prototyping-Werkzeugen 144
Prozentsatzmethoden 250
Pseudocode 170
Pufferstrecken 292
Punktebewertung 176, 178, 179

Q *qualitative Nutzenanalyse 317*
Qualitätskontrolle 237, 328
Qualitätsmanagement 355
Qualitätsnormen 35
Qualitätsprotokoll 359
Qualitätsreviews 359
Qualitätssicherung 354, 357, 359
Qualitätsüberprüfungen 357
quantifizierbare Nutzenfaktoren 310

R *Rationalisierungsnutzen 313, 318*
Rationalisierungsprojekte 312

Reengineering 27
Relationsmethoden 250
Repository 188, 190
Repository-Verwaltung 205
Ressourcenplanungen 280
Restbedarf 340, 344
Restbedarfsschätzungen 345
Restrukturierungsprojekte 265
Return on Investment 226
Return-on-Investment-Verfahren (ROI-Verfahren) 311
Review 352
Review des Projektstatus 353
Review zur Qualitätssicherung 354
Reviewabwicklung 359
Risikoanalyse 320
Risikomanagement 237, 320, 321
Risikountersuchung 321
ROCHADE 207
Roh-Function-Points 271
ROI 226
Rückwärtsrechnung 292
RZ-Dokumentation 190

S *SADT-System 161*
Schneeballsystem 304
Schnittstellenfragen 149
Schnittstellenkoordinator 94
Schulungsbudget 304
Schulungskosten 304
situativer Führungsstil 61
Sitzungsabwicklung 102, 103
Sitzungsmoderation 108
Sitzungsmoderator 104, 110

STICHWORTVERZEICHNIS

Sitzungsteilnehmer 109
Softwareanpassung 181
Softwareauswahl 177
Softwarebeschaffung 170
Softwarebeschaffungsprojekt 171
Softwareevaluation 171, 176
Softwarefirmen 87
Softwarepflichtenheft 176
Softwarespezialisten 87
Soll-Design 158
Spezifikationswerkzeuge 161
Standard-Phasenkonzept 138
Standardnetze 346
Standardsoftware 170, 171, 176
statische Wirtschaftlichkeitsrechnung 308
Statusreview 353
Steering Committee 38
Steuerung 328
strategische Nutzen- oder Gewinnpotentiale 314
strategische Planung 213
Struktogramme 170
Strukturanalyse 291
Systemdokumentation 186

T *Tätigkeitsbericht 338*
Tätigkeitsliste (Beziehungsmatrix) 291
Teamarbeit 90, 95
Teamgröße 92, 93
TeamWorks 352

Teamzusammensetzung 91
technische Dokumentation 187, 188
Terminplanung 237, 283
Testdriver 170
Testgeneratoren 170
Top-down-Entwicklung 198
Top-down-Strategie 158

V *Vorgangskettenanalysen 216*
Vorgangskettendiagramm 156
Vorgehensmodell 132
Vorprojekt 224
Voruntersuchung 209, 214, 223, 224, 226
Vorwärtsrechnung 292

W *Walkthru 352*
Werkzeuge zur Programmentwicklung 168
Wirtschaftlichkeitsnachrechnung 306
Wirtschaftlichkeitsplanung 237
Wirtschaftlichkeitsrechnung 306, 307, 308
Workflow-Lösungen 59

Z *Zeitanalyse 292*
Zeitaufwandsplanung 236, 248, 256, 265
Zeitaufwandsschätzung 247, 248, 251, 254
Zeitschätzung 248, 256
Zeitschätzungstabelle 267